U0110222

種籽
文化

種籽
文化

歷史不能重來，不過符合歷史邏輯的虛擬推演，
有助於人們瞭解歷史的真實脈絡。

解讀世界歷史中的真相

歷史

是寫出來的

谷吉兒◎著

特惠價
299元

歷史留給了我們卷帙浩繁的史料書籍，
留給了我們富麗堂皇的殿宇樓梁，留給了我們巧奪天工的金石玉器，
但歷史留給我們更多的是各執一詞的故事，眾說紛紜的傳說。
那些氣吞山河的英雄，金戈鐵馬的戰役，勾心鬥角的權謀都已湮沒在歷史的長河當中，
留給我們的歷史之謎和那些鮮為人知的故事卻在我們的唇齒間流傳。
傳說是否真實可信，讓我們進入本文解讀傳說中的未解之謎。

目　錄

contents

在恢宏壯闊的歷史天空下，璀璨奪目吸引我們目光的總是那些力挽狂瀾、忠義仁勇智的英雄和偉人。在各種正史、野史、傳說中，他們被我們的前人有意無意的美化、神化，乃至成為一段歷史的標誌。不過，陽光照過的地方必有陰影，高高在上、遙不可及的人也有一些不為常人所知的秘密。本章將引領我們走進歷史故事的幕後，告訴我們「英雄」、「偉人」被缺失的另一面。

第二章　撲朔迷離的真相

俗話說：「假做真時，真亦假；真做假時，假亦真。」事實的真相在本來就迷霧重重的情況下，加上人為的曲解與放大，最後我們想如實的解讀而不被誤導實在是件困難的事情。但是，縱然有如霧中看花，歷史的真相在被層層抽絲剝繭後，總會呈現出一些原本的輪廓。本章力圖在歷史的殘垣斷瓦，筆間紙縫中間來還原事件的原貌，帶您進入真實的歷史時空。

第三章　傳承中的謬誤

文化是一個民族精神價值和生活方式的體現，是千百年來人類智慧和傳承的結晶。它看似虛無縹緲，卻在一行一言中透漏著文化在我們靈魂的深處打下的烙印。但不論是已經失落的印加文明，還是我們延續至今的中華文明，在歷史演進和傳

承中，都或多或少地偏離了其原本的軌道。探索文化的本原是一次尋根，一次傳承，更是一次精神的洗禮。在本章中讓我們承載著歷史的厚重來進行一場文化真實的苦旅。

第四章　揭開神祕信仰的面紗

當人類的第一位祖先從地球上站立起來之後，締造歷史的帷幕便悄然拉開，人類在艱難的繁衍生息中創造了燦爛的文明，各種宗教信仰也應運而生。從遠古人類對於自然力的圖騰崇拜，到三大宗教的橫空出世，從古埃及的巫術到中世紀天主教，可以說人類的發展史同時也是一部信仰的變更史。在這一章中，我們將揭開千百年來神秘信仰的面紗，一探究竟。

第五章　眾說紛紜的傳說

歷史留給了我們卷帙浩繁的史料書籍，留給了我們富麗堂皇的殿宇樓梁，留給了我們巧奪天工的金石玉器，但歷史留給我們更多的是各執一詞的故事，眾說紛紜的傳說。那些氣吞山河的英雄，金戈鐵馬的戰役，勾心鬥角的權謀都已湮沒在歷史的長河當中，留給我們的歷史之謎和那些鮮為人知的故事卻在我們的唇齒間流傳。傳說是否真實可信，讓我們進入本章解讀傳說中的未解之謎。

第六章　是與非的邊緣

常言道：蓋棺定論。但是，往往隨著歲月的推移，新史料的發現，社會思想的進步，對一些歷史人物、事件的評論也在改變。我們逐漸地在發現史實的另一面，對於歷史人物的認識也逐漸飽滿而全面。而對於是與非，功與過的評判也往往不再鮮明確切，我們站在現代的價值評判標準之上，發現歷史在是與非的邊緣遊走。

前言

俗話說：「假做真時，真亦假；真做假時，假亦真。」事實的真相在本來就迷霧重重的情況下，加上人為的曲解與放大，最後我們想如實的解讀而不被誤導實在是件困難的事情。但是，縱然有如霧中看花，歷史的真相在被層層抽絲剝繭後，總會呈現出一些原本的輪廓。在各種正史、野史、傳說中，他們被我們的前人有意無意的美化、神化，乃至成為一段歷史的標誌。不過，陽光照過的地方必有陰影，高高在上、遙不可及的人，也有一些不為常人所知的秘密。

歷史留給了我們卷帙浩繁的史料書籍，留給了我們富麗堂皇的殿宇樓梁，留給了我們巧奪天工的金石玉器，但歷史留給我們更多的是各執一詞的故事，眾說紛紜的傳說。那些氣吞山河的英雄，金戈鐵馬的戰役，勾心鬥角的權謀都已湮沒在歷史的長河當中，留給我們的歷史之謎和那些鮮為人知的故事卻在我們的唇齒間流傳。傳說是否真實可信，讓我們進入本文解讀傳說中的未解之謎。

常言道：「蓋棺定論。」但是，往往隨著歲月的推移，新史料的發現，社會思想的進步，對一些歷史人物、事件的評論也在改變。我們逐漸地在發現史實的另一面，對於歷史人物的認識也逐漸飽滿而全面。而對於是與非，功與過的評判也往往不再鮮明確切，我們站在現代的價值評判標準之上，發現歷史在是與非的邊緣遊走。

本文將引領我們走進歷史故事的幕後，告訴我們「英雄」、「偉人」被缺失的另一面。力圖在歷史的殘垣斷瓦，筆間紙縫中間來還原事件的原貌，帶您進入真實的歷史時空。

　　歷史不能重來，不過符合歷史邏輯的虛擬推演，也有助於人們瞭解歷史的真實脈絡。

第一章　時勢混沌的「英雄」

在恢宏壯闊的歷史天空下，璀璨奪目吸引我們目光的總是那些力挽狂瀾、忠義仁勇智的英雄和偉人。在各種正史、野史、傳說中，他們被我們的前人有意無意的美化，神化，乃至成為一段歷史的標誌。不過，陽光照過的地方必有陰影，高高在上、遙不可及的人也有一些不為常人所知的秘密。本章將引領我們走進歷史故事的幕後，告訴我們「英雄」、「偉人」被缺失的另一面。

1、凱撒被埋沒的史才

尤利烏斯・凱撒（Julius Caesar），是古羅馬統帥，政治家，後人不但為他高超的軍事和政治領導才能所折服，更因《高盧戰記》這部偉大的著作而將政治家、軍事家凱撒視為一位不凡的史學家，認為凱撒擁有很高的史學覺悟，主動積極地將這些征服高盧的實錄記錄下來以便傳承。

然而事實上，可以說凱撒根本無心完成一部名垂千古的史學名著，著書立說也完全是出於個人目的，他憑藉《高盧戰記》一書成為史學家也純屬是「無心插柳」的結果。凱撒所寫的《高盧戰記》，共七卷，記述他在高盧作戰的經過，從西元前58年至西元前52年，每年的事跡寫成一卷，是研究古羅馬軍事歷史的重要文獻。他把這部書叫做《Commentarii》，即《隨記》或《手記》之意，表示直陳戰事，供人參考而已。

在敘述過程中，他處處用第三人稱稱呼自己。《高盧戰記》敘事詳實精確，文筆清晰簡樸。由於凱撒是羅馬共和國時代，第一個親身深入到外高盧西部和北部、到過不列顛和萊茵河以東的日爾曼地區、親眼目睹過當地的山川形勢與風俗人情的人，因此，《高盧戰記》又成為記述這些地區情況的最古老的歷史文獻，它以對高盧和日爾曼

各地區的從氏族公社，逐漸解體到萌芽狀態國家出現這段時間的政治、社會、風俗和宗教的記述，成為我們研究原始社會和民族學的重要依據。

凱撒一生戎馬倥傯，根本不得閒暇來舞文弄墨，只是迫於龐培及其黨羽的政治陰謀而不得已提起筆來從事寫作的。正如黑格爾所說：「他編著歷史，就會把自己的目的作為歷史的目的來處理。」西方一些學者把《高盧戰記》說成是凱撒為了拉選票而寫的小冊子，或者說是一個競選的文件。真實地記載歷史是古典史學家遵循的原則，但凱撒不是為記載歷史而寫歷史著作的。他的《高盧戰記》帶有明顯的為政治服務的目的，是由當時寫作的歷史背景所使然。

西元前100年凱撒出生於古羅馬的一個貴族家庭。由於他的家庭與民主派領袖馬略和秦納來往甚密，因此，凱撒從步入政壇的那一天起就被捲入殘酷的政治鬥爭。他從一開始就受到元老院的排擠而站到民主派的一邊，並逐漸成為民主派的領袖。憑藉家族的威望和親戚的提攜。西元前84年凱撒當上了朱比特神的祭司，後來又當了財務官、司法官、工務官。西元前61年出任西班牙總督，他在西班牙建立了自己的一支軍隊，表現了出色的軍事才能，得到了元老院的賞識。當時羅馬政壇混亂，馬略的軍事改革，使軍事將領與軍隊緊密結合起來，軍隊日益成為統帥奪取政治權利的有力工具。

長期出入政壇的凱撒深知金錢和軍權的重要，但在當時羅馬政壇上，論資財他比不上克拉蘇，論軍功他比不上龐培，處於劣勢。於是凱撒巧妙使用權術與克拉蘇、龐培結成秘密同盟，史稱「前三頭」

同盟。在克拉蘇和龐培的支援下，凱撒當選為西元前59年的執政官。任屆期滿後，凱撒明智地選擇了擔任高盧總督，因為當時高盧大部分還未被征服。

　　凱撒利用征服高盧的機會，培訓了一支能征慣戰，「只知有凱撒，不知有國家」的唯他命是從的軍隊，並且他和他的手下都大發橫財。凱撒的成功遭到了克拉蘇的妒忌，於是克拉蘇率軍東侵，不料全軍覆沒，戰死異鄉。這樣三足鼎立變成了兩強對峙。

　　西元前54年，凱撒的女兒尤利亞去世，凱撒與龐培的聯姻關係也告結束。西元前52年，山北高盧併入羅馬版圖。

　　凱撒權勢的增長使得元老院心懷戒懼，也使龐培產生妒忌。元老院竭力拉籠龐培，龐培逐漸倒向元老院。西元前52年元老院通過緊急法令，授權龐培徵集軍隊、平定騷亂。不久元老院又任命龐培為「沒有同僚的執政官」，實際上開始了龐培在羅馬的獨裁統治。

　　龐培上任後，利用職權提出高級官員和卸任高級官員，擔任行省總督應有5年間歇期等法律，把鋒芒指向凱撒。並把自己在西班牙的統治權延長5年，完全不提凱撒的高盧總督是否延長的問題。一些貴族還群起攻擊凱撒，要求解除凱撒在高盧的總督職務，交卸兵權。西元前49年，凱撒在高盧的任期屆滿。元老院下令凱撒遣散軍隊，立即返回羅馬，否則以羅馬「公敵」論罪。在這種情況下，凱撒被逼無奈指了指劍柄說：「這傢伙是能延長期限的。」西元前49年1月凱撒進軍義大利，迅速蕩平龐培在義大利的殘餘勢力，掌握了羅馬政權。

　　《高盧戰記》就是在上述背景下寫成的，大約寫於西元前52年

到西元前51年的冬天，很顯然凱撒是在面臨龐培與元老院暗中勾結，對他大肆攻擊和暗算，欲置其死地而後快的情況下寫作的，是不得已而採取的一種保衛自己的措施。由此，他的寫作動機也就昭然若揭了。

從《高盧戰記》的字裏行間可以看出凱撒有三個目的：第一、自我辯護。凱撒在擔任執政官的那一年曾經通過了一項《猶里亞反賄賂法》，法案規定，行省長官本人無論是否帶有軍隊，如未經人民大會或元老院許可，均不得隨意越出行省，也不得對別國發動戰爭。但是凱撒為了獲取資財和培植私人武裝，除了戰爭之外別無他途。但是，以元老院敵視他的立場，自然是不會批准他發動戰爭的。

凱撒巧妙地利用羅馬人民和元老院唯我獨尊、人莫予奪的心理，在敘述他在高盧未經元老院批准而發動的每一次戰爭時，都強調戰爭的起因是由於羅馬人民和元老院的尊嚴受到了損害。

在敘述厄爾維幾人的戰爭時，凱撒寫道：「凱撒想起執政官盧烏斯·卡休斯曾經被厄爾維幾人殺死，他的軍隊也在被擊潰以後，被迫鑽了軛門（對戰敗者的一種污辱）。」在講述對日爾曼人的戰爭時，凱撒寫道：「他知道屢次被元老院稱作『兄弟』、『親人』的愛社依人，正在受日爾曼人的奴役和統治，這對羅馬這個堂堂大國來說，包括他本人不免都是一種恥辱。」關於對不列顛的征服原因，凱撒說：「因為他發現差不多在所有高盧戰爭中間，都有從那邊來給我們的敵人的支援」。

最能表現凱撒自我辯護這一目的的例子是：凱撒在西元前55年

對登克德里和烏西彼德斯這兩支日爾曼人的戰爭，當敵方的首領和長老前來求和時，凱撒卻乘機扣留了他們，然後向群龍無首的日爾曼人發動進攻，43萬日爾曼人幾乎全被殺，而羅馬人沒有損失一個。這次戰爭的消息傳到羅馬時，凱撒的行動受到指責，他的政敵們，以馬克斯‧樸爾斯‧加圖為首，甚至建議元老院把凱撒交給登克德里人和烏西彼德斯人，以保全羅馬的榮譽。

因此，凱撒在《高盧戰記》第四卷第5頁15節中，就詳細敘述了他進行這次戰爭是因為日爾曼人的800騎兵首先攻擊羅馬的5000騎兵，而日爾曼人的首領和長老求和完全是偽裝和玩弄詭計，是緩兵之計。凱撒很顯然地為自己辯護。

第二、樹立自己的形象。透讀《高盧戰記》不難意識到凱撒是想利用全書向羅馬人表明，只有他才是羅馬國家真正的捍衛者和英雄。正是由於他矗立在北方，才有義大利的安寧和繁榮。

他在一次又一次的戰鬥中，從不忘記偶爾插上一兩句話，提一下自己在戰鬥中所起的關鍵作用，以及自己所受士兵的愛戴。在敘述與厄爾維幾人作戰時，他寫道：「凱撒首先把自己的坐騎送到老遠看不見的地方，後來又命令把所有別人的馬也都這樣送走。讓大家面對同樣的危險，不存在逃脫的希望。」表現了他身先士卒與羅馬軍隊同甘共苦的品格。

凱撒還借高盧人之口誇讚日爾曼人勇敢非凡，最後又寫日爾曼人敗在凱撒手下，形成對比來襯托凱撒本人的英勇善戰。

凱撒力圖使羅馬人知道，面臨著能征慣戰的高盧人和日爾曼人，

凱撒和他的軍隊經過艱苦的戰鬥，深入到高盧西部和北部，不列顛和萊茵河以東的日爾曼地區，不僅保衛了義大利的北部邊防而且把羅馬的國界擴展到萊茵河和不列顛。所有這一切都是他和他的部下進行長期鬥爭的結果，是他為羅馬立下的汗馬功勞。

然而，凱撒沒有得到羅馬人民的感激。相反，元老院裏貴族派和龐培一夥卻趁凱撒在高盧奮戰之機會，在首都散布流言蜚語，百般中傷、惡毒攻擊他，其用心險惡可見一斑了。

凱撒著《高盧戰記》的第三個目的就是為了威嚇敵人。軍隊是凱撒手中的利劍。他在書中多次提到軍隊的忠誠，如在薩比斯河戰役中，凱撒軍隊處於十分不利的形勢下，凱撒這樣描述：「凱撒在後軍的一個士兵手中搶過一面盾，因為他自己來的時候沒有帶，就向陣線的第一列趕去，一面叫著百夫長的名字，鼓勵著其他兵士……他的到來給士兵們帶來了希望，他們的精神重新振作起來，各人都想在統帥的親眼目睹之下，表現出自己即使身歷險境時，還驍勇善戰到何種程度。」在講到動員軍隊對日爾曼人作戰時，凱撒刻意講述各軍團指揮官和百夫長對他所做的保證：「他們既不懷疑、恐懼也不妄自干預作戰機宜，認識到這是應由其統帥絕對掌握的事情。」他在書中另一處畫龍點睛的寫道：「如果他（指日爾曼人首領）殺死了凱撒，就可以討好許多羅馬的顯貴和要人。他是直接從他們自己的使者的口中得知的，凱撒的死可以替他換來所有這些人的感激和友誼。」這不啻是告訴政敵們：凱撒對他們的所做所為並非毫無所知，但他有自己的軍隊做後盾，那些政敵們最好能好自為之，不要自取滅亡。

凱撒寫《高盧戰記》雖然滲透著凱撒個人的政治動機，但從整個歷史發展來看，當時羅馬的經濟基礎已經發生了巨大的變化，原來的小農業已完全被大規模的使用奴隸勞動的大莊園取代。

　　當年台伯河上那個小公社的那套城邦制度，已經不能滿足統治需要，加強國家機器向帝制過度已是歷史的必然。因此，凱撒的政治目的是符合歷史的發展的，他為達到自己的目的而撰寫的《高盧戰記》的動機是可以理解的，甚至是應該給予肯定的。

　　凱撒的《高盧戰記》雖然有濃厚的自我辯解的色彩，和強烈的為政治服務的目的。但它畢竟還是一部歷史著作，是一部凱撒征服高盧的實錄，具有重要的史學價值。

　　《高盧戰記》一書中記載了很多很有價值的史料，有關早期日爾曼人、高盧人和不列顛人的社會史、民族、宗教史方面的大量史實，還散見於作者對戰爭的敘述中。由於凱撒是羅馬共和國時期第一個深入這些地區與古代高盧人、日爾曼和不列顛人打交道的人，因此，他的《高盧戰記》就成為瞭解這些民族、地區的最古老的歷史文獻，成為描繪高盧人、日爾曼人、不列顛人早期生活狀況的力作，為歷史學家、社會學家研究古代社會提供了較為詳細的資料。

　　恩格斯在寫《家庭私有制和國家的起源》、《馬爾克》、《論日爾曼人的古代歷史》等著作時，都大量引用了凱撒的《高盧戰記》中的史料。從歷史學發展的角度來看，羅馬共和國時期的史學家本來就很少，留下來的史料多散失不全。唯獨凱撒的《高盧戰記》是一部完整的歷史著作，因此尤其彌足珍貴，在羅馬共和國史學發展史上佔有

重要地位。

　　凱撒寫《高盧戰記》具有濃厚的政治目的，這或多或少的影響史實的客觀性，但是畢竟保存了豐富的史料，具有無可替代的史料價值。可見，武功韜略、政績赫赫的凱撒書寫史書雖然是無心之舉，但他「史學家」的地位卻也因此而奠定。

参考文獻：

凱撒《高盧戰記》、（德國）黑格爾《歷史哲學》、宋德金《獨裁者凱撒》。

2、被神話的農家女—貞德

聖女貞德是英法百年戰爭中的一個神話、一段傳奇、一個奇蹟。

西元1337~1453年，英法兩國間先為王位繼承問題展開爭權奪利，爾後演變為英國對法國的入侵，法國則被迫進行反入侵，因而進行長達百年的戰爭。法國力圖把英國人從法國西南部（基思省）驅逐出去，從而消除英國在法國境內的最後一個堡壘，而英國則力圖鞏固它在基恩的地位，奪回早先失去的諾曼第、曼恩、昂茹和法國的其他一些地區。

英法兩國對佛蘭德的爭奪，加深了它們之間的矛盾。佛蘭德形式上是處於法國國王的統治之下，但實際上卻是獨立的，並且與英國有密切的貿易關係（英國的羊毛是佛蘭德毛紡織業的主要原料）。戰爭的導火線是英國國王愛德華三世覬覦法國王位。德國封建主和佛蘭德站在英國一方，蘇格蘭和羅馬教皇則支援法國。若不是貞德這位17歲的農家女向法國王儲毛遂自薦，百年戰爭可能不會持續那麼久。1429年，當貞德見到未來的國王查理七世之時，英法之間的戰爭已經陸陸續續地進行了90年，似乎已經接近了尾聲。英國人在阿讓庫爾把法國軍隊打得潰不成軍，然後和勃艮第公爵結成了同盟，這樣他們便牢牢地控制了大半個法國。

巴黎陷於英國人和勃艮第人之手，議院逃亡到了普瓦捷，法國在盧瓦爾河北部的最後一座要塞—奧爾良，也被英國軍隊包圍了。在這種絕望的情況下，法國迎來了它的救星貞德。

這位身著戎裝的農家女出現在希農王儲的城堡中，並很快贏得了他的信任。貞德自稱受神的指示，率領法國官兵縱橫於戰場上，以破竹之勢擊敗英軍，解救了即將淪入英軍手中的奧爾良城，並輔助查理七世登位。但她最後卻以異端的罪名被處火刑。1431年5月，貞德被綁在火刑柱上被燒死。

但戰爭形勢卻因為貞德而發生了巨大的改變。法國終於一雪前恥，重步統一之途。法國人民為了感念她的偉大，特賜予她「聖女貞德」的尊稱。

只是一個普通農家女身分的貞德是如何做到這些的？是什麼促使謹小慎微的查理把自己軍隊的權力，交給這樣一個完全沒有任何作戰經驗的17歲少女？貞德同時代的人中曾流傳著一個說法，說貞德向王儲展示了某種「神蹟」，由此得到了查理的信任，而正是這個「神蹟」使得貞德掌握了法軍軍權，並奠定了她成為「聖女」的基礎。

雖然貞德為法國的解放做出了極大的貢獻，但是人們看待歷史問題一定要客觀公正，不能一葉障目，因此，在此不得不說，真實的歷史中，「聖女」貞德只是個被神話的農家女。當1431年貞德因被指控為異教徒而受審時，「神蹟」是一個頗為敏感的話題。根據倖存下來的三篇正式的法庭記錄來看，公訴人和法官曾一再問到這一問題。最初貞德拒絕回答，聲稱「神蹟」是她和國王之間的事情。到3月10日，

貞德第7次受審時，她終於忍不住，告訴法庭是一位天使向國王顯示了「神蹟」。

雖然之後受到了更大的壓力，貞德還是避而不談天使究竟帶來了什麼樣的「神蹟」。兩天後，她補充說，天使告訴國王他應該讓貞德效忠於他的軍隊。3月13日時，貞德再一次被問到「神蹟」的問題。結果貞德質問法庭說是否應該作偽證，似乎警告法庭她下面所說的將是謊言。

然後她不厭其煩地描述了一群長著翅膀，戴著花冠的天使，如何為國王送來了一頂純金的王冠。貞德還說，這頂王冠現在就在國王的寶庫中。多數歷史學家都不願意相信貞德的供詞，宗教法庭也很難問出真實的答案。貞德一旦承認自己與超自然的力量交往，那麼宗教法庭就可以裁定她是與魔鬼在交易，給她定罪。

貞德死後25年，法庭的第二次審判推翻了原來的判決，這方面的記錄也保存下來了。但像最初的判決一樣，這次判決也是預先決定的。查理想要消除異教這個有損於他名聲的污點，於是在1448年下令對第一次審判進行調查。聽證活動直到1456年才結束，法庭認定第一次判決「充滿了氣派、誹謗、邪惡、自相矛盾和明顯的歪曲事實以及曲解法律」。法庭宣布要還貞德之清白。

在這次史稱「昭雪審判」的第二次審判中，出現了對貞德初次會見王儲情景的描述，這一描述目前已廣為人知。有兩位目擊證人聲稱，當貞德進入希農城堡時，查理藏在了朝臣們中間。雖然貞德以前從未看過王儲，但她還是馬上認出了他。他們說，貞德隨後和王儲進

行了私下交談，談話過後王儲顯得「容光煥發」。這個故事後來又得到進一步的渲染，說貞德還曾識破一位偽裝成國王的朝臣。歷史學家們對此也表示懷疑：國王躲起來這一故事可能是真的，但它仍留下了不少疑點。

僅僅因為貞德把查理從人群中辨認出來，他就能隨便相信她？查理難道不會想到是曾經有人向貞德描述過自己的模樣？貞德對他說了什麼，又給他看了什麼，才使得他「容光煥發」？後來也有另一種說法，認為是貞德對王儲說了他最近許的願望。皮埃爾·薩拉宣稱自己從查理七世的一位親密朋友那裡聽到了這一故事，根據他所寫的編年史記載，查理曾祈求上帝，如果他是真正的繼承者，就把他的王國賜予他，如果他不是，就保佑他逃過殺身之禍或牢獄之災。他從未向任何人透露過這一祈禱的內容，因此，當貞德對他說她知道這件事時，查理認為這就是一種「神蹟」，因而就相信了她。而貞德其實不需要任何非凡的直覺能力，就可以看出查理對他的身世滿腹狐疑。宮廷上下都流傳著他是私生子的說法，尤其在他的母親與他斷絕了關係而投入勃艮第人和英國人的陣營之後，這種傳言就更加沸沸揚揚。到處都在傳說他的親生父親是查理六世的弟弟奧爾良公爵，查理對此一定也早有耳聞。因此貞德可以很容易地就猜到他向上帝禱告的內容，而見到有人對自己的祈禱做出了回應，查理也會感到心安。此外還有一種解釋，這種解釋更具有戲劇性。1805年，皮埃爾·卡澤提出了一種合乎這些要求的理論。卡澤寫道：貞德才是伊薩博王后和奧爾良公爵私情的產物。照這種解釋，當她還是個嬰兒時，就被偷偷

地送出了巴黎，以免被她父親的敵人所殺。她被交到了雅克‧達爾克手上，後者撫養了她。她在希農向王儲出示的「神蹟」，就是能夠表明她是他的同母異父的證據，可能是一枚戒指或一份檔案或關於他們家族的秘史。這樣一來，所有的問題在卡澤的理論面前都一一迎刃而解。例如貞德怎麼能夠見到王儲，王儲為什麼信任她，她又是怎樣學到了軍事謀略等等。卡澤認為這不是一位普通的農家女孩，這是一位負有使命的公主，她有著王室的血統，她和王室有著血肉聯繫。這種理論為那些君主主義者們帶來了一道曙光，他們一向對由一位農家女孩拯救整個王國這一說法感到不快樂；那些喜歡陰謀活動的人也很欣賞這一理論。

在20世紀60和70年代，這種理論又曾以各種不同的形式再度出現。而問題在於，卡澤或他的追隨者都沒能為這一理論提供證據。事實上，它還和關於貞德的兩次法庭審判的許多資料相抵觸。關於貞德的出生地不僅她的父母，而且她的無數其他親屬和鄰居都可以作證，他們曾親眼目睹她降臨人世或看著她長大成人。如果貞德真是國王的妹妹的話，所有這些證人肯定都作了偽證，而這只是為了掩蓋她的王室血統而進行的偉大的陰謀活動的一部分。可見，卡澤的理論是一種天才的設想，但卻並不可信。

另外也有人設想可能發生過別的秘密活動，這些活動沒那麼壯觀，也沒有和王室的緊密聯繫。1756年，伏爾泰提出王儲的大臣們挑選了一位農家女孩並對她進行訓練，希望她在希農出現的戲劇性表現能夠鼓舞懦弱的查理和垂頭喪氣的士兵的鬥志，激勵他們打敗英

國人。

1908年，阿納托爾·法朗士的《貞德傳》，提到教會的領袖們也進行了同樣的秘密活動。對於那些一向不信任教會或政府的人來說，這些理論很有吸引力，但遺憾的是，伏爾泰或法朗士一樣也找不到證據支援自己的理論。

另一種看法，許多學者認為貞德所看到的只是由心理疾病造成的幻覺和妄想，例如偏執狂的精神分裂症、癲癇造成的短暫腦葉變化。大多數採取這種看法的學者都認為貞德只是一個名義上的精神領袖，而不是有真實才幹的領導人。

其他學者則指出貞德所聲稱的還包括了「聽到某些聲音」，但這與一般心理疾病的症狀並不相同。許多人反對這種心理疾病的解釋。一個精神病患不太可能會得到查理七世朝廷的支援。事實上之前的國王—發瘋了的查理六世，便被人稱為「瘋子查理」，當時法國在軍事和政治上的衰退便是因為他的發瘋造成的權力真空而導致的。他宣稱自己的身體是玻璃做的，任何人接近就會打碎他，但他的臣子部下們並沒有將他的說法也當成信仰的意識。

在特魯瓦簽定的條約剝奪了查理七世的繼承權，或許其中一部分原因也是因為擔心他遺傳了父親的病。當貞德到達希農時，王室顧問便提出警告：「我們任何人都不該因為受到這個女孩談話的影響而改變政策，一個農夫……如此的被幻覺所蒙蔽；我們不該因此而遭受外國的譏笑……。」

還有說法指出貞德在紀錄上所展現的智慧，證明了她不可能是

精神病患。貞德一生中都展現出相當聰明，在重新審判中也常對貞德的智慧感到驚訝，「他們（審判者）常常從一個問題跳到另一個問題，變化無常，但儘管這樣，她仍然相當精明的回答，而且顯示出極好的記憶力。」她在質問中不可思議的回覆甚至迫使法庭停止公開的庭訊。不過，儘管智力的衰退和記憶的喪失是許多主要精神疾病的病癥，但缺乏這些病癥不代表能完全排除精神疾病的可能性。雖然這樣，許多學者便指出，除了審判上的表現外，依據許多目擊者的說法，其他精神疾病可能導致的混亂，例如顯著的人格改變和雜亂無章的言語，都沒有在貞德身上出現。貞德來自一個不起眼的小村莊，而且只是個不識字的17歲農家女孩，但卻在短短幾年內成為了傳奇人物。

在貞德前，英法兩國都以有千年之久的薩利克繼承法（Saliclaw）來正當化這場戰爭。她雖然是被「神話」了的，但由於貞德的存在，還是為戰爭帶來了不同的意義，她將一場原本枯燥乏味、普通人民深受其害，但卻不感興趣的王朝間的衝突，變為一場熱情激昂的保家衛國的聖戰，最終解救了法國。

參考文獻：

（美國）威爾弗雷德·朱克斯、傑爾姆·蘭菲爾德《貞德》、（英國）莫里斯·戴維德·達爾納克《奧爾良少女的真實故事》、（美國）安妮·巴斯托《貞德》。

3、「國父」華盛頓被迫交權的幕後

喬治·華盛頓（Washington George1）是美國第一任總統，美國獨立戰爭時期大陸軍總司令，他領導美國人民取得了獨立戰爭的勝利。

華盛頓作為美國大種植園主和新興資產階級利益的著名代表人物，對美利堅合眾國的誕生、發展有著巨大的貢獻，被美國民眾稱為「國父」。也正如亨利·李所說：「戰爭的第一人，和平中的第一人，他的同胞中的第一人。」喬治·華盛頓作為一位資產階級革命家、軍事家、政治家，在世界歷史上佔有卓越的地位，1782年他拒絕部下尼古拉上校王袍加身的建議，消除了君主制對美國的威脅。次年英國承認美國獨立之後，他以功成而辭去一切公職，回鄉務農。1797年，他在連任兩屆總統之後，再次自行引退。

傅國湧寫道：「華盛頓開創了總統任期不超過兩屆的光輝典範，彌補了美國憲法的嚴重缺陷，為人類結束終身制、消除個人獨裁的隱患提供了一個彌足珍貴的慣例。」這是一個深切中肯的評價，不僅道出了美國人在華盛頓身後極其尊崇華盛頓的真正原因，也道出了華盛頓對中國近代轉型的參考意義。這次引退是對當時世界上普遍盛行的君主制和終身制的否定，是共和制的重大發展。

華盛頓的兩任引退是近代史上一個創舉，它首次衝破了舊的封建傳統束縛，實行政府首腦的任期制。隨著民主主義的發展，華盛頓所開創的先例，被越來越多的歐洲國家所效法。華盛頓在美國歷史上樹立了一個堅持民主，反對專制獨裁，反對終身制的範例。

　　但隨著時間的流逝，對於華盛頓這一出人意料舉動的真實原因，歷史學家們都根據華盛頓的生平經歷進行了大膽的嘗試，探究華盛頓拒任真實原委。應該說，華盛頓退職的原因是複雜的，有著深刻的政治和社會背景。我們仔細研究一下華盛頓退職前後的信件和談話，下列幾個因素，對他的退職決定產生不同程度的影響。

　　年事已高，體力不濟。他曾把自己比作一個「疲憊旅客」，需要「尋找一個休息之處」，他又說：在花費壯年時期為國家做出貢獻之後，發現老年時期的恐懼又降臨於我，尋求退隱就成為必要的了。而且他厭倦黨派政治。

　　華盛頓的願望始終是一個安定、幸福的國家，團結協調的政府，而厭倦國家所出現的黨派鬥爭，甚至認為它是對國家穩定的「危害」。理想與現實的差距使他陷入了苦惱。

　　他對自己所受到的惡毒抨擊憤憤不平。他說他正被比成尼祿（羅馬帝國最後一任皇帝）、公開的扒手，他已厭倦在公開出版物中被一般低劣作品所折磨。又說：「沒有一個人像我這樣被公共生活束縛著，也沒有一個人像我這樣虔誠地渴望退休。」華盛頓的引退也順從公眾情緒，忠於民主原則。同時代的人和後世的學者都認為，華盛頓即使聲望下降，仍可第三次當選。但華盛頓認為，他個人是否擔任總

統是無足輕重的，而順從公眾的情緒是最要緊的。

當時的一個白宮書記員，在記述他和華盛頓在1796年3月24日的一次談話時說：「他明確通知我，他在任的日子將很短了。這一點，他起碼重複了三次，儘管他任現職非常短暫，但對他個人說來，始終是無足輕重的。」他還說過：「作為總統儘量始終如一的瞭解和順從公眾的情緒，一直是他最真摯的願望。順從民意，自動引退，這是華盛頓民主思想的體現。

華盛頓主張在美國建立一個強有力的政權，但他反對君主制和變相的君主制，信仰共和主義原則，即「人民有權力和權利建立政府這一概念」。在這一點上，他不同於漢密爾頓，而接近於民主派的代表傑佛遜。華盛頓的一生實踐便是最好的證明。

美國憲法通過以後，有人擔心任期不加限制的美國總統，會變成終身任職的變相君主。1788年2月7日，華盛頓寫信給拉裴德表示，他將保衛憲法，反對引進專制政治。他還說：「在共和制度下，國家管理者的任期是有一定限制的，而且是短期的，他們對自己的每一個行為都要負責，而且，在任何時候都可以被罷免。」

華盛頓作為一個開國元首，在群眾中享有很高的聲望，但他也面臨著極大的困難和眾多的問題。各州之間在聯合之初的不同利益，統治階級內部各個集團的利害衝突，在華盛頓政府內部不久就反映為漢密爾頓（Hamilton）和傑佛遜（Jefferson）兩派之間的政見分歧。

對承受法案，對建立國家銀行、消費稅，對開發西部問題，他們的觀點都是相互衝突的。

1791年11月，費希爾‧阿姆斯寫道：「平靜存在於平滑的表面，但像煤坑一樣，小集團在內部成長起來了。」華盛頓認為，政治見解的分歧是不可避免的，在某種情況下還是必要的，但這種分歧不應影響國家的安定和政府內部的團結。他呼籲漢密爾頓和傑佛遜要「互相寬容」、「暫時讓步」，他在給雙方的信中說：「……已經在我們面前舉起的酒杯，不能因為行動的不協調而從我們嘴邊滑掉。」事與願違，儘管華盛頓一再調停、勸解，但黨爭卻越演越烈。

當第一屆總統任期快結束時，他便想退休了。消息傳出，各方都來慰留。傑佛遜對他說：「如果繼續有你領導，南北方將團結一致。」倫道夫（Randolph）寫信給華盛頓說：「當你的國家召喚你來管理它時，你卻要退休了。若內戰再起你能待在家裏嗎？現在去驅散這些小集團（他們正在釀成大災難）比等他們以武裝面目出現時再去制服他們要容易得多。」這些話打動了他的心，他決定再連任一屆。在華盛頓第二屆總統任期內，黨爭有增無減，甚至連他本人也受到指責，間接地介入了黨爭的漩渦。

發布《中立宣言》，和英國簽訂傑伊條約，遭到了傑佛遜領導的民主共和黨的激烈反對。儘管他向傑佛遜表白：「我本人並非一個黨員。我內心的第一個願望是，若黨派存在則使他們和解。」但是，他還是被認為傾向於漢密爾頓領導的聯邦黨。與民主共和黨反對政府的政策相連繫，美國出現了人民群眾爭取民主的新浪潮。

1790年左右，民間社團像雨後春筍一樣到處出現。從1793年至1800年間，全國共成立47個社團。他們反對漢密爾頓的反民主措施。

威士忌酒起義之後，華盛頓把起義歸罪於社團，譴責他們是「自封」的「邪惡」他甚至說人民沒有為某種政治目的組織社團折損害了他的聲望。當時城鄉各地一提到他的名字就會發生爭吵，反對者稱他是「獨裁者」和親英派，要求撤他的職。

在這種情況下，華盛頓的思想又回到了1792年，他決定自動退職。華盛頓既沒有在美國開創一個新王朝的政治野心，又做好了「短期」任職的思想準備，所以到1796年他面對現實自動退職，便順理成章了。人們的社會思想是社會存在的反映，歷史上傑出人物往往能順應歷史的潮流衝破舊思想、舊傳統的束縛，推動歷史向前發展。華盛頓矢志共和制度的思想，也不是他頭腦裏固有的，而是美國社會現實的反映。

美國早期移民的主流，是逃避宗教迫害和專制王朝政治壓迫的新教徒，是喪失了生產資料的勞動人民。他們對英國的殖民壓迫和專制統治進行了長期的鬥爭。急風暴雨式的獨立戰爭，不僅推翻了英國的殖民統治，而且衝擊和蕩滌了從歐洲接受過來的封建殘餘，使民主共和思想更加深入人心。

經過獨立戰爭洗禮的華盛頓對此是有體驗的，他曾說：「在美國神聖的自由之火和共和政體政府的命運，又經根深蒂固的，甚至一勞永逸地紮下了根。」由此可見，沒有深厚封建傳統的美國，為華盛頓衝破終身制舊傳統提供了肥沃的土壤；美國人民反對君主專制，爭取民主權利的鬥爭，是推動華盛頓開創兩任退職慣例的強大力量。

跟華盛頓最具可比性的是孫中山，他們都是有機會站在權力巔

峰的人物。可是，誰又能想得到，崇拜暴力革命、輕視思想為蒙，以類似分贓制的原則來組建中華革命黨，雖然聲稱「主權在民」但又以人民幼稚為由實行黨國統治，這些都曾經是孫中山的言行？難以想像，假如孫中山沒有辭去總統職務，他能夠帶來一個跳出2200多年以來的權力怪圈的新社會。

當然，我們不能苛求民國以來的人們，因為從根本上來說，中國產生不了華盛頓，原因在於中國源遠流長的專制傳統。這正如美國產生了華盛頓，原因在於西方源遠流長的民主傳統。僅僅想靠一兩個人的美德品行，是無法促進中國近代完成轉型的。我們不僅需要華盛頓，更需要能促使產生華盛頓的環境和制度。

参考文獻：

馬克思《北美事件》、（美國）史密斯《喬治‧華盛頓》、（美國）赫伯特‧摩累斯《為美國的自由而鬥爭》、方納《喬治華盛頓文選》、（美國）莫里森《美利堅合眾國的成長》。

4、拿破崙並非死於砒霜

拿破崙・波拿巴（Napoleon Bonaparte），法蘭西第一共和國第一執政（1799年～1804年），法蘭西第一帝國及百日王朝的皇帝（1804年～1814年，1815年）、軍事家、政治家，曾經佔領過西歐和中歐的大部分領土。法蘭西共和國近代史上著名的軍事家和政治家。

拿破崙在執政期間，對法蘭西共和國的行政和法律體制進行了重大的改革。他改革了法蘭西共和國的金融結構和司法制度；創辦了法蘭西銀行和法蘭西大學；實行了法蘭西共和國行政的中央集權制。

雖然其中的每項改革對法蘭西共和國本身產生了重要的，而且在某些方面是持久的影響。1821年5月5日薄暮時分，大西洋狂怒的暴風雨席捲著聖赫勒拿島，大樹被連根拔起，島上的一些小屋被吹倒，震動了整個龍塢德莊園，被流放於此地的法蘭西帝國皇帝正處於彌留之際，「法蘭西……軍隊……統帥……約瑟芬……」，他最後的話語只有離床很近的侍從才聽得見。風暴停息了，太陽射出最後一陣燦爛的光輝映照海島，接著便沈入海洋，5點49分，一代梟雄拿破崙與世長辭了。

這位曾使歐洲各國君主聞之心驚的法國皇帝是怎麼死的？為何

這位以精力旺盛著稱的風雲人物會在52歲壯齡時過早死去？100多年來引起了人們種種傳說與揣測，關於他的病因和死因始終蒙上一層神秘的幃幕。

1955年秋天，瑞典哥德堡的一位名叫斯坦福·蘇弗波德的牙醫與毒物學家，在研讀有關拿破崙的歷史資料時發現，拿破崙在其生命最後歲月裏的病症：交替出現的嗜睡與失眠，雙腳浮腫，體毛脫落，身體肥胖，心悸及牙根暴露等，不像患癌症的樣子，倒像是慢性砷中毒的現象；於是他立志要解開這一謎團。

歷經數年的尋訪、調查與研究，於1960年提出用中子活化分析方法測定拿破崙頭髮中的砷含量的假想，問題是到哪裡去弄到皇帝頭髮呢？皇天不負苦心人，蘇弗彼德先後從法國巴黎殘廢軍人院軍事博物館董事長、拿破崙研究專家拉蘇克、瑞士商人弗萊處，弄到拿破崙的幾根頭髮，並在蘇格蘭格拉斯哥大學法醫學系教授史密斯博士的幫助下，用核子轟擊法來測試拿破崙的遺髮，結果發現頭髮中砷的含量高於正常值的13倍。後來他們又從文獻資料中獲知，當1840年10月人們將拿破崙棺槨打開，準備將遺體運回法國時，發現雖歷經近20年但屍體完好，尤其是臉色與下葬時別無二致，他們認為這正是砷的作用，砷毒害了拿破崙的生命，但反過來又保護了遺體不受腐蝕。經過反覆研究，他們確信拿破崙是遭人用毒而死的。

那麼兇手究竟是誰呢？根據對當時在拿破崙身邊的人員的仔細分析，認定拿破崙的心腹隨行官員蒙托隆伯爵是兇犯，此人早年追隨拿破崙，1814年拿破崙第一次退位時，曾倒戈投靠波旁復辟王朝。當

1815年拿破崙在滑鐵盧戰役中被擊敗後，為人作鳥獸散，而蒙托隆則偏偏在這個時候重新回到拿破崙的身邊。為何他甘願奉侍拿破崙嘗受流放聖赫勒拿島的痛苦生涯，並對自己的妻子阿爾賓與拿破崙的曖昧關係能置若罔聞呢？目的就是想獲得拿破崙的信任，當上「長林」（對流放地的稱呼）的總管。

據對一些史料的調查，發現他實際上是受波旁王朝路易十八之弟阿圖瓦伯爵（1824年後即位，稱查理十世）的指使，以在拿破崙專飲的葡萄酒中反覆投放小劑量的砒霜（即三氧化二砷）的方式，使其慢性中毒而死。

1981年蘇弗波德與加拿大的一位拿破崙專家威爾德合作，發表了題為《聖赫勒拿島的謀殺案》的學術論文。1982年威爾德又與美國人哈普古德合作，將蘇弗波德解析拿破崙死亡之謎的過程寫成《拿破崙謀殺案》一書，即被列入當年的美國暢銷書之列，於是拿破崙遭人毒殺的說法便廣為流傳於世。

據說拿破崙曾懷疑有人在暗中謀害他，在臨終前7天又給御醫安托馬什寫信說：「在我死後—我的死已為期不遠了—我要你剖開我的屍體……我委託你在這次屍體檢查中別漏掉任何可疑之處……。」但事實證明，拿破崙並非死於砒霜。5月6日下午2點，遵其遺囑，由安托馬什操刀進行屍體解剖，在場的有拿破崙的侍從官員，駐島英國官員10人，另有6名英國醫生。

解剖結束後，所有醫生未能就死因達成一致的看法，7位醫生分別交出了4份不同的報告，唯一的共識是確認在胃部靠近幽門處發現

有潰瘍。安托馬什認為是「致癌性潰瘍」，而英國醫生則說是「硬性癌引起的癌症」。一位名叫索特的醫生還發現肝臟腫大，已出現潰爛，但駐島的英國總督哈德遜·洛，命令索特在解剖報告中刪去這一與英國官方意圖不符的發現，因為英國人害怕人們指責他們將拿破崙流放到這一氣候惡劣、肝病多發的小島上來。由於拿破崙的父親也死於幽門癌，所以一些人相信拿破崙也死於同一病症。

當然，也有一些人並不相信官方的驗屍報告，他們認為拿破崙是死於「氣候疾病」。到了20世紀初，在法國與德國的一些醫學雜誌上出現了一些討論拿破崙死因與病因的文章。

有人認為拿破崙並非死於癌症，而患的是一種熱帶病，這種病是1798年拿破崙遠征埃及和敘利亞時染上的，到他被流放到這一地處熱帶的小島後，便舊病復發，趨於惡化，最終導致他死亡。

不過，也有不少西方史學家和科學家並不贊同這一說法，他們也發表了各種不同的見解。如美國醫生羅伯特認為拿破崙是死於男性激素嚴重障礙，其患病後期腺功能損害嚴重，導致雄性激素嚴重失調而亡。英國紐卡斯爾大學的歷史學家戴維·瓊斯則認為，拿破崙的確死於砷中毒，不過砷的來源可能是來自拿破崙居室中的壁紙，因當時盛行塗有含砷的綠色顏料的壁紙，吸入壁紙蒸發出的砷而致死的事情屢有發生，因當時條件所限，死因無法解釋。

為了探究拿破崙是否為壁紙毒害，1990年英國電視台製作了一個節目，並派遣記者踏上了聖赫勒拿島。這是一座大西洋上的孤島，面積僅47平方公里，當時屬於英國的東印度公司，人煙稀少、蕭條荒涼。

東距非洲1930公里，是座死火山島，地形崎嶇，屬於熱帶海洋型氣候，常年經受大西洋上風暴和雷雨的洗禮。

來到島上，記者發現拿破崙當年居住的房子—朗伍德別墅，雖然高聳在島的中部，但仍舊非常潮濕。一走進屋子，就明顯感到黴味撲鼻。潮濕會引發黴菌的生長，而黴菌又是導致砷擴逸的重要原因。記者還瞭解到，拿破崙的舊屋每隔一年必須重新裝修一次，但是今年剛剛換上的壁紙已經開始脫落了，看到這裡我們已經依稀可見拿破崙身亡的真相了。

拿破崙剛被流放聖赫勒拿島的時候還享有很大的自由，他可以騎馬遛遍整個島嶼，可以與本地人交談。但是，當新任總督哈德森‧羅伊就任後，他擔心長此以往拿破崙可能會與人串通逃跑，於是命令士兵在任何時候，拿破崙的行蹤都必須在他們的視野以內。士兵們為了執行命令，不斷地限制拿破崙的活動空間。

這樣，他待在屋裏的時間越來越長，有士兵回憶，曾有一段時間，拿破崙幾個月都沒有離開過屋子。1819年拿破崙在聖赫勒拿島上居住的房間也換上了當時很流行的「施利綠」糊壁紙。而從那時起，拿破崙的隨從們也常常抱怨當地的「壞空氣」，不少人感覺很不舒服，他的幾位親密僕人就是先後在那一時期過世的。遺憾的是，這些人的頭髮沒有留下來，不然的話，如果能夠進行檢測，一定也能發現砷含量超標準。

這一次聖赫勒拿島之行，進一步證實了拿破崙確實所居住在貼滿砷化物壁紙的屋子裏，在島上潮濕的環境下，牆面的砷不斷透過

空氣侵入他的體內。因為季節變換，潮濕度不同，又使得他頭髮中的砷間斷性出現。這些都與對頭髮的檢測結果吻合。日復一日，年復一年，有毒氣體不斷的摧毀著拿破崙的健康，終於在1821年一個風雨交加的傍晚，奪取了這位偉人的生命。

法國一位著名史學家曾說過：「在歷史上，拿破崙這個名字後面總跟著一個問號。」確實，拿破崙一生都充滿了謎團：他的出生、他的感情、他的發起、他的流放、他的死亡，甚至他的頭髮中都隱藏了一個驚天的秘密，足以改變歷史。

但是，無論這些謎題有多少，就像法國人永遠相信拿破崙會東山再起，會重塑法蘭西輝煌一樣，我們也堅信，透過我們孜孜不倦的探尋，透過對歷史正確的把握和解析，一定能夠認識到一個完整、真實的拿破崙。

參考文獻：

凡事《拿破崙之死》、周文峰《拿破崙的N種死法》、（美國）韋德爾《拿破崙是否因中毒而死？》、付明光《拿破崙死因之謎》。

5、林肯的「種族主義者」情結

亞伯拉罕‧林肯（Abraham Lincoln，1809年2月12日～1865年4月15日），美國政治家，第16任總統（1861～1865年），南北戰爭時期的北方領袖。林肯領導美國人民維護了國家統一，廢除了奴隸制，為資本主義的發展掃除了障礙，促進了美國歷史的發展，100多年來，受到美國人民的尊敬。

馬克思都曾經這樣評價林肯：「他是一位達到了偉大境界而仍然保持自己優良品質少有的人物。這位出類拔萃和道德高尚的人竟是那樣謙虛，以致只有在他成為殉道者倒下去之後，全世界才發現他是一位英雄。」

林肯一生都被「偉大解放者」的光環所籠罩，但是這位以推動種族平等著稱的偉人竟是位不折不扣的「種族主義者」。

首先，林肯從小的生活環境也在潛移默化中影響著他的思想形成。林肯的父親是一位農民，他在西雅圖有一塊農場，林肯從小便在農場生活，農場中的人們經常拿黑人開玩笑，講粗話，並且常有人虐待黑人。青年時代，林肯曾作為水手隨船到達南方奴隸貿易中心—新奧爾良城，在拍賣市場上，他親眼目睹了黑人被當成奴隸被買賣的過程，更加深刻地體會到黑人與白人的天差地別。

只接受過一年正式教育的林肯無力辨別「財產」與「黑奴」在本質上的不同，無力理解平等是超越種族與地位的。逐漸地，在這種環境的薰染下，他開始認為黑人與白人的不平等是理所應當的，並且隨著年齡的增長，這種不平等的觀念更加深刻地烙印在林肯的心中深處，左右了他的一生。

其次，林肯出生於十九世紀初，當時雖然著名的《人權宣言》所宣揚的「人人生而平等」、「天賦人權」理論，得到了廣大資產階級和民眾的支持，在這一思想領導下的資產階級革命也在世界各地如火如荼的進行，但黑人仍被排除在「人」的範疇外，販賣奴隸被視為正當的商業活動。

在北美大陸，雖然距獨立戰爭勝利已經過去了幾十年，但國家的獨立並沒有帶來黑人的自由，從殖民地時期就形成的依靠剝削黑人奴隸獲取鉅額利潤的大種植園經濟，更是佔據著社會生產方式的主流。在奴隸制種植園裏，黑人奴隸不是奴隸主買來的，而是奴隸主們的私有財產，不但要受到剝削，還要受到種族歧視。

生活在這樣的時代背景下，林肯自然會受到社會主流觀念的侵襲。林肯透過自學成為律師後也並沒有改變他對於黑人的看法，他經常蔑稱黑人是「Nigger（黑鬼）」並常常和朋友開貶抑黑人的玩笑。甚至變本加厲地認為黑人這種劣種族，應該被驅逐出境。這種極端的想法在林肯後來進入政界後，又多次表露並付諸於實踐。

現在任教於普林斯頓大學的林肯學者，被美國學界公認為「林肯學」的第一把交椅的南北戰爭專家麥克·菲爾遜（Mac Pherson），

在《紐約時報書評月刊》上撰文表示，林肯為時代所囿，確實帶有種族偏見，也確曾有過將黑人殖民海外的構想。成為總統後的林肯也並未如人們後來所想像的那樣，致力於爭取黑人良好的生存條件和政治權利，相反，他卻繼續著自己年輕時埋下的「歧視理念」。他曾在兩次國情諮文中主張把黑人驅逐出美利堅大陸，以維護國家和民族的正統性和穩定性。

雖然，林肯本人從來就沒想要成為如今美國多元文化的鼻祖，也沒有希望成為一位人道主義者，但由於南北戰爭的勝利，在客觀上維護了國家和民族的統一，促進了資本主義經濟的迅速發展，很多林肯的支持者仍將其視為「最偉大」的總統。並且隨著1865年，歌劇院的一聲槍響，林肯總統被奴隸主支持者、演員約翰‧魏克斯‧布思（John Wicks Bush）刺殺，更樹立了在美國人民心目中至高無上的，在奴隸解放道路上「殉道者」的形象，在華盛頓的林肯紀念堂，每年要迎接成千上萬的來自全世界的林肯敬仰者。

本內特（Bennett）早在1968年發表的《林肯是個白人至上主義者嗎？》一文中指出，林肯一直堅持認為驅逐黑人出境是解決美國黑奴問題的良方。在《宅地法》頒布之前，他曾主張將美國的西部專門留給白人，並支持一項禁止黑人在他們的家鄉伊利諾伊州（Lincolnshire）定居的法律。林肯甚至還認為黑人是引起戰亂的根源，他認為內戰的爆發應當歸咎於黑人，他曾宣稱：「如果是為了我們白人，就不會爆發戰爭。」即使在戰爭爆發後，林肯總統還是沒有立即放棄他的種族觀念，不願立刻廢除奴隸制度。在《宅地法》頒布之

後，他仍然十分猶豫，態度不夠堅決，對於廢奴制度之外的途徑還存有幻想。

對於《解放黑人奴隸宣言》制定的初衷，也遠非《美國反對奴隸制度協會章程》所說的：「訴諸於人民的天良、善念和利害……我們相信對於被壓迫者、對於我們整個國家、對於我們的後代、對於上帝，我們有義務盡我們法律範圍內的力量來消除奴隸制度……」如此神聖而正義，林肯政府的初衷十分的實際：宣言不會給黑人帶來真正的自由，卻會給資產階級帶來豐厚的回報。最直接的促成其頒布宣言的原因是基於戰爭的迫切性，急需要爭取人們的支援。

《宅地法》雖然可以促使更多的人支援北方軍，卻無法從實質上迅速提高軍隊的人數和戰鬥力，而在當時的美國數量龐大而又未被充分利用的資源就是黑人奴隸，如果能夠動員黑人奴隸們加入到北方軍隊中來，那麼在短時間內就能夠扭轉被動的局面。而且一旦黑奴獲得自由，勢必會極大削弱南方軍隊的戰鬥實力和經濟供給。更深一層原因來自於戰爭結束後，對資本主義的巨大推動作用：廣大解放的、獲得人身自由的黑人們，在戰場上為了獲得的自由而浴血捍衛，而當戰爭勝利後，他們才發現，夢想中的生活並沒有出現，除了一枚共和國的勳章和所謂的自由，他們其實已經一無所有，沒有土地，沒有財產，沒有家；如果要生存，他們唯一的出路就是再次出賣自己的自由，成為資產階級的雇傭工人。

這對於標榜平等自由的資產階級無疑於天上掉下的禮物，而對於黑人們而言，這種只存在於紙面上的權利沒有給他們帶來任何實

質上的改變，只是從一個痛苦的深淵到了另一個絕望的無底洞。

　　林肯的好友惠特尼以及當時的國務卿西華德等人的談話，都可以佐證林肯對解放黑奴的「真實想法」。惠特尼說，《解放宣言》是個「幻象」，西華德也說，《解放宣言》只是個「幻影」；而被稱為近代「最了不起的林肯學者」的蘭道爾也說：「《解放宣言》並沒有解放一個黑奴。」

　　如此多的人僅從今天所看到的歷史結果推測林肯本人，因此，將客觀結果與主觀態度相區分還是十分必要的，我們肯定、尊重、敬仰林肯總統在逆境中孜孜進取的精神，大無畏的改革魄力，戰爭中臨危不懼、果敢審慎的作風，更要認識到他本人在重大問題上真正的政治態度和傾向，認識到《解放黑人奴隸宣言》只是特定條件下的產物，並非其真實意志的反映。不因功績而掩蓋缺陷，也不因惡行而全盤否定，這才是正確解讀歷史的態度。

　　但是，雖然歷史證明《解放黑人奴隸宣言》的發表是有效的、及時的以及必要的，卻不能由此判斷出宣言的倡導者林肯就是一位積極推動種族平等的先驅，是一位忠實的「種族平等主義者」，史學家們也在肯定《解放黑人奴隸宣言》里程碑般的作用同時，對林肯本人的政治傾向產生懷疑，認為該宣言的發表並非出於林肯本人對黑人奴制的反對和對人權平等的追求，而採取的「自覺的和主動的行動」，而是在很大程度上懾於廢奴派的壓力和戰事的壓力。

　　美國黑人作家兼黑人雜誌《伊波尼》（Ebony）的執行總編輯本內特，不久前推出的新著：《逼上榮耀：林肯的白人夢》一書更是明確

的宣稱，林肯頒布實施的《解放宣言》純粹是「一場騙局」，林肯「其實是個種族主義者，與希特勒沒區別。」同時作者說「林肯既狡猾又愛撒謊」，美國人民不應該再稱他「誠實的艾比」（林肯綽號）。我們不能沈迷於偉人頭頂上的光環，而應該看清事實真相，打破一直以來的不切實際的迷信。

參考文獻：

（美國）本內特《逼上榮耀：林肯的白人夢》、（美國）本內特《林肯是個白人至上主義者嗎？》、（美國）戴維瓦斯特爾《亞伯拉罕林肯是想把黑人驅逐出境的種族主義者》。

6、張伯倫綏靖的背後

綏靖政策（policy of appeasement）也稱姑息政策。一種對侵略不加抵制，姑息縱容，退讓屈服，以犧牲別國為代價，和侵略者勾結和妥協的政策。

20世紀30年代，特別是兩個戰爭策源地形成後，面對德、義、日法西斯國家的嚴重挑戰，以英國首相張伯倫（Chamberlain）為代表的英、法、美等國的綏靖主義者，為了維護既得利益，求得一時苟安，不惜以犧牲別國利益為代價，謀求和侵略者妥協，妄圖將禍水引向蘇聯，坐收漁利。

1931年「九一八事變」，容忍日本侵略中國東北；1935年3月容忍希特勒重整軍備；1935年8月美國通過中立法；1935年10月容忍義大利侵略衣索比亞；1936年3月放任希特勒武裝進佔萊茵區；1936年8月對德、義武裝干涉西班牙採取「不干涉」政策；1937年7月縱容日本發動全面侵華戰爭，此後又策劃太平洋國際會議，陰謀出賣中國，和日本妥協；1938年3月默許希特勒兼併奧地利。

這些都是綏靖政策的例證。歷史證明，綏靖政策是一種縱容戰爭、挑撥戰爭、擴大戰爭的政策。它無法滿足法西斯國家的侵略野心，卻鼓勵了侵略者冒險，加速了第二次世界大戰的爆發。英、法這種

犧牲他國利益而求得苟安的綏靖政策刺激了阿道夫‧希特勒（Adolf Hitler）的胃口，在伴以訛詐、恫嚇等手段相繼在歐洲獲得了巨大利益後，德意志帝國開始入侵波蘭，挑起了世界大戰，從而宣告了英、法綏靖政策的失敗。

英、法對德意志帝國的姑息和妥協，是德意志帝國法西斯勢力迅速發展的罪魁禍首，而其操縱的國際聯盟對國際事務脆弱的控制能力，也是1930年代世界大亂的主要原因之一。

一直以來人們都指責張伯倫綏靖是軟弱的表現，是最為失策的一種做法，養虎為患；然而事實上，英國這麼做卻是有其不得已而為之的深刻原因的。社會心理因素的影響。戰爭的災難和創傷，使英國人在第一次世界大戰後形成的強烈的反戰、厭戰和懼戰心理，逐漸轉變為一種社會政治運動。

據不完全統計，在兩次世界大戰之間，英國先後湧現出26位反戰的和平主義運動著名人士，並出現了頗具影響的「不再戰爭運動聯合會」和最大的「和平誓約協會」等，和平主義組織及大批的反戰文學作品。從這個意義上說，第一次世界大戰後英國人的反戰、厭戰和懼戰心態，已構成其社會心理的一大特徵。而這種帶有普遍性的社會心理，無疑將會對英國政府的內外政策走向，產生直接或間接的影響。

既然公眾的社會心理都對戰爭表示出不贊成態度，英國政府毫無疑問地要考慮這一點，但希特勒在歐洲接二連三製造的戰爭恐怖氣氛，又要求英國政府面對現實。戰則違背「民意」，和則無異於掩

耳盜鈴。在這進退兩難的「困境」中，英國政府選擇了以公眾社會心理為基礎，盡可能退讓以避免戰爭爆發的對付希特勒軍事威脅的對策，這就是所謂的「綏靖」政策，因為「綏靖」一詞的本意給人的感覺並不太壞─保持地方平靜，熄滅戰爭等。

當然，公眾心理並不注意當局使用綏靖的另一面─遷就、屈從於希特勒法西斯勢力，以至於英國人普遍把綏靖理解為和平的代名詞。從這個角度說，英國張伯倫政府的綏靖政策，迎合了英國人狹隘的或者說樸素的社會心理，是英國人反戰和平心理的一種變態反映。

當然，我們不能簡單地認為英國人的反戰心理就是綏靖政策的前身或化身。實際上，英國人反戰社會心理的形成，除了主要受「一戰」時期戰爭陰影所造成的心靈上的痛苦之外，還有基督教等其他社會背景的一定影響。

傳統外交政策的影響。綏靖政策主要是作為一種外交政策而出現在英國政府的決策中的，而這一決策又是與英國傳統的外交政策密不可分的，甚至可以說是英國傳統外交政策延續的結果。當時，戰後新生的社會主義蘇聯的崛起，更使英國感到不知所措，因此英國選擇了徹底戰敗的德國作為扶助的對象，作為新的歐陸均勢政策。

於是英國總是傾向於德國，要保持歐洲大陸勢力的平衡並相互制約，就必須採取一種「扶弱抑強」，在戰後一系列關於德國問題的處理上，做出增加德國軍隊的數量並提高軍備的無理要求，1921年支持德國緩付戰爭賠款；1924年違反規定支持德國加入，促成了1925年

10月在瑞士草簽的有利於德國的「洛迦諾公約」等等。第一次世界大戰結束後，面對調整後的世界格局，英國政府希望透過結成新的「歐陸均勢」而重新保持它。

近代以來，直至「一戰」前夕，英國外交政策的基本立場是「光榮孤立」，即盡可能不與歐洲大陸任何一個國家結盟，以獨處一隅地保持自己的行動不受任何外來因素的干擾與影響。但是，進入20世紀後，由於歐洲帝國主義列強間爭霸世界的矛盾日益尖銳，特別是後起的軍國主義德國的強大，嚴重威脅到英國的海上霸權，使其「光榮孤立」的政策已告失效。

但英國出於自身利益的考慮，仍希望自己繼續「光榮孤立」，同時又能借助某種外力來牽制德國軍國主義的崛起。於是英國便在歐洲大陸展開外交穿梭，廣交朋友，並最終形成以英、法、俄為主的協約國集團和以德、義、奧為軸心的同盟國集團兩大軍事陣營，從而使歐洲大陸各種力量互相牽制，勢力均衡。

「歐陸均勢」政策是英國傳統的「光榮孤立」外交政策，在不能繼續保持的一種被動的變通。其綏靖政策的實質能反映出英國政府留戀傳統「孤立」，雖然這最終並未制止帝國主義戰爭的爆發。此外還有外交政策的深層願望，英國認為，自己雖然在「一戰」中損失慘重，但戰後世界頭號殖民帝國的地位並未發生改變。因此，如果歐洲大陸力量失衡，不管是法國或蘇俄挑起戰爭，也不管戰爭的性質如何，結果都只能給英國帶來更大的損失。正如英國外交官斯特朗所言：「任何戰爭，無論我們是贏是輸，都將毀滅富裕的階級，於是他

們就要不惜一切代價求得和平。」

　　當然，英國人的代價並不是自己去主持公道，討伐邪惡，而是扶助德國，形成歐洲大陸英、法、德、俄四強鼎立，相互牽制的歐陸新均勢，而它自己則繼續在英倫三島保持「孤立」。但是，帝國主義的本質決定了他們矛盾的不可調和性，英國的扶德抑法、扶德抑俄的「扶弱抑強」政策的效力，只能是暫時的一廂情願，德國軍國主義傳統決定了他們總是企圖恢復昔日稱霸的野心，英國對德國的扶助，無異於農夫救蛇。正因為如此，到第二次世界大戰爆發前，英國傳統的「光榮孤立」和「歐陸均勢」外交政策完全失靈，在德國法西斯大步緊逼的情況下，為恪守傳統政策，避免重開戰端，選擇了以犧牲弱小盟友利益為代價的綏靖主義邪路。

　　當然，綏靖的結果只能是事與願違，尤其是在1937年5月張伯倫上台後，由於英國外交上的綏靖政策達到高潮，喪失了世界反法西斯同盟之間齊力對付法西斯德國肆虐的大好時機，導致了第二次世界大戰的提早爆發。

　　另外我們也不能忽視現實對內政策的影響。英國推行綏靖政策，不僅是它傳統外交政策延續的結果，更是它在「一戰」後，現實對內政策中過多地重經濟發展而輕軍備增長的結果。

　　第一次世界大戰結束後，英國雖為主要戰勝國，但畢竟損失高達120億英鎊，元氣大傷，因此，復甦國民經濟便成了英國政府認為的第一需要。特別是最有威脅的德國的徹底戰敗，使英國政府錯誤地認為「十年無大戰」。

於是，在內政的制定上，特別是在加強國家的實力方面，重視發展社會經濟的重要性和緊迫性，而忽略了軍備力量的加強，甚至自認為英國現有的軍事裝備及技術，尤其是仍保持著一支世界上最強大的海軍等，足以應付將來發生的任何規模的戰爭。

　　整個20年代，英國始終以所謂「十年無大戰」的設想來佈置其經濟發展與軍備規模，軍事上一直滿足於1918年的技術，把嶄新的空軍兵種僅僅當作其傳統海陸軍的輔助部隊。海陸空三軍的開支不斷下降，以致到1932年時，軍費支出降到兩次世界大戰期間的最低點，幾乎到了嚴重的無法履行英國的防務義務的狀況。其偏安一隅重經濟輕軍事的和平麻痺之為嚴重到何種地步，可見一斑。這無疑對以後希特勒德國的武力威脅只能妥協退讓進而綏靖等，埋下了禍根。

　　希特勒上台後，德國法西斯東山再起已成事實並構成對英國最大的威脅的情況下，英國內政外交政策的基本點仍幻想用無原則的和平來換得國內所謂的發展經濟上。由此可見，正是由於以上幾個方面導致第二次世界大戰爆發前，以英、法為首的西方國家推行綏靖政策，企圖以犧牲他國利益，保住其霸權地位。雖然在某種程度上可以說是「情非得以」，但最終的結果是縱容了侵略，加速了大戰的爆發。執行綏靖政策的英、法等國，如同「搬起石頭打自己的腳」。

　　歷史的經驗說明，制止戰爭、保衛和平，既不能靠乞求、屈服，更不能抱有犧牲他人、保全自己的禍心。唯一正確的政策是聯合一切愛好和平的國家和民族，對侵略行徑做堅決的抗爭，才能陷敵於四面楚歌，粉碎其侵略擴張計劃。

參考文獻：

（英國）C.L.英瓦爾《新編康橋世界近代史》、王斯德、錢洪主編《第二次世界大戰起源研究論集》。

7、也曾動搖的反法西斯者—邱吉爾

溫斯頓・倫納德・斯賓塞・邱吉爾爵士（Winston Leonard Spencer Churchill，1874年11月30日～1965年1月24日），政治家、演說家及作家，1953年諾貝爾文學獎得主，曾於1940～1945年及1951～1955年期間兩度任英國首相，被認為是20世紀最重要的政治領袖之一，帶領英國獲得第二次世界大戰的勝利。

但是這樣一位德高望重的反法西斯英雄，在二戰期間竟然企圖與墨索里尼（Mussolini）有過「不正當」交易，企圖與其媾和。據一項最新研究表明，義大利前獨裁者墨索里尼是被一個英國特工領導的兩人小組處死的，下達此命令的人就是當時的英國首相溫斯頓・邱吉爾。

長期以來在官方版本中，墨索里尼和他的情婦克拉拉・貝塔西是被瓦爾特・奧迪西奧領導的義大利游擊隊，於1945年4月28日處死在科摩湖畔的貝爾蒙特別墅。但這個說法被認為只是掩飾，實際上墨索里尼和貝塔西是在那天上午11點被代號「吉亞科默」的義大利游擊隊員席格諾・洛那蒂，和代號「約翰上尉」的英國特工羅伯特・馬卡羅打死的。

義大利國家電視台製作了名為《墨索里尼：最後的真相》紀錄片

宣稱，墨索里尼多年來一直與邱吉爾保持信件聯繫，邱吉爾想勸說他與盟軍單獨締結和平協定。但墨索里尼的一些傳記作者否認有這些信件存在。

　曾在戰後任飛亞特經理的83歲的席格諾・洛那蒂說，「約翰」被派到義大利北部，主要任務就是消滅墨索里尼，他當時只受亞歷山大將軍後來曾任英國陸軍元帥的領導。當時，「約翰」和席格諾・洛那蒂一同來到游擊隊囚禁墨索里尼及其情婦的房屋，洛那蒂說：「貝塔西坐在床上，墨索里尼站著，約翰把我帶出去，告訴我他得到的命令就是把他們兩個都除掉。我說我不能向貝塔西開槍，於是約翰說由他來辦這件事。他很清楚墨索里尼必須由義大利人來執行槍決。」他說當墨索里尼走出房屋後，貝塔西要求「不要朝自己的頭開槍，要朝胸部打」。在通向科摩湖的一條小巷的角落裏，「約翰」和「吉亞科默」讓墨索里尼和貝塔西背對著柵欄站好，然後開槍。席格諾・洛那蒂說：「墨索里尼臉上的表情很驚訝，但貝塔西卻很平靜。」

　一切結束後，「約翰」從背包裏拿出相機拍照，席格諾站在旁邊，他受命從墨索里尼身上搜查「極為重要的文件」。共同製作這部紀錄片的美國記者彼德・湯普金（Peter Topskin）說，有證據表明「約翰」拍攝的照片是存在的，他說：「洛那蒂1981年去了英國駐米蘭領事館，領事與他談起這些東西，但他聲稱需要英國政府授權才能把照片交給洛那蒂。後來領事館給洛那蒂寫信，許諾與政府聯繫，但從此再也沒有下文。」

　紀錄片另一位製片人席格諾・弗倫札說，席格諾・洛那蒂的說法

最早出現在10年前，他當時很懷疑，但經過3年的調查後，我們發現他的話是完全可信的，沒有互相矛盾的地方。與此相反的是，官方關於墨索里尼之死的解釋經常在變，總是互相矛盾或者不可信。這個月一把據稱是打死墨索里尼的法制MAS機關槍在阿爾巴尼亞亮相，但席格諾·洛那蒂稱他和「約翰」當時用的是斯特恩式輕機槍。

不過另一位學者克里斯托弗·伍茲對這一說法有懷疑，他說：「這只是一種陰謀理論，米蘭抵抗運動領導人，特別是左翼團體認為，墨索里尼應該在盟軍到來之前就被處死。」邱吉爾不惜殺害墨索里尼而要取回的「重要文件」便是那份媾和書的原件。如果這份文件旁落，那麼邱吉爾在公眾面前反法西斯鬥士的形象就會毀於一旦，而且會使英國在反法西斯同盟中的地位受動搖和置疑。為了避免蒙羞，最終這位首相還是痛下殺手。

邱吉爾向墨索里尼媾和，主要出於戰事和個人感情兩方面原因。從私人感情上，邱吉爾一直很敬重墨索里尼。早在20年代，邱吉爾就是墨索里尼忠實的崇拜者，1927年他訪問羅馬的時候，曾若有所思的說：「如果我是義大利人恐怕早就穿起法西斯的黑襯衫了。」在此後的記者招待會上他又進一步說：「如果我是墨索里尼，我會堅定的和法西斯站在統一陣線上，與列寧主義的慾望以及瘋狂展開鬥爭，一直到勝利為止。」邱吉爾是與墨索里尼長期以來一直與其保持友好關係的唯一一位偉大的政治家。

早些時候，邱吉爾曾公開讚揚這位義大利獨裁者，認為他是「歐洲反對布爾什維克主義的保衛者」，並成為他的報紙《義大利人民日

報》的特約撰稿人。但邱吉爾5月10日搬入唐寧街10號後卻玩起了奇怪的把戲，這與兩國之間從未公開的神秘通信有關。實際上，1945年4月28日，墨索里尼在科莫湖被槍決後，這些聯繫信函歸還了邱吉爾，並消失了。

歷史學家們懷疑，邱吉爾在信中可能敦促墨索里尼參戰，以減輕希特勒的壓力，並勸說希特勒在法國不可逆轉其失敗命運時，不要繼續與英國作對。基於這一點，墨索里尼會敦促德國對邱吉爾和墨索里尼的共同敵人蘇聯發動進攻。

關於這些信件，還有一個不太確定的說法：在信中，邱吉爾承諾不會對義大利領土、科西嘉以及在法國的尼斯和莎沃伊省發動進攻，以此作為對義大利保持中立立場的交換條件。這種說法似乎不合乎情理，因為法國極力想使義大利不參戰，並明確向齊亞諾表示，如果義大利不參戰，法國願意將科西嘉和突尼斯割讓給義大利，以此為獎賞。

實際上，5月30日，墨索里尼向希特勒宣布了他將參戰，並站在希特勒一方的決定。6月10日，正式通知法國和英國大使：義大利參戰。私人情感因素使得二者的合作有了前提，但戰事的發展才是促使邱吉爾背離美、蘇協定，走上單獨媾和之路的決定性因素。

二戰初期，面對德國實施的「海獅計劃」，英國處於及其困難的環境之中。後來法國淪陷，歐洲大陸一息尚存的大國只剩下英國，所以此時，邱吉爾當然不願意再樹立一個敵人。在折中情形下，進行一場政治交易具有必要性和可能性。必要性體現在，義大利佔據歐洲有

利的地理位置，它西扼地中海出海口要道，東臨民族矛盾尖銳的巴爾幹半島，北靠風頭正健的法西斯德國，如果能夠穩住這一地區，可以暫時控制住德國擴張的勢頭，減緩英國面臨的壓力，同時，向東可以控制巴爾幹地區，向南能夠保障北非戰場的物資供應，保障大英帝國中東石油輸出。如果被希特勒捷足先登，那戰爭形勢將變的十分嚴峻。

同時，這項拉攏政策也具有一定的可行性，首先，義大利在戰爭問題上一向意志不夠堅定，在一戰中就是因為同盟國給予義大利的好處太少而被協約國成功策反，這一次如果給與相對的好處，義大利會不會故計重施？這未嘗沒有可能。另外，義大利早就對地中海地區的霸權覬覦已久，承諾給予地中海地區部分領土對義大利具有相當的誘惑。最後，對於英國本土而言，雖然失去了部分領土，但因為遠在地中海，所以不會造成根本利益的變動。這一系列的考慮，最終使得邱吉爾向墨索里尼發出了求和召喚。

雖然邱吉爾的籌碼相當誘人，但墨索里尼接受了一戰倒戈卻無利可圖的教訓，在權衡利弊後還是投靠了德國。不過在戰爭進入到相持甚至接近尾聲階段時，邱吉爾和墨索里尼仍保持著一定的書信往來，當然此時的目的不僅僅是否策反義大利，更主要的還是對付社會主義蘇聯，邱吉爾不僅希望能儘快取得二戰的勝利，更希望儘快恢復戰爭的創傷，對抗在戰爭中成長起來的布爾什維克。只是沒有想到義大利法西斯如此迅速的倒台，而那些關係到「英國和自己名譽」的書信很可能旁落，所以才上演了殺害墨索里尼和取回複印件的一

幕。

　邱吉爾首相和英國人民為二戰做出的貢獻和犧牲，世界人民永遠不會忘記，但是，他曾經違背同盟的約定私自媾和的行為也應當為世人所知，不論他的初衷抑或結果如何，事實本身是不容欺瞞和偽造的。

參考文獻：

白鳳君、田家屯《第二次世界大戰：墨索里尼親歷記》、羅紅波《世界名人傳記—墨索里尼》、（德國）奧托著、孫占國譯《世界十大傳記文學名著—墨索里尼》。

第二章　撲朔迷離的真相

俗話說：「假做真時，真亦假；真做假時，假亦真。」事實的真相在本來就迷霧重重的情況下，加上人為的曲解與放大，最後我們想如實的解讀而不被誤導實在是件困難的事情。但是，縱然有如霧中看花，歷史的真相在被層層抽絲剝繭後，總會呈現出一些原本的輪廓。本章力圖在歷史的殘垣斷瓦，筆間紙縫中間來還原事件的原貌，帶您進入真實的歷史時空。

1、馬可‧波羅未曾遊中國

提起馬可‧波羅(Marco Polo)，幾乎無人不曉。這位義大利商人把自己20餘年東方之旅的見聞寫在《馬可‧波羅行記》中。他因此成為世界史上第一個將地大物博的中國介紹給歐洲的人，他使歐洲人發現原來還有一個比自己的家園更為富庶繁榮的東方世界。馬可‧波羅因此也被譽為東西方文化交流的友好使者。

從1298年至今，《馬可‧波羅行記》各種譯本可能有100多種，可見其影響力之大，因而被稱為「世界第一奇書」。

但是，由於馬可‧波羅在書中的描寫有些誇大其詞和自吹自擂，加之當時歐洲人對東方瞭解不多，書一問世就引起人們的疑問，以至於有人在他臨終前要他刪除書中的某些神話。1982年4月14日的英國《泰晤士報》刊登了克雷格‧克魯納斯的《探險家的足跡》一文，全面否定馬可‧波羅來過中國的事實，他還指責《馬可‧波羅行記》是主要採自波斯旅遊手冊的虛假報導，重新燃起了馬可‧波羅之爭的戰火。

歷史上的事常無定論，考證是史學家們看家的工作，甚至有些今天發生的事，明天就需要考證。但是一般來說，對一個事件的爭論越激烈就越能增加事件的影響，這種影響往往超出事件本身。

馬可‧波羅「編造故事」事件就是一例。由於近20年來一些西方

學者全面否定馬可‧波羅曾到過中國，他被又一次推向了公眾的視野。無論爭論的最終結果如何（也許沒有最終結果），但是爭論的過程在公眾中卻產生了良好的效果，即又一次增進了東西方的文化交流。這也是我們此時重提馬可‧波羅的緣由。馬可‧波羅是世界著名的旅行家，1254年生於義大利威尼斯一個商人家庭。17歲時跟隨父親和叔叔，途徑中東，歷時4年多來到中國，在中國遊歷了17年。回國後出了一本《馬可‧波羅行記》，記述了他在東方最富有的國家—中國的見聞，激起了歐洲人對東方的熱烈嚮往，對以後新航路的開闢產生了巨大的影響。同時，西方地理學家還根據書中的描述，繪製了早期的「世界地圖」。經他口述、魯思梯切洛（Rutherford）記錄，寫出了《馬可‧波羅行記》。這本書在歐洲廣泛流傳，激起了歐洲人對中國文明與財富的傾慕，最終引發了新航路和新大陸的發現。然而，有關他的中國之旅引起了眾多爭議。

馬可‧波羅的敘述，有煽動性，一般讀者懷疑他的浮誇。他贊不絕口的則是中國的富庶表現於數量之龐大。不僅都會裏市廛櫛經，而且鄉間裏也有無數的市鎮，為歐洲所無。英國詩人馬斯菲爾德（John Masefield）曾說：「他在這個遺囑實施後不久即去世。他埋在聖勞倫佐教堂門外；可是其墓地確切位置始終無人知曉。據知其人真實的肖像已不復存在；但和哥倫布一樣，憑想像而為其所繪的畫像卻存世多幅，其中最佳者成於十七世紀。」他行文的言外之意，就是說馬可‧波羅其人大有「見首不見尾」的風格。但他亦未忘強調，其實最讓人捉摸不透的並非旅行家本人，而是那部由他口述、比薩人魯思梯切洛代

筆的遊記原本。

　　詩人說，在中世紀晚期，馬可‧波羅的書並不為其同代人所相信。在馬可‧波羅臨終時，朋友們就勸他取消那些令人難以置信的說法，因為只有這樣，死者的靈魂才能進入天國。馬可‧波羅則對那些好心人士說：「我所寫下的還不及我看到的一半。」大英博物館中國館館長弗朗西絲‧伍德（Frances Wood）博士在《馬可‧波羅到過中國嗎？》一書中，提出了她的著名質疑：馬可‧波羅根本沒到過中國！他對中國的印象，僅限於道聽途說。伍德博士說：「我們沒法用指紋或DNA證明什麼，畢竟已經過去了700年。說到底，這真的只是一個相信與不相信的問題。」為此，美國國家地理頻道的攝影師麥可‧山下用了1年時間，重走了馬可‧波羅的中國冒險之旅，試圖解開有關馬可‧波羅的故事真相。重新走過這段旅程之後，麥克‧山下說：「他在書中提到的兩地距離，有些極為精準，有些卻是差了十萬八千里。」也許當時馬可‧波羅還是個孩子，而且書是這段經歷20年後才回憶寫成的。同時麥克‧山下先生也認為，代筆的魯斯提契洛有可能也做了一些不切實際的誇大。

　　1275年，馬可‧波羅一家來到上都（位於現在內蒙古正藍旗東20公里閃電河北岸），覲見蒙古大汗忽必烈。在馬可‧波羅眼裏，忽必烈是有史以來擁有最多民眾、疆土和財富的霸主。可惜的是，當時的宮殿和元朝多數遺產一樣，早已被毀。呈現在麥克‧山下面前的只是殘垣斷壁。

　　不過，馬可‧波羅在上都也沒有待多久就前往當時大汗興建的一

座新城大都，也就是今天的北京。麥克・山下在這座繁忙的首都中找到了一些馬可・波羅講述的古跡。「世上沒有一座橋能夠與它相媲美。它有24個拱形橋洞，整座橋以灰色大理石修建而成；石柱的底端有一隻大理石獅子；柱頂同樣端坐著一隻造型優美、工藝精湛的獅子。」這就是盧溝橋，也被後人稱作馬可・波羅橋。

麥克・山下認為，馬可・波羅表述的橋洞數字不對，柱子底端也根本沒有獅子。據馬可・波羅所言，他在大都成了大汗的一名親信，並受命擔任使臣，造訪蒙古帝國最偏遠的疆域。在此後的17年裏，馬可・波羅看到了宏偉的城池、奇特的風俗、食生肉的民族以及遠比西方發達的中國都市。

但他的很多描述讓西方人難以置信，人們對他是否到過書中提及的每一座城市表示懷疑。馬可・波羅自稱在揚州生活了3年，並曾擔任這裡的地方官。書中寫道：「要知道，揚州是一座舉足輕重的城市；而馬可・波羅本人，即本書所講述的主角，曾受大汗任命，一連數年在這座城市中擔任地方官。」但大多數專家推斷，他不可能做過地方官，否則那一時期的中國文獻應該會提到他。所謂揚州做官一事成了質疑馬可・波羅所言有虛的一大例證。

「我認為，有關馬可・波羅的最大疑點，是他沒有出現在任何漢語或蒙古語的史料中。當時中國的官僚體系極為龐大，一切大小事項都會被記錄在案，每個城市的每一任地方官，每一個小官吏都不會被漏掉，但馬可・波羅一家壓根兒沒出現過。文獻中記錄了其他歐洲人，卻沒有馬可・波羅。兩百年來，中國和歐洲的歷史學家都在竭力尋

找，結果一無所獲。這是一個大問題。」伍德博士說。

伍德博士指出：「馬可・波羅和他的遊記或者說他在異鄉的發現，存在著一個很嚴重的問題：就是找不到原始的手稿。原稿已經失傳了，留存下來的只是一些手抄本，是經過不斷謄寫的抄本。」她無意質疑《馬可・波羅行記》的參考價值，但卻期望世人明白，有必要鑒辨書中內容來源，弄清究竟哪些文字是馬可・波羅親身見聞，哪些屬於他人補筆。她花費很多筆墨的一個企圖，就是為證明馬可・波羅名下的不少生動描述，實際上是出自後人手筆的「真實謊言」。

1999年10月4日到11月5日，進行了一次有10人參加的實地考察，這次考察就是想為馬可・波羅是否來過中國尋找證據。這10位成員中半數是衛星通訊及音像技術等方面的專家，他們每天發回圖、文、錄音、錄影，報告所見所聞。22位在博物館、大學及其他學術機構研究漢學、人類學、考古學、古生物學、生物學、歷史學的學者，以及專門研究絲綢之路、沙丘、竹子、熊貓和馬可・波羅的專家當後盾。他們為考察隊提供諮詢，並回答被提出的問題。

考察隊先在北京集中準備，然後轉赴新疆喀什。1999年10月4日，考察從喀什開始。絲綢之路在敦煌以西分三條路線，馬可・波羅走的是塔克拉瑪幹沙漠南緣這條路，考察也選擇了這條路線，大致上沿著馬可・波羅的足跡穿越塔克拉馬幹沙漠，經過河西走廊，黃土高原，於11月2日到達北京。11月5日，全部考察活動結束。

其間也有跨駱駝騎自行車的時候，不過大部分路程是用現代交通工具代步，不能與馬可・波羅的艱辛相比了。經過考察，考察隊發現

遊記中有些記載明顯錯誤，還有些應該記下的事物沒有記。這些都成了否定馬可‧波羅來過中國的依據。

遊記中說在喀什和田一帶，丈夫如果外出超過20天，妻子就可以自行改嫁。考察隊注意到，這裡的居民信奉伊斯蘭教，婦女言行謹慎，出門還戴面紗，700年前也是這樣，根本不存在這種風俗。

從喀什到北京這段路程，遊記的記述簡略，能夠用比較的方法辨別其對錯的事物也不多。專家的這次研究和考察隊活動，都是針對那些對西方人來說很新奇重要的事物，在《馬可‧波羅行記》中卻找不到它們的影子，因此成了否定馬可‧波羅來過中國的重要依據。

考察隊最後一站是北京，他們看到了長城的偉大，而《馬可‧波羅行記》居然沒有記載。

伍德做出「馬可‧波羅並未到過中國」的結論，也是以此為重要依據，在她的書中，用了整整一章來討論。伍德是研究中國歷史文化的博士，她知道早先的長城是用黃土夯築的，現在看見的磚面的長城，到明代才建造出來，但她認為土築的長城在今天從西安去敦煌的火車上還可見到，鄭州附近還可看到商代殘留的夯土城牆，在馬可‧波羅來到中國的時候，即使長城沒有修過，仍會大量保留在那裡，很難想像一個遠道來此的歐洲人對它不注意。

她認為，馬可‧波羅真的如他所記，曾多次來往上都與大都（北京）之間，必須經過長城，不應該一字不提。考察隊的考古學家福克斯（Fox），根據考察所得和伍德的研究結果，得出結論：《馬可‧波羅行記》對推動東西方的經濟文化交流，產生不可磨滅的歷史作用，但馬

可‧波羅極有可能沒有到過中國。

參考文獻：

　（英國）弗朗西斯‧伍德《馬可‧波羅到過中國嗎？》、楊志玖《馬可波
　羅足跡遍中國》、何高濟、王遵仲、李申《利瑪竇中國劄記》。

2、黑死病不等於鼠疫

黑死病是1348年在歐洲爆發的一次大型瘟疫，奪去了數千萬人的生命，曾使歐洲人口減少了三分之一到一半，是人類歷史上最嚴重的瘟疫，是一種災難，甚至改變了歷史進程，間接促使了東羅馬帝國的崩潰。

1334年，中國河北省境內開始爆發瘟疫，致命的傳染病奪走了當地90%人的生命，人數約為500萬人。其後瘟疫向西蔓延，襲擊了印度、敘利亞以及美索不達米亞。1346年，瘟疫襲擊了黑海地區克里米亞半島上一個名叫卡法的貿易區。當時居住在卡法的熱那亞人正被穆斯林塔塔爾人的軍隊圍攻，城裏的居民由於沒有足夠的糧食吃不得不忍饑挨餓。

突然之間，意想不到的事情發生了，塔塔爾人一下子就像蒼蠅一樣一個接一個地倒下了。黑死病襲擊了塔塔爾人。但是被圍困的熱那亞人也沒有得到多少輕鬆喘息的機會，塔塔爾人在撤退之前，將幾具因瘟疫而死的屍體扔進了城牆內。為了逃避瘟疫，熱那亞人分乘4艘船揚帆遠去，但是當他們到達西西里島東北岸港市墨西拿時，船上大部分人都已病死。這幾艘船被勒令離開海港，但為時已晚，可怕的瘟疫開始登陸歐洲。

大瘟疫的爆發給歐洲人帶來了空前的災難，瘟疫迅速地傳播開來，每天向前推進二英哩，從地中海的各個港口蔓延到西班牙，經過陸地，跨越阿爾卑斯山脈和比利牛斯山脈，一直蔓延到法國、德國，英國以及斯堪的納維亞半島上的冰島和格陵蘭等地。整個歐洲大陸都籠罩在黑死病的烏雲下。

過去一個世紀以來，人們普遍認為這場恐怖的黑死病就是腺鼠疫，由鼠疫桿菌引起，透過老鼠和跳蚤傳播給人類的病菌，傳播這種耶爾森氏屬病毒的跳蚤專以吸食老鼠、豬、貓、狗、兔子等的血液為生，特別是一種黑鼠與瘟疫的傳播大有關係。這是一種透過老鼠和跳蚤傳播的病菌。但黑死病真的與老鼠有關嗎？根據文藝復興時期義大利作家卜伽丘在《十日談》裏所描述的黑死病景象，似乎與淋巴腺鼠疫並不完全吻合。英國利物浦大學的兩位科學家於2001年出版了一本名為《疫病生物學》的書，書中指出，黑死病是由淋巴腺鼠疫病毒引發之結論疑點甚多。

例如，為什麼黑死病的傳播速度如此之快？根據當時的有關報導，黑死病以平均每天二英哩的速度向前推進，這意味著鼠群將以跑得喘不過氣來的速度穿越鄉間田野，但是當時並沒有關於目睹這種情景的相關報導。

事實上，一些描述當時城鄉黑死病情況的目擊者們，根本就沒有提到過老鼠。還有，如果與老鼠有關，那麼牠們是如何越過比利牛斯山脈和阿爾卑斯山脈的？牠們又是如何抵達冰島和格陵蘭的？對於這些適宜於生活在溫暖地帶並且已經染上疫病的老鼠來說，這一段

漫長又寒冷的旅程是難以想像的。

　　為什麼黑死病會沿著商隊貿易路線傳播開來，而且通常爆發在人口集中的地方，如城市中心地區，集市中和軍隊裏？為什麼隔離措施是當時唯一有效的措施？如果說瘟疫是由老鼠傳播開來的，那麼對染病的人群隔離會有用嗎？因為老鼠會很容易地從被隔離的房子和村莊裏跑出來繼續將瘟疫傳播開去。一定還有另一種傳播途徑，而不是老鼠、跳蚤與人類之間的傳播途徑。如果說瘟疫是透過空氣中的塵粒在人與人之間傳播開來的，那倒還比較說得通，研究人員認為致病的可能是一種病毒。根據中世紀對黑死病的描述，黑死病的病原體可能不是鼠疫桿菌，而更像是一種濾過性出血熱病毒，與現代的伊波拉病毒非常類似。

　　如果這種猜測能夠成立，就能解釋為什麼黑死病會如此迅速地傳播開來。

　　科學家說這種病毒的潛伏期較長，大約為20天，在感染病毒到發病的這段時間裏，帶菌者會在毫不知情的人群中將疾病傳播開來。據此，科學家們猜測當時的情景可能是這樣的：某個感染了黑死病而自己還並不知道的病人，或許是一個士兵或許是一個到處旅行的商人，到一個新的城鎮後傳染給別的人，於是疾病就在這個城鎮裏很快地傳播開來。大約過了二、三個星期，這個旅行者病死了，而城裏其他的人也開始陸續病倒。在此期間，這個城鎮或者村莊裏也有人外出到其他地方去，於是傳播到了更多的地方傳染了更多的人。這就是為什麼疾病會傳播得如此之快的原因，一天二英哩的速度是人們在

鄉間步行走動的一般速度。

要證明黑死病是由病毒引起的也許比較困難，在當時沒有血液檢測方法來確定病毒種類，而要從700多年前的死者遺骸中提取病毒的DNA也是不可能的。但是最近幾年裏科學家們還是找到了一些證據，來支援黑死病起因於病毒的理論。雖然當時沒有血檢技術，但是在當時英國的教區裏，當地人的生老病死，婚喪嫁娶，以及命名受洗等都有記錄，即使是一個小村莊也能查到當年的有關資料。

在英國德貝郡就有這樣一個名叫艾亞姆的小村莊。1665年9月，黑死病侵襲了這個村莊，鎮上的教區長勸導村民們採取隔離措施，以防瘟疫在這個地區蔓延開來。在隔離期間，病人的食物專門送到指定的地方，而付帳的錢幣則浸在醋裏消毒，這個方法似乎還真管用，採取了隔離措施後，這個村莊的周邊地區都沒有受到瘟疫的影響，一年後，在瘟疫爆發時最早逃出這個村莊的人回到了艾亞姆，發現這個小鎮上一半的人都活了下來。

1996年，研究人員從艾亞姆教區的有關記錄中，查找到了黑死病倖存者的後人，對他們的DNA進行了測試。科學家們非常好奇地想知道，這些倖存下來的人是否擁有某種相同的基因幫助他們抵抗了瘟疫的進攻。結果正如科學家們所預想的那樣，這些倖存下來的人的基因裏，有一種叫做CCR5-delta32的變種基因含量較高。

根據以往的研究，科學家們早已知道，帶有這種變種基因的人與基因正常的人相比，感染愛滋病的機率小很多，即使受到感染，發病也會慢得多。艾亞姆並非是個例外，歐洲一些疫區中有不少人（包

括美國的一些移民，多數都是歐洲黑死病過後的倖存者和他們的後代），都有著不同尋常的較高含量的CCR5-delta32突變基因，這些人約佔人口總數的14%，而在一些沒有經歷過黑死病的地區，如亞洲和非洲，帶有這種變種基因的人只佔人口總數的2%。

研究人員確定，基因突變的人數突然大量增加發生在約700年前，大約是在瘟疫第一次大爆發期間。似乎可以這麼說，黑死病增加了高加索人種基因中的CCR5-delta32基因變異的頻率，基因突變保護了這些人群，增強了這些人群以後對於黑死病以及愛滋病的抵抗能力，而亞洲和非洲人口則缺少這種保護機制，這就解釋了何以愛滋病在這些地區更為肆虐的原因。這同時也說明了黑死病也像愛滋病一樣是由病毒引起的。

法國地中海大學的一個研究小組曾於2000年報告說，他們從法國蒙比利埃市附近取到的3具14世紀骨骼的牙齒中提取DNA殘片，用聚合鏈式反應（PCR）技術進行「放大」，從中發現了鼠疫桿菌特有的DNA序列。但牛津大學的科學家提出，這項研究可能存在缺陷。牛津大學的研究小組發掘了英國倫敦、丹麥哥本哈根、法國翁熱和凡爾登等城市的5個萬人塚，其中倫敦地區的一個確認埋葬著1349年的黑死病死者，另4個有可能也埋葬著黑死病死者。科學家從66具骨骼中取到121枚牙齒，在內部的附著物中尋找DNA碎片。

研究結果是，沒有一枚牙齒中含有可辨認的鼠疫桿菌DNA，但發現了多種其他細菌的DNA。科學家使用了與法國小組同樣的DNA片斷「探針」，搜索鼠疫桿菌獨有的DNA序列，但一無所獲。

研究還顯示，分析過程中樣本很容易受到污染。因此牛津大學小組的科學家懷疑，法國小組當時發現的並不是古代鼠疫桿菌的DNA，他們使用的樣本可能被現代鼠疫桿菌污染了。科學家希望能找到一些黑死病死者的軟組織，獲取更好的樣本來尋找DNA。氣候寒冷的芬蘭也曾是黑死病疫區，可能會有死者葬在永凍原中、遺體保存較好。

　　確認黑死病的根源，不僅僅是個考古的問題。鼠疫桿菌至今仍然在熱帶地區流行，還可能被用作生物武器。因此，科學家對黑死病與鼠疫的關係十分關心。2001年，英國利物浦大學的一個小組在分析歷史記錄後曾說，黑死病的病原體可能不是鼠疫桿菌，而是一種引起大出血的病毒，與伊波拉病毒類似。

　　有些醫學史學者基於知識論的考慮，從根本上就反對用現代的疾病範疇與疾病知識來解釋過去的疾病史。例如英國醫學史學者康寧漢，就反對以現代的「鼠疫」概念來解釋中世紀的「瘟疫」、「黑死病」。他認為利用現代疾病概念來理解過去的疾病史，造成了對過去醫學與過去疾病觀的嚴重扭曲。

　　這裡涉及到一個知識論上的難題，康寧漢說：「對於某個病症到底是不是鼠疫的懷疑，只能靠細菌學方法來確定；換言之，只有實驗室才能決定它是不是鼠疫。」對現代醫學而言，要知道一個病人得的是不是鼠疫，唯一能夠真正進行確認的方法是靠實驗室的細菌學檢驗（今天絕大多數疾病都是要靠實驗室的檢驗來確定其診斷）；換言之，細菌學的到來改變了「瘟疫」的「身分」。現代所謂的「鼠疫」是由

實驗室來界定的，到頭來唯一能決定一個疾病是不是鼠疫的辦法，就是訴諸實驗室的細菌學檢驗。

　　既然中世紀的醫師或現在的歷史學家，不可能去對中世紀記載的「瘟疫」做細菌學的檢驗，那也沒有可能去確認史料所記載的疾病是不是現代醫學界定下的「鼠疫」，因此歷史學者就不能把「鼠疫」這個現代的「疾病身分」套到中世紀「黑死病」的身上。在這種情況下，用現代的鼠疫概念來談論古代的黑死病基本上是非歷史的、是時空錯亂的。

　　科學家認為，在這場歷史上慘絕人寰的大災難中，也許同時存在兩種不同的傳染性疾病，一種是歐洲的濾過性病毒出血熱，即黑死病；另一種是在亞洲和地中海沿岸部分地區流行的，由鼠疫桿菌引起的淋巴腺鼠疫。全球化與病毒傳播的隱憂黑死病和鼠疫，都是在地球數百萬年的進化歷史中，人與致病病毒之間鬥爭中最為突出的例子。

　　當病毒變種為一種新的更容易侵入人體的形式時，病毒佔上風，而如果當人或其他病毒宿主在病毒攻擊下基因發生變異，或者說對於病毒有了免疫能力時，那麼人類就佔了上風。

　　黑死病和鼠疫能得以傳播開來的一個共同原因，就是人口的流動。中世紀時，疾病傳播的速度相當於人步行的速度或者輪船航行的速度，而在21世紀的今天，飛遍全球的空中交通工具可以在24小時內將一種新的疾病傳遍全球，如果當年這場瘟疫爆發在21世紀，它的傳播速度絕對會比每天二英哩的速度快得多。

因此我們相信，研究類似黑死病這樣過去的災難，可以幫助科學家對付新的傳染性疾病，並把這些疾病儘快扼死在萌芽中。因為如果有一種類似於黑死病的病毒再現，而不能儘快封殺，那麼現代化的交通工具就會讓它很快傳遍全世界，後果將會是災難性的。

参考文獻：

暨南大學醫學院醫史文獻教研室《世界醫學史》、（義大利）卜伽丘《十日談》。

3、被誣陷的「印度女間諜」

1903年，一位專跳印度婆羅門神婆舞蹈的舞娘出現在巴黎，此人就是後來大名遠揚的瑪塔‧哈里（Mata Hari）。人們一向把她看成是一戰期間的女間諜，她的名字在間諜小說中已經成為以美貌勾引男子、刺探軍事秘密的女間諜的代名詞。有關她的傳聞充滿陰謀、淫慾。而且在1917年2月13日，瑪塔‧哈里剛剛抵達法國邊境，就被以間諜罪逮捕，7月被定罪「超級間諜」，犯有叛國罪，判處死刑，8月15日執行槍決。而且她還被認為是一個卑劣的「雙重間諜」，同時向德國和法國兩國互相販賣情報。

而事實上，這個性感撩人，舞姿出眾的女人果真是一個十惡不赦、貪戀奢華生活的間諜嗎？

首先，瑪塔‧哈里的身分就令人質疑。「瑪塔‧哈里」在爪哇語中意為「清晨的明眸」。據稱，她出生在印度南部馬拉巴爾角，是一位印度活佛與神廟中的舞娘所生。她一出生母親就死了，被幾名神廟祭司收養。從會走路起，就學習祭祀神舞。

瑪塔‧哈里身世富有東方傳奇色彩，而且舞姿性感、撩人，這一切使她在巴黎迅速走紅。同時，憑藉獨到的奉承男人的本領，她很快成為巴黎社交界紅得發紫的高級交際花。姣好的容貌，機敏的頭腦，

無數男人都拜倒在瑪塔・哈里的石榴裙下。

　　事實上，瑪塔・哈里根本不是什麼印度活佛與神廟中的舞娘的女兒，她出生於默默無聞的荷蘭北部呂伐登小城，父親是一家帽子店老闆，她本名叫瑪格麗特・格特魯德・范澤勒。這個未來名震歐洲的交際花直到15歲之前，過著無憂無慮的生活。然而，15歲時，家道中落，最疼愛她的母親病死，父親很快再婚。瑪格麗特被送入師範寄宿學校。美好的少女生活結束了，她人生的噩夢就此開始。

　　15歲的瑪格麗特已經出落成遠近聞名的美人，道貌岸然的校長強暴了她，後來她也成了教師們的玩物。瑪格麗特無法忍受屈辱的生活，急於擺脫困境。1895年1月一個寒冷的清晨，報紙上的一則徵婚啟示引起了她的注意。啟示中寫道：「魯道夫・麥克・里奧德，39歲，誠實、善良，荷蘭駐印度部隊上尉……」當時18歲的她涉世未深又渴望家庭的溫暖，當即提筆回覆了里奧德上尉。天真的女孩不知道里奧德上尉是個徹頭徹尾的賭棍、酒鬼和好色之徒。一無所知的瑪格麗特嫁給了里奧德，從此走入了地獄般的婚姻。1896年她隨丈夫來到印尼爪哇島的一個小村莊駐防。1899年6月26日，年僅3歲的兒子諾曼被土著人保姆用砒霜毒死。原因是保姆的丈夫，一個印尼士兵被諾曼的父親里奧德毒打。瑪格麗特肝腸寸斷，與丈夫的關係更加惡化。

　　一天晚上，瑪格麗特隨丈夫參加了爪哇島的一次節日聚會。聚會上，一名印度舞娘扭動著身體跳舞，妖嬈的舞姿令她目瞪口呆。她過於全神貫注，沒有聽到丈夫在叫自己。里奧德粗暴地當眾把她推倒在地，狠狠地抽打她，還威脅要殺死她。瑪格麗特擔心丈夫有一天會殺

了她，表面上她依舊對丈夫唯命是從，私下卻開始秘密學習那種令她著迷的印度神婆舞蹈，為日後離開丈夫獨立生活做準備。1902年8月，她與丈夫正式離婚，隻身獨闖巴黎，並化名為「瑪塔‧哈里」。

她靠著她的舞姿和美貌在巴黎的戲院裏獲得了一席之地，並開始在各國進行巡迴演出。1905年的《巴黎人報》如此評價道：「只要她一出場，台下的觀眾便如癡如狂。」人們認為就是在她進行巡迴演出的時候，有了結識各國高階軍官的機會，從而給她創造了獲得戰爭機密的機會。法國認為瑪塔‧哈里靠著自己美豔的外表使得那些軍官透露了機密給她，她將這些情報出賣給德國，以獲取大量財富，成為了「超級間諜」。

當時有報導這樣寫道：「瑪塔‧哈里……她性感的嘴唇，可以使心腸最硬的軍官透露出機密來。她極為突的屁股，幾乎改變了第一次世界大戰的進程。」當法國人前來捉拿她的時候，據說她打開了自己的長裙，並試圖透過誘惑奔向自由。她的名字就跟西巴女皇的名字一樣，已經進入了當地的土語，她的名字已經成為了引人不忠的妖媚女子的代名詞。

然而可笑的是，瑪塔‧哈里根本就沒有或者只參與了很少的間諜活動。在審判她的時候，從來都沒有任何證據表明，她曾經向德國人傳遞過任何秘密。另外一方面，法國高階官員們也證明說，她有好幾次試圖向法國反間諜機構遞交以密碼編寫的報告，她的起訴人，安德內‧莫奈在40年後進行的一次採訪中，並無歉意地聲稱，「根本沒有足夠的（證據）來鞭打一隻貓。」

一位德國軍官做出結論說：「關於德國的特務服務處，有很多無稽之談……比如有關不幸的瑪塔・哈里的事，事實上，在德國的間諜活動中，她根本什麼事也沒有做。」

　　1917年，瑪塔・哈里又開始了巡演，她抵達了中立國西班牙。她的到來，令西班牙人癡狂。在演出獲得成功的同時，第一次世界大戰的戰火還是使得她被誣陷了，她的活動已經被英國諜報機構監視，英國人逮捕了她，說她是名為克拉拉・本尼迪克斯的間諜。可是頗具諷刺意味的是，1999年英國情報部門公開的20世紀初的情報檔案顯示，當年英國情報機構並沒有掌握瑪塔・哈里犯有間諜罪的真憑實據。

　　法國人也逮捕了她，並將她關入聖拉札萊斯監獄。法國政府搜查了她的花瓶，想從中證明瑪塔・哈里的兩個有特別光澤的花瓶裏藏有隱形墨水。結果發現，一個是裝殺精劑的，另一個是裝事後避孕清洗劑的。瑪塔・哈里還被強行搜身，因為她的情人們都說，她從不脫掉她的上衣，因此法國政府猜測她的身上藏有某種德國的紋身標誌，或者是某種秘密工作用的工具，事實證明，她這樣做只是為了掩蓋她身體上的某種不完美的缺陷。

　　在瑪塔・哈里被收押的期間，受到了各種非人的待遇。一位法國審判官後來在回憶錄中說：「她很漂亮嗎？毫無疑問，（根據）她的護照上面的照片是這樣的。可是，這個女人在我辦公室的時候，已經受到很多侮辱。」他描述說，她充血的眼睛「大如雞蛋」；她的鼻子像牛鼻一樣，皮膚皺裂，嘴大得也快挨著耳朵了。那種像黑奴一樣的腫嘴唇，牙齒像門板一樣大……

法國人拿出了從德國那裡得來的一些秘密代碼，想證明已近中年、窮困潦倒的瑪塔‧哈里是被德國人聘用的間諜。可是，他們並沒有拿出任何可以證明她向德國人傳遞了任何東西的證據。很明顯，瑪塔‧哈里只是靠男人生活，但並沒有從事間諜活動。

　　事實上，她倒是很愛國的向法國提供過一些資訊的。可是，瑪塔‧哈里最終面對的也只是法國的行刑隊。法國的反間諜機構已經派人對她進行了長達6個月的調查。1917年2月法國情報部門截獲了一份馬德里與柏林間的密碼電報，電報中寫道：「通知H21速回巴黎待命。克雷默（德國一戰期間間諜）將付給其15000法郎的支票。」綜合有關情報，法國情報部門認為H21就是瑪塔‧哈里，她極有可能為德國方面提供了大量情報。1917年2月13日，瑪塔‧哈里剛剛抵達法國邊境，就被以間諜罪逮捕。另一方面，瑪塔‧哈里的情人參議員埃米利奧‧胡諾伊證實，她當時的確接到過一封來自巴黎的電報，不過，胡諾伊認為法國情報部門截獲的那封電報純粹是有人為陷害瑪塔‧哈里設的局，與她接到的電報是兩碼事。但法庭無情地駁回了她的律師的申訴，同年7月宣布判處她死刑。

　　瑪塔‧哈里死後，有人猜測說，是她的情人西班牙作家恩里克‧戈麥斯向當局告密害死了她。也有人認為是他的妻子因為妒忌瑪塔‧哈里勾引了自己的丈夫，而設局陷害了她。

　　事實上，1917年法國的防禦機構全線潰敗，軍隊也發生了大規模的嘩變，法國政府這種絕望的心情使得他們必須找到一個「替罪羊」來轉移法國人民的注意力，以免人民對政府的不信任感加劇。瑪塔‧

哈里因而成為了「超級間諜」。

瑪塔・哈里的審判，是軍事法庭預定好了的假程序，她不允許向任何平民請求證明。她否認自己有罪，在法庭上她為自己辯解道：「我是妓女，沒錯；但我不是叛徒，永遠不是。」為了掩示自己的無能，法國軍方將瑪塔・哈里定為超級間諜。那是一場世紀審判，相當於美國的辛普森案件的審判。

1917年8月15日，瑪塔・哈里被帶出監獄執行槍決。這一天，她穿著長長的珍珠色外衣，戴著漂亮的有扣手套，有長靴和三角帽，她只用一根繩子綁在腰間，然後捆在一根柱子上面。臨死前，瑪塔・哈里拒絕被蒙上雙眼，她說想看著那些殺死她的男人的眼睛。槍手扣動扳機前，她向他們送去了最後的飛吻。也許，對於她來講，死亡是最後的解脫，是她對男人最大的嘲笑。

瑪塔・哈里的頭在她死後被保存在巴黎阿納托密博物館，經過特殊的技術處理，她的頭仍保持了她生前的紅唇秀髮，像活著一樣。2000年，瑪塔・哈里的頭顱不翼而飛，估計是被她的崇拜者盜走了。

縱觀瑪塔・哈里悲慘的一生，我們可以認為，縱使全巴黎的男人為之瘋狂，可是她也不過是男權社會的一個玩具和利用品。正如有人所說的，「她是一位勇敢地面對男權世界，並努力活得精彩的女性，她成功了，贏得了眾多男人的青睞，但她也失敗了，最後被男人利用而走上不歸路」。

隨著時間的不斷推移，瑪塔・哈里的「間諜罪」越來越被人質疑，人們發現她其實只是個充滿了悲劇色彩的可憐女人。瑪塔・哈里

基金會決定在她的故鄉呂伐登為她建造一座博物館，裏面展示大量實物，包括瑪塔‧哈里充滿激情的情書、絢麗多彩的舞台服裝，光彩耀目的珠寶首飾，姿態各異的裸體照片和她被捕後寫的一份自述。博物館現已建成，這無疑是對瑪塔‧哈里間諜身分一種最強有力的否認，一種平反。

參考文獻：

（美國）詹姆斯‧史勞德斯《間諜大師：阿蘭‧杜勒斯》、（義大利）馬西莫‧格里蘭迪《馬塔‧哈里：一個女間諜的一生》、（英國）理查德‧迪肯《二十世紀五大間諜案》、（法國）皮埃爾‧諾爾《反間諜戰》。

4、被誤讀的蘇聯「大清洗」

ooooooooooooooooooooooooooooooooooooooooooooooo

　　20世紀30年代末在蘇聯國內掀起了一場「大清洗」運動。這是蘇聯歷史上的一場大悲劇，大批黨和政府的高階官員、文化和科學界的菁英遭到鎮壓。1937年，大清洗開始推廣到軍隊中，給蘇聯武裝力量造成重大損失。

　　1934年12月1日傍晚，在列寧格勒州委機關所在地斯莫爾尼宮內的走廊裏，聯共（布）中央政治局委員、列寧格勒州委書記基洛夫被一位潛入宮內的兇手尼古拉也夫槍殺。這一事件遂成為30年代蘇聯「大清洗」的開端。

　　基洛夫被刺事件至今，是一個案情撲朔迷離的歷史疑案。兇手尼古拉也夫雖然當場被捕，並由當天趕到列寧格勒的史達林親自審問，但審訊記錄始終沒有公布，尼古拉也夫當月即被槍決；另一個主要證人鮑利索夫（基洛夫的警衛隊長）在前往受審路上因「交通事故」而死亡。但無論其真相如何，一般人都認為這個事件給史達林提供了徹底清洗一切反對派，包括潛在的對手，鞏固自己權力地位的機會和採取種種非法手段以達到上述目的的藉口，是為「大清洗」運動的起因。

　　然而事實上，這場關於蘇軍元帥的大清洗是納粹為了讓蘇聯「自

毀長城」而一手「導演」的陰謀，起因也並非如此。納粹德國在策劃第二次世界大戰之時，面臨軍事實力強大、士氣旺盛、擁有眾多傑出的軍事將領的蘇聯，一直心存餘悸，始終在籌謀怎樣能夠讓蘇聯自耗實力，攪亂蘇聯國內局勢。

1936年，原沙皇政府的將軍，當時正在巴黎避難所的斯科布林來到德國駐法國大使館，把兩份機密情報交給了德國蓋世太保間諜盧戈森。情報的主要內容是，在蘇聯軍隊正醞釀著一場大陰謀，總參謀長圖哈切夫斯基正在策劃倒戈史達林的軍事行動。盧戈森立即親自乘坐飛機將情報送到德國。

情報提及的圖哈切夫斯基，是蘇聯紅軍總參謀長、陸軍元帥、傑出的軍事家。1920年，他領導高加索軍，一舉殲滅了鄧尼金的部隊，從此紅軍所向披靡，隊伍日益壯大。因此，他成為蘇聯國內戰爭期間著名的英雄和功臣，享有很高的聲譽；人稱「紅色拿破崙」。政治陰謀專家和海德里希認為，如果情報屬實，那麼這樣一個才華洋溢的人推翻了史達林之後，對德國來說是個潛在的最大威脅。而且如果能讓「情報設法落入史達林之手」，不但能夠除掉圖哈切夫斯基，並且能夠引起蘇聯高層內部爭鬥，使德國坐收漁翁之利。由此，一個罪惡的計劃誕生了，這一「借刀殺人」的想法很快就被希特勒批准了。

海德里希調閱了大量檔案文獻，找到了下手的地方。為了保密，海德里希派間諜潛入德軍最高統帥部的機密檔案庫，盜走了關於圖哈切夫斯基代號為「R」的文件。在1923年到1933年間，有一個德國商業企業家活動聯合會，曾和蘇聯打過交道，參與了一些武器和軍用品

的研製。所有內容都在這份文件裏，其中有圖哈切夫斯基的談話記錄。

海德里希拿到檔案之後，開始篡改「R」文件，在談話記錄和往來書信中增添一些詞句，加上新的書信並改變語調，特別改動了圖哈切夫斯基本人的言語，充分表現出他有推翻史達林的野心。很快，一份逼真且內容豐富的檔案出爐了；這份檔案足以將任何國家的任何一位將帥送上斷頭台。

悲劇的第一幕發生在1936年。當時，希特勒正準備發動對法國的戰爭。德國外交部企圖透過捷克駐柏林公使馬斯特內，去確定捷克對於這場戰爭將會採取什麼樣的立場，海德里希由此暗示參加會見的德國外交官，藉此把「R」文件偽造的內容透露給馬斯特內。得知這一文件內容後，他立刻向捷克總統貝奈斯發了一封電報告知這個情報。

捷克總統貝奈斯馬上找來蘇聯駐捷克大使亞歷山大羅夫斯基，將電報交給他。就這樣，海德里希精心炮製的一份陰謀情報，終於如願以償地落到了史達林的手裏。

海德里希為了確保計劃萬無一失，在捷克總統貝奈斯召見蘇聯大使的第四天，他趕到巴黎將情報巧妙地傳達給了法國總理達拉帝。後者又將其傳給蘇聯駐法國大使波特金，波特金在得知這一情報後，立即向莫斯科總部發出了加急電報。

緊接著，海德里希派黨衛軍的頭目貝倫斯去捷克首都布拉格，會見捷克總統貝奈斯的代表，表示自己背棄希特勒的決心，並向他透

露了幾份關於圖哈切夫斯基的「罪證資料」。獲得了這份情報之後，貝奈斯深信不疑，立即電告史達林。

貝倫斯又和蘇聯駐柏林大使館的伊茲奈洛維奇見面，最後以300萬盧布的價錢將這封「機密情報」賣給了蘇聯。在世界間諜史上，花如此大的價錢購買一份假情報也是絕無僅有的。

就這樣「多管齊下」，納粹德國的陰謀終於成功了。1937年6月11日，圖哈切夫斯基元帥和其他幾位蘇聯著名將領都被處以死刑。緊接著，蘇聯國防人民委員伏羅希洛夫發布鼓勵告密的命令，從而掀起了一股濫殺狂瀾，蘇聯軍事將領們接二連三的被判刑和殺害，全軍近80%的高階軍官被殺害，蘇聯國防人民委員部中央機關、各軍區、各兵種，以及各軍、師、團的大多數主要領導幹部都被逮捕處決。據統計，被清洗的紅軍指揮人員和政工人員共有4萬餘人，其中1.5萬人被槍決，包括5名元帥中的3人、4名一級集團軍級將領中的3人、12名二級集團軍級將領的全部、67名軍長中的60人、199名師長中的136人、397名旅長中的221人。

蘇軍將領格里戈連科曾評論說：「世界上任何一支軍隊，它的高階指揮幹部在任何一次戰爭（包括第二次世界大戰），都沒有受到這樣大的損失，甚至全軍覆沒的結果也不至於如此；就是繳械投降的法西斯德國和帝國主義日本所損失的高階指揮幹部也比這少得多。」

這場慘烈的大清洗給蘇聯社會造成了嚴重創傷，各個領域的社會精英均受到摧殘，人們在生命安全和行動自由得不到法律保護的

環境中，精神受到極大壓抑，而且，在保安機構濫用非法刑訊手段和特務手段的情況下，人人自危，誣告、假供盛行，人格被扭曲，社會道德水平嚴重滑落，其消極影響禍及幾代人。這場運動最終確立了高度中央集權體制的極端—史達林個人專制。由於用持續數年的大規模鎮壓，清除了從老布爾什維克到年輕一代幹部中，可能構成對自己權力挑戰的對象，特別是整肅了在十七大上流露不滿的代表和中央委員會，史達林終於穩固了自己至高無上的地位，登上了權力金字塔的頂端。而且，憑藉保安機構這一專政工具，史達林得以不受法律制約，也不受黨和政府機關的制約，完全將個人凌駕於黨和國家之上，在黨和國家的名義下實行個人專制統治。給蘇聯的政治體制帶來巨大影響，為蘇聯解體埋下了重重的伏筆。

十月革命和國內戰爭的著名英雄拉斯科爾尼科夫，當時曾在國外發表《致史達林的公開信》，嚴厲譴責史達林對紅軍的鎮壓行為：「在戰爭前夕，您毀掉了紅軍，它受到我國人民的愛戴，它是人民的驕傲，是我國威力的靠山。您使紅軍和紅海軍沒有了領導。您把那些在世界大戰和國內戰爭的考驗中培育出來的、以光榮的圖哈切夫斯基元帥為首的天才統帥們消滅了。您把內戰的英雄們消滅了，他們用最現代化的軍事技術改造了紅軍並使它無敵於天下……」

不僅如此，這場大清洗運動還使得其「導演者」納粹德國坐享其成。德國陸軍總參謀長貝克將軍在評估1938年夏季的軍事形勢時說：「可以不必把俄國軍隊看成是一支武裝力量了，因為血腥鎮壓大傷其元氣。」

希特勒日後敢於向蘇聯發動進攻，在很大程度上是認為蘇軍經過大清洗後已經不堪一擊。他在反駁某些德軍將領認為不宜進攻蘇聯的觀點時說：「蘇軍將領中最有才華的部分已經在1937年被史達林消滅了，這意味著那些正在成長的接班人還缺乏作戰所必需的智慧。」

1941年1月9日，希特勒在德軍高階將領會議上談到進攻蘇聯時說：「他們沒有好的統帥！」1941年6月22日，希特勒悍然撕毀蘇德互不侵犯條約，出動550萬大軍，對蘇聯發動了規模空前的進攻。雖然全體蘇聯人民在共產黨領導下，滿懷必勝的信心投入了偉大的衛國戰爭。但是歷史事實卻是：戰爭開始的第5天，德軍就佔領了白俄羅斯首府明斯克；7月16日，西部重鎮斯摩棱斯克失守；8月，德軍兵臨列寧格勒城下；9月19日，烏克蘭首府基輔淪陷；11月底，德軍先頭部隊進抵莫斯科城郊，他們已看到了克里姆林宮尖頂上的紅星。

實際上，這場戰爭並不是敵強我弱的較量，而是勢均力敵的搏鬥。戰爭爆發時，蘇聯軍隊是世界上數一數二的強大軍事力量。戰爭前夕，蘇軍共有537萬作戰部隊，2萬5千輛坦克和1萬9千架作戰飛機。蘇軍飛機數量是德軍的4倍，坦克是德軍的5倍，大炮數量也超過德軍，卻敗得如此之慘，短短幾個月就讓敵人兵臨莫斯科城下。

紅軍之所以在戰爭初期節節失利，喪失土地，主要就是由於20世紀30年代末期對軍隊的大清洗，使紅軍喪失了眾多久經考驗的軍事領導人，嚴重削弱了戰鬥力，結果導致了衛國戰爭初期的慘敗。

戰後，包括華西列夫斯基在內的許多蘇軍著名統帥都曾經談

到，這場大清洗造成蘇軍普遍缺乏合格的指揮幹部。莫斯卡連科元帥講過這樣一件事：哈桑湖戰役時，一個旅的領導工作竟由副營長或者連長擔任，因為旅長和營長們都被打入牢房。有一個參謀長哀求先不要逮捕他，讓他指揮該旅作戰，如果他沒有戰死疆場，戰鬥結束後再送他入牢房，但是他卻沒能實現這一願望。這個旅最後在一位連長率領下投入戰鬥，結果一敗塗地。

格里戈連科也曾提到，蘇、德戰爭開始前，「在一次視察中檢查了225名團長的業務水平。結果是其中只有25人畢業於正規軍校，其他人只進過少尉訓練班。團以下的幹部狀況就可想而知了。」

紅軍就是在這種情況下去迎戰當時裝備最精良、最訓練有素的德國軍隊，其結果自然不難想像。大清洗給蘇聯帶來了巨大而慘痛的影響，也為世界敲響了一個警鐘。

參考文獻：

（俄國）涅恰耶夫《革命者教義問答》、《蘇聯大清洗內幕》、（俄國）拉津斯基《史達林秘聞─原蘇聯秘密檔案最新披露》。

5、誰曾導演了波蘭的覆滅

‧‧

　　人們都知道波蘭的滅亡是1939年9月1日德國進攻波蘭的「白色行動」。今天我們在回顧這一段歷史痛斥德國殘暴無度時，卻常常忽略一個重要的國家—蘇聯，和一個重要的名字—史達林。可以說，是史達林和希特勒共同導演了波蘭的覆滅。

　　1939年9月1日德國從西面入侵波蘭，9月17日蘇聯從東面入侵波蘭，9月27日華沙投降，9月28日蘇、德簽訂邊界友好條約。蘇聯的入侵給正在拚死抵抗強大德軍的波蘭從背後狠狠地插上了一刀，其結果不僅促成了波蘭的投降，因此也大大的減少了德國的損失，同時還造成波蘭從此被兩個入侵大國完全瓜分的結果。蘇、德的新邊境是以波蘭中部的布格河為主體，基本上做到把戰前的波蘭版圖從中間等分為兩塊。可是俄國人把他們侵略波蘭解釋成針對德國威脅所採取的主動防禦行動，波蘭成為了蘇聯利益的犧牲品。

　　納粹投降後，英、美、蘇在波茨坦會議上決定了波蘭復國，但根據史達林「勝利者不受追究」的強盜邏輯，會議居然認可了俄國人對波蘭的侵略和永久佔領。於是，解決國際領土問題中的一個最荒唐無理的辦法出台了：一切都由德國來埋單。德國不僅要退還自己已佔領的波蘭國土，同時還要代蘇聯向波蘭償還土地，結果就是造成了波

蘭的版圖向西整體平移200公里，同時也迫使東部德國1000多萬居民永遠地離開了家園，被迫向西遷徙。

史達林老謀深算般地侵佔了波蘭，並且讓德國背了黑鍋。

早在1939年8月底，希特勒的德國和史達林領導下的蘇聯，簽訂了一項戰後才公之於世的秘密條約：《德、蘇互不侵犯條約》。依照這個條約的條款規定，「如果發生領土或政治上的重新安排」，立陶宛（Lithuania）、波蘭（Poland）西部將歸屬於德國，而波蘭的其餘地區，連同芬蘭（Finnish）、愛沙尼亞（Etonia）、拉脫維亞（Latvia）和比薩拉比亞（Bessarabia）則劃歸蘇聯。這是號稱國家社會主義的德國和蘇維埃社會主義結成的神聖同盟，在準備吞併波蘭和其他一些弱小國家以前分贓的一份協定。這個條約，除了分贓波蘭、芬蘭、愛沙尼亞等國家之外，史達林與希特勒各自想從對方得到自己想要的東西。蘇聯希望從德國那裡獲取技術，尤其是軍事技術，而德國在對歐洲大陸進行閃電戰的同時需要一個強有力的協助者，至少不會在其攻打東歐時有後顧之憂。

蘇、德的分贓協定一簽訂，希特勒就迫不及待地發動了進攻波蘭。此時，作為波蘭鄰國的蘇聯，非但沒有提供援助之手，反而越過波、蘇邊界，開始了宰割波蘭的革命行動。為了顯示這次進攻的「正義性」，除了傳單，蘇軍還為前線部隊發3個月的軍餉，由這些部隊在進入波蘭境內時向居民慷慨發放。9月16日，蘇軍總參謀部下達給前線各集團軍最終的任務是：殲滅波蘭武裝力量，奪取重要的戰略設施，不讓波蘭軍隊撤向匈牙利和羅馬尼亞，俘虜投降的人。在部隊傳達的

秘密文件中，則對進攻行動要領則有進一步解釋：「紅軍必須堅決鎮壓波蘭的任何抵抗……前鋒部隊，本著與德國新關係的精神，將與德軍部隊在相應的戰地地圖上所標示的界線，以戰友會師的方式來對待雙方的相遇。」

蘇聯進攻的消息使得已經瀕臨崩潰的波蘭軍隊十分震驚，無可奈何中，波軍總司令愛德華‧雷茨‧斯米格里元帥9月18日下令不要抵抗紅軍，他的理由是：斯拉夫人也許會來幫助我們的斯拉夫人！事實上，蘇聯軍隊的進攻，使得波蘭軍隊的撤退桑河之後，依託羅馬尼亞邊境進行抵抗的「羅馬尼亞橋頭堡」計劃還沒有實施就破產了。

蘇軍勢如破竹，一直向前推進了250～350公里，佔領了寇松線以東的波蘭領土約3萬7千平方公里，希特勒則佔領了1萬7千平方公里。蘇聯將佔領的土地全部劃作自己的領土。蘇聯的入侵給正在拚死抵抗強大德軍的波蘭從背後狠狠地插上了一刀，由於腹背受敵，9月27日華沙宣布投降，這個剛剛在一戰後恢復獨立不足21年的苦難國家再度淪亡。9月28日蘇、德簽訂邊界友好條約，蘇、德的新邊境是以波蘭中部的布格河為主體，基本上做到把戰前的波蘭版圖從中間等分為兩塊。同時蘇軍俘虜了大約30萬波蘭軍人、科學家、教授、官員、貴族，並將他們拘禁在蘇聯境內的幾個戰俘營裏。蘇聯的這次行動，大大縮短了德國攻佔波蘭的時間，最大限度地降低了德軍的傷亡，為之後地毯式掃蕩歐洲各國爭取了時間和能量。波蘭的淪陷，納粹德國和蘇聯共產黨攜手並進，取得的一次「社會主義」合作的偉大勝利，這個聯盟的一邊是希特勒的國家社會主義，另一邊是史達林的蘇維埃

社會主義。

蘇聯在波蘭問題上並未到此為止，佔領了波蘭大片領土，甚至悄無聲息地殺害了大量俘虜的波蘭軍官，造成了慘絕人寰的「卡庭慘案」。

1943年，德國在蘇聯境內的斯摩棱斯克(Smolarek)以北的卡庭森林建造了一條穿越森林的公路。在施工過程中，德國工兵們意外地挖出了幾處巨大的合葬坑。屍體共計4429具，肉體已嚴重腐爛，但身上的服裝還能夠分辨出質地和款式。德軍調來法醫對屍體進行了檢驗鑒定，結論是：死者全都是後頸中彈斃命，根據屍檢和死者身上的信件、日記、報紙等遺物，確認死難者主要是波蘭軍官，被殺害於1940年3月～4月間。時間剛好是蘇、德瓜分波蘭後與蘇、德開戰間。

由於德國在對待劣等民族人民上的滔天罪行，以及在這一時期，德國也在大張旗鼓的、積極的搜捕波蘭的菁英分子。希特勒曾經在一篇講話中公開表明，「現在被我們確定為波蘭菁英階層的那些人，必須統統殺掉。將會成為這一菁英階層接班人的那些人，也必須全部剷除。」所以一直以來「卡庭慘案」被認為是納粹德國所為，而實際上，這起悲劇是史達林領導的蘇聯一手策劃實施的。1940年3月，史達林、貝利亞等蘇聯黨和國家的領導人決定，將波蘭戰俘營中優秀的軍官、作家、詩人、貴族、教授、社會活動家等全部槍殺，一個不留。就是說，要將這些波蘭的菁英人物殺個精光。當時所有的蘇聯政治局委員如史達林(Stali)、加里寧(Keret)、貝里亞(Eberria)等人，全部在屠殺令上簽了字。屠殺是有計劃、高效率極保密的狀態下進行

的。屠殺計劃具體由蘇聯內務部警備局局長負責實施。屠殺計劃設計和執行都相當周密，這些優秀的波蘭人根本沒有想到蘇聯的領導人下了屠殺令，不知道他們將莫名其妙地被殺掉。

他們一批一批被押解到一間特殊的審訊室，這間小屋做了隔音處理，不會有槍聲傳出，這間審訊室稱為「紅色角落」或者叫做「模範屋」，行刑者是蘇聯內務部的槍手。審訊者先是對俘虜們核實姓名、職務、出生日期，然後用手槍在背後開槍槍殺。殺人者所用的武器是德國造的瓦爾德手槍，它聲音較小，站在模範屋外，你根本聽不到裏面在進行著恐怖的屠殺。槍殺一般在夜裏，沒有聲音，沒有記者。槍殺以後，內務部的工作人員會用卡車將屍體運到卡廷的黑森林區埋葬，殺了一批，埋葬一批，然後覆蓋上泥土，種上樹木。過幾年，屍骨堆上綠樹青翠，誰能想到這裡有幾萬名死亡的波蘭菁英呢？

就這樣，2萬名波蘭戰俘中的菁英無聲無息地從這個世界上消失了。死者的親屬一點也不知道自己的親人被當局殺掉了，但他們從被關押的親人毫無音信而焦急不安，他們到處向蘇聯當局詢問，尋找親人的下落。蘇聯當局覺得他們可能會引起麻煩，最後將許多被殺戰俘的親屬流放到邊遠地區，讓饑餓寒冷慢慢折磨他們的意志，讓嚴酷的大自然幫助蘇聯當局減少可能的反對者。

慘案發生半個世紀之後，1992年10月，俄羅斯前總統葉爾欽透過解密前蘇聯國家檔案時，終於向全世界承認，「卡庭慘案」是蘇軍內政部軍隊所為，是由蘇共政治局在1940年春授意內務部3人小組實施的。與此同時葉爾欽還通知波蘭政府，在查而科夫（Charkow）和加里

寧（Kalinin）兩地還有這樣的合葬坑各一處。這樣在1940年死於蘇聯屠殺的這批波蘭人的總數就達到了2萬多人。顯然，除了要粉碎敵對勢力之外，徹底消滅波蘭來抵抗運動的潛在威脅，也是蘇聯舉起屠刀的主要動機。

幾十年來，蘇聯一直作為對二戰做出突出貢獻的國家而被載入史冊，卻沒有人知道蘇聯為了鞏固新生的社會主義國家力量，對抗周圍的資本主義勢力，不惜利用世界大戰的炮火，對鄰國實施的大肆佔領和掠奪。在德國閃擊波蘭的背後隱藏的是蘇聯人的暴行。

參考文獻：

朱長超《卡廷黑森林事件的來龍去脈》、（俄國）瓦列金・別列什科夫《史達林私人翻譯回憶錄》。

6、納粹反猶不只是種族歧視

　　納粹德國屠殺猶太人是德國歷史上最黑暗的一頁。在第二次世界大戰期間納粹德國變本加厲，從排猶轉向屠猶，在居住有全歐一半猶太人的波蘭、立陶宛和烏克蘭等地，設立了許多猶太區和集中營。1941年6月德軍入侵蘇聯後，黨衛隊最早在侵佔的蘇聯領土上開始滅絕猶太種族的行動。從1941年夏至1943年2月，有360多萬猶太人被殺。

　　希特勒是個極端的種族主義者和反猶主義者。他在《我的奮鬥》書中寫道：「雅利安人的最大對立面就是猶太人。」他把猶太人看作是世界的敵人，一切邪惡事物的根源，一切災禍的根子，人類生活秩序的破壞者。這些觀點成了希特勒後來屠殺數百萬猶太人，企圖滅絕猶太人的理論依據。但是一直以來人們認為的：納粹反猶單單只是出於種族歧視，這是絕對不正確的，事實上，還有很多原因被我們忽視了。

　　在歷史上，歐洲人對猶太人持有成見。為了闡明問題，有必要對猶太民族的歷史做一個簡單的回顧。猶太人的遠祖是古代閃族的支脈希伯來人，西元前，他們的祖先曾聚居生活在阿拉伯巴勒斯坦土地上。西元一世紀，羅馬帝國攻佔巴勒斯坦後，猶太人舉行過多次大規

模反抗羅馬佔領者的起義，但都遭到了羅馬統治者的血腥鎮壓。到西元135年的猶太人起義再慘遭失敗為止，在這一個多世紀的時間裏，羅馬統治者屠殺了百萬猶太人，最後還把餘者全部趕出巴勒斯坦土地，使他們流散到西歐完全處於落後的小生產的農牧社會，土地被人們視為最珍貴的財富，商業則是人們鄙視的行業。猶太人逃往西歐後，當地的封建主們非常歧視他們，不許他們佔有土地，只許他們經營商業。不知是歷史過錯教育了他們，還是生死磨難砥礪了他們，或者說這本來就是歷史賦予的機遇，總之，由這一切所構成的歷史集合體，鑄就了猶太人的特質，使得他們聰明起來，堅強起來。他們不僅在困境中頑強地繁衍生息，而且逐漸地富有了。

西元13至15世紀，歐洲開始進入資本主義社會，當地新興資產階級和那些經商致富的新興的猶太人資本家們，產生了利益衝突，噩運再次降臨到猶太人的頭上。現實利益的衝突加上宗教信仰的差異，大批猶太人被迫流亡東歐及美洲各國，開始了歷史上的猶太人第二次逃亡。不幸的是，這種反對猶太人的意識，居然演變成了一種文化沈澱，在某些國家和地區一直「遺傳」到現代。尤其是進入20世紀後的德意志民族，反猶情緒與日俱增，希特勒及其追隨者就是其中的典型代表。

其二，基督教是世界上流傳最廣、信教人數最多的宗教。在歐洲，特別是西歐，人們普遍信仰基督耶穌。雖說基督教的經典《聖經》之一的《舊約全書》，原是猶太教的經典，兩教之間有著密切的歷史淵源，但基督教教義認為，是耶穌的12門徒之一的猶大為了30塊銀幣

而出賣了上帝之子，是猶太人將耶穌釘死在十字架上，這就造成了基督徒們在情感上對猶太人的仇視。所以說，信奉基督教的歐洲人在宗教感情上是很難接納猶太人。這種宗教感情的社會化，又逐漸衍化成一種大眾化的厭惡猶太人的社會心態。同樣，這種社會心態也作為一種文化沈澱。世代「遺傳」，並隨著歲月的推移，逐漸與社會經濟政治相結合，使之成為一種隨時可以被利用的社會政治的潛在力量。當這種潛在的東西某個（些）政治野心家利用時，就會像火山一樣噴發，成為一種瘋狂的社會驅動力。

應該看到，當時的德意志民族的內部，民族主義思潮盛行，原有的宗教情緒在現實利益衝突的激化下，使人們本來已有的反猶情緒更加激烈，從而加劇了對猶太人的仇視。在這種社會氛圍的薰陶下，希特勒的仇猶、反猶觀點逐步形成，並迅速成為了這股社會情緒的主導，一方面，當時德意志民族仇猶、反猶的社會情緒極大地刺激著他的政治野心，使其民族主義思想惡性膨脹，為其日後仇猶、反猶、滅猶政策和措施製造社會價值取向，培植政治力量。

而且我們應該看到，當時納粹反猶也有著其現實的需要。20世紀20年代末30年代初，爆發了世界性經濟危機，嚴重打擊了德國，使其工業生產倒退到了上世紀末的水平，國力漸衰。深刻的經濟危機不僅激化了國內的階級矛盾，而且刺激了壟斷資產階級對外擴張的野心。「德意志民族必須從掠奪的土地和生產空間中尋找出路」，希特勒的這一爭霸世界的主張，得到了德國壟斷資產階級的擁護和支援。然而，實施建立一個德意志民族的日爾曼帝國的罪惡計劃，需要

鉅額資金提供財力保證。在國力衰落的情況下，把手伸向富有的猶太人成為了他們的理所當然。

另外，居住在歐洲各地的猶太人，較之於其他民族而言，不僅富有，而且素質也要高些。面對這樣一個民族，希特勒及其黨徒們，既感到仇恨又覺得膽怯。在他們的心中，猶太人這個特殊的社會群體，是他們實現「第三帝國」美夢的嚴重威脅。這些，無疑加劇了希特勒對猶太人的仇恨。加上當時德國社會政治生活完全處在一種極端瘋狂的症狀之中，使希特勒的仇猶、反猶觀點不僅有了適當的社會環境，且得以迅速瘋狂起來。

此外，希特勒那種狂暴的病態心理，也是其反猶的一個非常重要的原因。希特勒是奧地利海關一個小官吏的私生子，從小缺少良好的教育，青少年時代整天流浪於維也納和慕尼黑街頭，鑄就了他既自私又狂妄的性格。正如他小時候的一位級任老師後來回憶所說的那樣：「希特勒缺乏自制力，至少被大家認為性格執拗，剛愎自用，自以為是和脾氣暴躁。」加上他患有痙攣性的神經質，發起癲狂來甚至會趴在地上啃地毯邊。從有關史料上可以看出，狂暴是希特勒性格的典型特徵。例如，1942年的一天，納粹德國武裝部隊外科醫師奉命去見希特勒，希特勒的愛犬就猛撲這位醫師，嚇得他魂不附體，醫師被迫與牠細聲細語地說話，很快牠就平靜地趴在醫師身邊，把前腿擱在醫師膝蓋上，兩眼溫順地看著他。希特勒見此情景暴跳如雷：「牠是完全忠於我的唯一生物，可是你把牠騙去了，我要殺死牠。」聲音越來越大，簡直到了嘶吼叫的地步，怒吼著威脅要監禁醫生，類似這樣的

事，時有發生，狂暴如嫉恨，又造就了他的狠毒和殘忍，希特勒是一個有嚴重病態心理的政治狂人。

上述原因，如果孤立地看其中任何一個原因，都很難構成對猶太人的滅絕性仇殺。只有把這些原因融合為一體時，才能產生確定性的使猶太民族在劫難逃的社會效應，我們在探討歷史問題的時候絕不能顧此失彼。

納粹黨打著當時在德國流行的民族主義和社會主義兩塊招牌，宣揚德意志民族是優秀民族，把猶太民族視為劣等民族。為了蠱惑人心，欺騙德國廣大民眾，希特勒斷章取義地摘取前人論述人口問題中的某些詞句，拼湊成一個種族優劣的理論，為把猶太人打入劣等人種製造理論依據，並大肆鼓吹「猶太瘟疫」的謬論。經過希特勒的蓄意「嫁接」，使得這個理論再也不是一般意義上的種族歧視了。他利用歷史的宗教的因素，為其滅絕猶太人而創設了廣泛的社會基礎，使得這一理論更加具有普遍的煽動性。

在這些原因中，現實的需要是最直接的要素，其他原因也是非常重要的因素，如果沒有歷史的原因和宗教的情結做為先導性條件，那麼，即使現實再需要，也很難想像會達到如此瘋狂和殘忍的程度。只有當這些原因聚合為一體時，才產生了那可怕可憎的充滿血腥的驅動力。

二戰勝利結束已經半個多世紀了，人們在分析研究這場猶太人遭受滅絕性大慘案時，應當從中吸取教訓：民族之間的恩恩怨怨應該斷然了結。寬容地審視過去，坦蕩地迎接未來，祖輩的恩怨，後代不

宜相繼。宗教必須與政治相分離，宗教不得干預政治生活，政治生活也不得利用宗教情緒。宗教活動應該置於法度制約之下，使宗教信仰成為信教群眾的個人私事。國家生活必須民主化、法制化，構建起防範任何形式專斷與獨裁的政治運行機制，使民眾關心國家事務，且又不狂熱和盲從。

　　「前事不忘，後事之師」，歷史是一面鏡子，但願世界永久和平，讓所有民族平等和睦地生活在同一片藍天下。

參考文獻：

（英國）阿蘭‧布洛克《大獨裁者希特勒─暴政研究》、（美國）威廉‧夏伊勒《第三帝國的興亡─納粹德國史》、（德國）克勞斯‧費舍爾《納粹德國─一部新的歷史》。

7、珍珠港事件其實是「苦肉計」

ooooooooooooooooooooooooooooooooooooooooooooooooooooooooo

1941年12月7日，一個讓美國人刻骨銘心的日子。這天，日本海軍特混艦隊長途奔襲，以艦載機偷襲了美軍太平洋艦隊基地珍珠港，美軍被擊沈和受重創戰列艦8艘、輕巡洋艦6艘、驅逐艦1艘，損毀飛機270架（一說180架），傷亡3400餘人。次日，羅斯福總統在國會大廈發表慷慨激昂的演講和戰爭文，正式對日宣戰。美國公眾徹底放棄孤立主義，投入到對軸心國的戰爭中。

日本轟炸珍珠港一直被認為是一次「不折不扣的偷襲」，但實際情況是日本雖贏得了這場偷襲，卻輸掉了整場戰爭。隨著時間的推移，許多長期緘口不言的當事者將他們所知道的內幕公之於眾，使得事實真相越來越清晰地擺在人們面前：美國早已獲知日軍的偷襲計劃，而珍珠港事件只是羅斯福的「苦肉計」。

第二次世界大戰爆發後，受國內孤立主義影響，美國開始並沒有參戰，直到1941年12月7號的凌晨，日本飛機突然襲擊了美國太平洋艦隊的基地珍珠港的時候，美國才宣布對德國、義大利、日本這些法西斯國家宣戰。

傳統的觀點認為，珍珠港遭到日本偷襲的原因，是第二次世界大戰爆發後，美國奉行綏靖主義政策為實質的中立政策的結果。的確，

當時對美國的民意調查，這個民意調查顯示，10%的民眾認為應該參戰，實際上90%的民眾認為不要介入戰爭，要以逸待勞，待時機成熟之後再參加角逐，這種觀點是很強的。

長期以來，史學界一直在分析珍珠港美國失利的原因，一直把上述觀點作為主要原因。然而，其中有兩個最重要的史實被忽視了，或者被漠視了。

一個史實是二戰爆發之後，羅斯福政府先後通過了兩個最重要的法案：《中立法修正案》、《租借法案》，《中立法修正案》是允許遭受法西斯侵略的國家透過現款自運，即拿現金買美國的武器，買完之後從美國運回去。在戰爭狀態下，一個第三國把自己的武器裝備賣給交戰方面其中的一方，這實際上就是在袒護它售武器的那一方，也就是說《中立法修正案》就表明了美國實際上在偏袒英、法，儘管它沒有參戰。《租借法案》則是前者政策的繼續。《中立法修正案》的前提是現款自運，但後來英國拿不出錢來購買武器，在這種情況下，羅斯福認為，可以將武器暫時租借給英、法，用羅斯福的話講，就是我向房子著火的鄰居，出借我花園的水管救火，那麼這個法案同樣是偏袒英、法的，這是一個史實。

第二個史實，是1939年7月，美國軍方先後擬訂了五套彩虹作戰計劃，就是未來一旦發生戰爭，美國將按照哪一種可能參加作戰。這五套計劃，特別是二、三、五號計劃就主要是對日作戰的作戰計劃，比如它的第五號彩虹計劃，就規定了一旦太平洋戰爭爆發，美軍在太平洋戰場作戰任務的區別和實施的具體細則。

那麼這兩個史實，一個是兩個租借法案和美國五套彩虹作戰計劃，這兩個基本史實就顯示出美國政府在參戰前的中立政策不是戰略，而是一種策略。在這種大前提之下，既然羅斯福在第二次世界大戰，美國直接參戰前，採取了偏袒英、法這些被侵略國家的政策，聲稱美國要成為民主國家的兵工廠，那麼為什麼它又沒有參戰呢？這是由於美國外交政策的基石，孤立主義思潮，對美國戰略決策起到舉足輕重的作用。

　　美國歷史上有一位總統叫約翰·亞當斯，他有一句著名的孤立主義經典名言，他說：「美國用不著到國外去搜尋怪獸並將其消滅。」這句話對美國影響非常大，美國的外交史，美國孤立主義思潮其實並不是真正意義上完全與世界隔絕，它的實質是在追求美國以最小的代價、最小的風險與成本參與世界事務。在當時，儘管美國民眾對法西斯侵略非常痛恨，對遭受法西斯國家侵略的國家非常同情。但是，絕大多數美國民眾認為，美國不應該參戰，不能把戰火蔓延到美國本土，只要戰火不蔓延到本土，我們美國就不參戰，大多數美國人採取這麼一個立場和觀點，這就為美國參戰設置了一個巨大的障礙。

　　剖析羅斯福的政治理念，我們能發現他的政治敏感和狡猾之處。羅斯福本身是民主黨人，美國民主黨人強調把世界分成黑白兩界，宣稱民主反對獨裁，反對獨裁與專制，那麼在法西斯侵略猖獗的時候，羅斯福的政治理念要求他對被侵略國家採取偏袒政策，而這種理念的終極目標是直接參戰，於是羅斯福一面盡最大限度地同情和支援遭受侵略的國家，一面在尋找時機直接參戰，因而可以看出，羅

斯福在施苦肉計，他在尋找機會，製造機會，以便能直接參戰。

　　一些最新資料也進一步證實了這一事實。荷蘭退役海軍上將約翰・萊尼夫在珍珠港事件爆發前後，是荷蘭流亡政府派駐華盛頓的上尉武官，曾在軍備方面幫過美國海軍的忙，是海軍各部門的朋友。彌留之際，他在一所醫院的氧氣室裏透露了他所知道的珍珠港事件內幕：羅斯福其實事先已經知道了日本要偷襲珍珠港的情報。美國海軍情報官，當時有一個勞倫斯・薩福德海軍中校，他破譯了日本海軍軍令部的密碼，他的情報官告訴他，日本的聯合艦隊正向珍珠港方向開進。

　　當時，斯塔克海軍中將海軍作戰部部長，接到這一情報之後，他把這個情報就放到自己的辦公桌，說明天再向總統彙報，然後到國家劇院看一部話劇：《學生王子》，完全沒有重視這份情報。而美國陸軍情報官，布拉頓上校，在12月7日早晨，將偵知的日軍將進攻東南亞的情報，向陸軍參謀長馬歇爾彙報，馬歇爾當時正在阿林頓公園騎著馬，牽著狗在散步，當馬歇爾接到這個情報之後，繼續散步，這一系列證據都表明，在當時，以羅斯福為首的美國高層中，有極少數人事先知道了日軍將進攻珍珠港的情報，並且顯得胸有成竹，毫不驚惶失措。

　　當將這一切「日本將進攻珍珠港」的情報，匯總反映到羅斯福那裡的時候，羅斯福正和他的密友和助手霍普金斯聊天，他說：「我料定我們的敵人不會永遠不犯錯誤，如果日本人進攻我們，我將爭取國會批准我參加這場戰爭。」氣定神閒，鎮定自若。這說明，他說這些話

之前，就已經得到了這些情報。

　　其實之前當羅斯福獲得這份情報後，已經密電美軍太平洋艦隊司令金梅爾海軍中將，讓金梅爾將美國太平洋艦隊的航空母艦撤到外海，進行訓練，而其他艦船一律留在港內。事實上在1941年初，太平洋艦隊包括1艘航空母艦、3艘戰列艦、4艘巡洋艦、17艘驅逐艦在內1/4的作戰力量被調撥給了大西洋艦隊。此外，海軍部還把艦隊中素質最好的指揮官和水兵也成批調往大西洋艦隊。為此，金梅爾曾多次向海軍作戰部長斯塔克，陳述加強太平洋艦隊實力的重要性。他在1941年9月12日寫給斯塔克的信中言語懇切地說：「一支強大的太平洋艦隊，無疑是對日本的威懾，而弱小的艦隊也許會引來日本人……在我們能夠保持足夠對付日本艦隊的兵力之前，我們在太平洋是不安全的。」但海軍部卻絲毫不理會金梅爾的呼籲。更為奇怪的是，12月7日7時55分，當日本飛機飛臨珍珠港上空扔下第一批炸彈時，下面整齊排列的是太平洋艦隊的水面艦船和作戰飛機。太平洋艦隊的主力：3艘航空母艦「恰巧」全部外出，「薩拉托加」號停在聖達戈檢修，「列克星敦」號正在行駛途中，「企業」號在珍珠港以西200海哩的歸途中，它們因此逃過劫難。這種情況完全是羅斯福總統在明知珍珠港會被襲擊的情況下，讓海軍保存實力之舉。

　　1995年9月5日，當時的美國總統柯林頓收到一位名叫海倫·哈曼女士的來信。她在信中稱她的父親史密斯曾向她講述過一些關於珍珠港事件的驚人內幕，在二戰時她父親擔任美軍後勤部副主管。她父親說，珍珠港事件爆發前不久，羅斯福總統緊急召開了一個由極少

數軍官參加的秘密會議。總統在會議上透露了一個驚人的消息：美國高層已經預見到日本海軍將要偷襲珍珠港，可能造成大量人員傷亡和財產損失。他命令與會者儘快準備將一批醫務人員和急救物資集結到美國西海岸的一個港口，隨時待命啟運。羅斯福總統特別強調禁止將會議內容向外透露，包括珍珠港的軍事指揮官和紅十字會的官員。面對與會官員的驚訝與不解，羅斯福解釋說，只有當美國本土遭到攻擊時，猶豫不決的美國民眾才會同意他宣布投入戰爭。

柯林頓收到信不久，美國紅十字會夏威夷分會的工作人員在查閱該會1941年至1942年財政年度報告的影印資料和有關國家檔案時，意外發現美國紅十字會和美軍後勤醫療部隊，在珍珠港事件前一兩個月曾進行過非常規的人員和儲備物資緊急調動。例如，在那段時間裏，夏威夷分會透過正常管道從國家紅十字會總部得到價值2萬5千美元的醫療急救物品，同時，還透過秘密管道接收到價值5萬美元的藥品和物資。

這批額外補給，在偷襲珍珠港事件後的急救工作中發揮了重要作用。1941年11月的美國紅十字會總部的月度報告也顯示，那個月夏威夷分會共接收了2534名醫護人員，其中1505名是被秘密調去的臨時人員。有關人員還從夏威夷紅十字分會會長阿爾弗雷德·卡瑟爾的弟弟威廉·卡瑟爾的日記中發現：12月6日，夏威夷分會的全體人員奉命戰備值班。所以近年來，包括一些美國學者在內的西方學者就以此為據，認為羅斯福是為了擺脫國內孤立主義，對他的束縛，以龐大的太平洋艦隊為誘餌施的一個苦肉計。只要美國直接遭受侵略了，就可

以理所當然地參戰。

對於近年來的這種觀點，日本人表現出了特殊的興趣，一些所謂專家、學者更是對此大肆渲染，《大東亞戰爭全史》的作者服部卓四郎和《偷襲珍珠港前的365天》的作者實松讓就是典型代表。他們稱美國人事先知道了日本偷襲珍珠港的企圖，暗示日本是在美國人「引誘」下被迫發動了對珍珠港的襲擊。他們想透過這種說法，把發動太平洋戰爭的責任推到美國人身上。

事實上，日本在全面發動侵華戰爭後，已經開始考慮是「北上」還是「南進」。1941年10月，主張對美、英開戰的東條英機上台後，最終確定了發動太平洋戰爭，奪取印度支那和太平洋諸島的「南進」計劃。這決定了他們必然要對美國在太平洋的軍事基地發動攻擊，只不過他們首先選擇了珍珠港的太平洋艦隊，而不是駐紮在菲律賓的美國陸軍。

關於珍珠港事件是「苦肉計」的真相，只是關於以羅斯福為首的美國政府以何種方式、多大代價投入反法西斯戰爭的歷史真相，而日本人發動太平洋戰爭的罪責是無論如何也推卸不掉的。

參考文獻：

（美國）利奧波德·羅森伯格《偷襲珍珠港》、（美國）羅伯塔·沃爾斯塔特《珍珠港：警告與決策》、（美國）巴頓·惠利《代號「巴巴羅薩」》、（日本）實松讓《偷襲珍珠港前365天》、侯魯梁　《太平洋戰爭史話：偷襲珍珠港》。

8、韓戰的「蒙冤者」

韓戰是一場北韓與南韓之間的意識形態之戰，而美國、蘇聯與中國三個大國也不同程度的捲入這場戰爭。在以往的教科書上都將戰爭起因歸究於南韓的公然挑釁引發戰爭，擔負了所有戰爭罪責。而根據韓戰的俄國解密檔案陸續公布以後，證明了從某種程度上說，南韓只是韓戰的「蒙冤者」，其中北韓和蘇聯基本起到了主導的作用。

第二次世界大戰結束後，原本是日本殖民地的韓國被劃分為兩個部分，北方是蘇聯的勢力範圍，而南方則有美國駐軍。美、蘇雙方首先是將韓國問題提交聯合國，聯合國決定在美、蘇管轄區同時舉行選舉，然後美、蘇軍隊撤除朝鮮半島，由韓國人民自己管理自己的國家。由於金日成作為抗日英雄而獲得絕大多數選民的支持，該決議被美國否決。1948年5月南韓舉行了總統大選，親西方的李承晚當選總統，但是蘇聯卻拒絕了聯合國臨時委員會進入蘇控區。蘇方指責美國違反了波茨坦會議上的共識，當時的計劃是由蘇聯、美國、中國、英國四國共同託管韓國五年後實現韓國的完全獨立。美方在南韓單方面舉行大選，使得蘇聯也在北韓建立了共產的「朝鮮民主主義人民共和國」，金日成為領導人。美、蘇兩國軍隊分別撤除韓國後，朝鮮半島就實際被劃分為兩個獨立的國家。

在韓國南北雙方先後實行選舉，並建立各自的政府後，蘇聯又提出美、蘇同時從朝鮮半島撤軍，而且首先實行了單方面撤軍，其目的無非是為了表示蘇聯在遠東地區的和平願望，敦促美國撤軍。莫斯科一方面滿足於透過共產黨對北韓的控制，一方面相信金日成有能力對抗南方，因此可以實現其在朝鮮半島遏制美國而不發生直接衝突的設想。

然而，自從三十八度線劃定以後，南北韓就一直處於緊張的對立狀態。金日成始終認為只有透過革命戰爭的手段才能解放全韓國並實現統一，而李承晚也主張加強軍備，積極北進。特別是韓國南北雙方分別成立了各自的政權機構和蘇聯佔領軍撤出朝鮮半島以後，朝鮮半島的形勢更趨惡化，三十八度線附近的摩擦和交火事件不斷發生。從1949年年初，蘇聯駐朝鮮使館不斷向莫斯科發出有關南韓可能發動進攻的告急電報。

金日成完全明白，要實現自己的目標，必須得到莫斯科的首肯和幫助，於是提出了與蘇聯建立秘密同盟的要求。在遭到莫斯科婉言拒絕之後，金日成便提出直接面見史達林，以摸清蘇聯的意圖和態度。但此時史達林的戰略重點還在歐洲，他一方面透過組建共產黨情報局和整治南斯拉夫共產黨，構造了以莫斯科為中心的社會主義陣營，意在穩定與西方抗衡的陣腳。另一方面，面對美國和西方國家的強硬立場，史達林在解決柏林危機的過程中，採取了忍讓和退縮的立場，對雙方整體實力的認識迫使蘇聯放棄與美國公開衝突的做法。在這種情況下，史達林自然不會同意在朝鮮半島引發一場可能導

致美國干預的戰爭。

在3月初與金日成的會談中，史達林只是輕鬆地詢問了南北雙方軍事力量的對比情況，以及三十八度線附近發生小規模軍事衝突的結果，並對金日成充滿信心的答覆表示滿意。至於金日成所要求的軍事援助，莫斯科只是同意幫助裝備在三十八度線駐防的兩個朝鮮警備旅，並決定讓蘇聯海軍分隊繼續留駐清津港協助北韓進行防衛。蘇聯此時只是主張在北韓建立祖國統一民主陣線，透過在全朝鮮進行普選實現和平統一，並未給予金日成任何實質性的幫助，甚至加以暗地阻撓。

金日成不甘心自己的宏偉計劃受阻於莫斯科，於是轉過來試探毛澤東的態度。1949年5月，金日成派人民軍政治部主任金一秘密訪問北平，與中共領導人商談將中國人民解放軍編成中、朝鮮師轉屬人民軍的問題，並表露了準備採取軍事行動的意向。毛澤東一向主張「槍桿子裏面出政權」，自然會支持金日成的想法。不過，在中國的革命戰爭尚未結束，國家尚未統一的情況下，中共很難贊成北韓的計劃。毛澤東答應在需要的時候，可以把中共軍隊中的兩個朝鮮師轉給北韓，如果朝鮮半島發生戰爭，中共將提供能力所及的一切援助，特別是上述師的補給和武器。但是，毛澤東也曾勸告金日成同志，即使在美國撤軍而日本人也沒有回來的情況下，也不要向南韓發動進攻，而是等待更有利的形勢。

儘管如此，金日成還不死心。面對來自南方的威脅，金日成主張變被動為主動，他躊躇滿志地認為這是透過軍事手段實現朝鮮統一

的有利時機。為此，在積極調動軍隊進行防衛部署的同時，金日成於7月初下令三十八度線地區的各部隊進入戰鬥準備狀態，並決定將中國人民解放軍的朝鮮師調回北韓：瀋陽師配置在新義州，長春師配置在羅南。做好準備之後，金日成請求准許對南方採取軍事行動，奪取縣津半島及其以東到開城附近的部分南韓地區，以縮短防線。如果國際局勢允許，還準備繼續向南方挺進。

蘇聯駐朝鮮使館代辦頓金應維辛斯基的要求對情況進行了核實後，於9月14日向莫斯科報告了南北韓軍事力量的詳細情況、金日成的考慮以及他本人對這一問題的看法。報告說，金日成認為，他們能夠在兩週最多兩個月內，佔領南韓。金日成和外務相朴憲永還認為，當韓國發生內戰時，美國不會直接出兵干預。但頓金本人認為，金日成計劃的局部性戰爭必然導致韓國爆發內戰，而北方軍隊還未強大到足以在速決戰中取勝，同時，不論在軍事上還是政治上，持久內戰對北方都是不利的。不過，什特科夫大使卻贊同金日成的計劃。他認為，「南韓政府的政治地位是不牢固的」，朝鮮半島的形勢對北方有利。儘管不排除美國人將干預這場衝突並給南韓提供積極幫助的可能性，而人民軍的數量及其擁有的物質力量，現在還不能保證完全粉碎南方軍隊和佔領南韓，但他仍然認為，發展朝鮮南部的游擊運動並給予各式各樣的支援和領導是可能的和適宜的，在有利的形勢下，可以藉口南韓人在三十八度線上的挑釁，佔領縣津半島和開城地區。

經過慎重的研究和討論，莫斯科還是否決了金日成的計劃，史達

林認為在韓國發動戰爭的條件尚未成熟。

　　史達林的決定令金日成感到沮喪，但他雖然勉強接受了莫斯科的意見，卻還是繼續積極備戰。10月14日，三十八度線附近又發生了激烈戰鬥，北韓第三警備旅攻擊侵入三十八度線以北1.5公里法音山高地的南韓軍隊，並佔領了這兩個高地。由於蘇聯大使和軍事顧問事前參與討論並默許了這一軍事行動，而事後又未向史達林報告，莫斯科對此極為憤怒，葛羅米柯嚴厲地指責什特科夫沒有嚴格地、堅定地執行，禁止未經中央允許而向北韓政府建議對南韓採取積極行動的指示，以及中央關於防止三十八度線形勢複雜化的指示，並對他提出警告。

　　然而，僅僅兩個月以後，史達林便給金日成發放了走向戰爭的通行證。1950年1月19日莫斯科收到什特科夫發來的報告，在一次小型的宴會後，金日成藉著酒意激動地對蘇聯使館人員說，在中國完成其解放事業後，現在的問題就是如何解放祖國南方的人民。

　　金日成希望和史達林會面，討論南方的形勢和向李承晚軍隊發動進攻的問題。如果不能和史達林會面，那麼他想去見毛澤東。金日成還指責蘇聯不允許他進攻縣津半島，否則人民軍在三天之內就能成功，如果發動一場全面進攻，幾天之內就可以進入漢城。與蘇聯使館人員採取的迴避態度不同，這一次史達林卻出人意料地改變了主意：「我隨時準備接見他並和他會談。請把此事轉告金日成並且告訴他，在這件事上我準備幫助他。」

　　在迄今看到的檔案文獻中，這是史達林第一次同意在戰爭問題

上幫助金日成。對此，金日成十分滿意，並立即表示隨時準備著史達林的接見。那麼，究竟發生了什麼事情，使得史達林在如此短暫的時間裏改變了對韓國問題的看法？

原因是此間發生了一件蘇聯外交史上的重大事件，即毛澤東訪蘇和中、蘇同盟新條約的簽訂，而這次中、蘇最高領導人之間談判的結果是迫使史達林同意重新簽訂中、蘇條約，從而使蘇聯被迫放棄其在遠東以中國東北為基礎的政治和經濟權益，即中國立即收回大連港，並在2～3年內收回長春鐵路和旅順港。

把蒙古從中國的版圖中獨立出去，在俄羅斯南部形成廣闊的安全地帶；恢復沙皇俄國在中國東北的勢力範圍，保證蘇聯擁有通向太平洋的出海口和不凍港，這是史達林確定的蘇聯戰後在遠東的兩個戰略目標，而控制中國長春鐵路和旅順、大連港，正是蘇聯實現其遠東戰略的基本途徑。除了既成事實的蒙古問題，莫斯科最擔心的事情終於發生了：1945年中、蘇條約所保證的蘇聯在滿洲的權益眼看就要被毛澤東提出的新條約斷送掉，史達林必須採取補救措施。而處於朝鮮半島中部和南部的元山、仁川、釜山和濟州島的幾個港口，早在1945年就是蘇聯外交部注意的目標了。於是，為了保證蘇聯在遠東地區的戰略利益，把整個朝鮮半島納入莫斯科的勢力範圍就勢在必然了。剛好此時，美國總統杜魯門和國務卿艾奇遜發表的關於南韓不在美國防衛範圍的演說，又為史達林實現對朝鮮政策的改變創造了條件。

毛澤東還沒有離開莫斯科時，史達林便集中精力去解決韓國問

題了。為了加強北韓的軍事力量以及人民軍的組織和指揮能力，莫斯科同意金日成再組建三個步兵師，並把蘇聯政府將於1951年提供的貸款用於1950年，以便為新組建的部隊購買蘇聯裝備。史達林還任命瓦西里耶夫中將為朝鮮人民軍軍事總顧問，替代自蘇聯從朝鮮撤軍後兼任這一職務的蘇聯大使什特科夫。此後，蘇聯便開始大規模向朝鮮提供武器裝備。隨後，金日成提供了所需武器裝備的詳細清單。莫斯科立即答覆，同意朝鮮提前使用1951年的貸款購置武器裝備。史達林還親自致電告訴金日成，對於朝鮮人民軍所需裝備、彈藥和技術器材，蘇聯政府決定完全滿足您的這一請求。在進行物資準備的同時，3月20日，金日成要求於4月初秘密訪問莫斯科，並提出將與史達林討論國家南北統一的途徑和方法及經濟發展遠景等問題。在一份金日成提請史達林同志幫助解決的問題的清單中，明確寫道：「關於統一國家（南方和北方）的途徑和方法，擬採用武裝方式統一。」得到同意後，金日成和朴憲永於3月30日起程前往莫斯科。

此外，1966年蘇聯外交部曾向布里茲涅夫等領導人提交了一份《關於韓戰的背景報告》，其中提到金日成在這次會談時，向史達林提出了發動戰爭的戰略部署，即北韓政府準備分三部實現他們的目標：(1) 在三十八度線附近集結部隊；(2) 向南韓發出和平統一的呼籲；(3) 在南韓拒絕和平統一的建議後開始軍事行動。該報告確認，史達林對朝鮮人所擬方案的最終認可，是在1950年3月至4月金日成訪問莫斯科期間。

總之，完全可以斷定，以史達林為首的決定支持並幫助金日成發

動統一朝鮮半島的戰爭的,直接參與了戰爭的策劃和準備。我們雖然也不得不看到南韓在這一過程中所起的作用,但讓南韓擔任「戰爭引發者」的全部罪責,這顯然也是有失公允的。

参考文獻：

（美國）馬修‧邦克‧李奇微《韓戰》、王樹增《遠東韓戰》、沈志華《史達林與韓戰》。

第三章　傳承中的謬誤

文化是一個民族精神價值和生活方式的體現，是千百年來人類智慧和傳承的結晶。它看似虛無縹緲，卻在一行一言中透漏著文化在我們靈魂的深處打下的烙印。但不論是已經失落的印加文明，還是我們延續至今的中華文明，在歷史演進和傳承中，都或多或少地偏離了其原本的軌道。探索文化的本原是一次尋根，一次傳承，更是一次精神的洗禮。在本章中讓我們承載著歷史的厚重來進行一場文化真實的苦旅。

1、被誤讀的希羅多德

··

　　希羅多德是古代偉大的歷史學家。西元前四百多年，義大利南部的塔林敦海灣岸邊高地上，一座新的墳墓面向著大海。經過的人，都會在墳前默默地站立致敬。墓前的石碑上刻著這樣的銘文：「這座墳墓裏埋葬著呂克瑟司的兒子希羅多德的骸骨。他是用伊奧尼亞方言寫作的歷史學家之中最優秀者，他是在多里亞人的國度裏長大的，可是為了逃避無法忍受的流言蜚語，他使圖里奧伊變成了自己的故鄉。」

　　這位客死異鄉的人，是偉大的古希臘歷史學家、《歷史》一書的作者希羅多德，他因《歷史》一書得到了人們無比的崇敬。從古羅馬時代開始，希羅多德就被尊稱為「歷史之父」，這個名稱也一直沿用到今天。

　　大約在西元前484年，希羅多德誕生在小亞細亞西南海濱的一座古老的城市。那是古希臘人早年向海外開拓時，建立的一座殖民城市。希羅多德的父親是一個擁有豪富的奴隸主，他的叔父是本地一位著名詩人。希羅多德從小學習勤奮，酷愛史詩。當時，他們城邦的統治者是一個透過陰謀篡奪了政權的傢伙。成年後的希羅多德隨叔父等人積極參與推翻篡位者的鬥爭。鬥爭遭到鎮壓，他的叔父被殺，

他被放逐。後來，篡位統治者被推翻，他一度返回故鄉。不久，又再度被迫出走，從此再也沒有回去過。大約從30歲開始，希羅多德開始了一次範圍廣泛的旅遊，向北走到黑海北岸，向南到達埃及最南端，向東至兩河流域下游一帶，向西抵達義大利半島和西西里。為了維持生活，他還長途行商販賣物品。每到一地，希羅多德就到歷史古蹟名勝處瀏覽憑吊，考察地理環境，瞭解風土人情，他還喜愛聽當地人講述民間傳說和歷史故事，他把這一切都記下來，並一直隨身帶著。

西元前445年前後，希羅多德來到了希臘的政治、經濟和文化中心雅典。當時的雅典，經歷了希（臘）、波（斯）戰爭，政治經濟都獲得了高度發展，一派欣欣向榮的景象，學術文化更是稱雄於希臘世界。希羅多德感到異常興奮，他積極參加各種集會和政治文化活動，並很快和政治家伯里克利、悲劇家索福克勒斯等人結下了深厚的情誼。一次他寫的詩還得了獎，贏得了大家的讚譽。

希羅多德崇拜雅典的民主政治，對於不久前結束的以雅典為首的希臘城邦，在希臘、波斯戰爭中打敗奴隸制大國波斯的侵略，十分欽佩，他不停地向有關的人打聽戰爭的各方面情況，收集了很多的歷史資料。在伯里克利和友人們的鼓勵和支持下，希羅多德決心寫一部完整敘述希、波戰爭的歷史著作以流傳後世，這就是史學名著《歷史》，又名《希臘、波斯戰爭史》。

《歷史》一書是西元前5世紀希臘歷史學家希羅多德所撰寫的，記述西元前6至5世紀波斯帝國和希臘諸城邦之間戰爭的一部歷史名著。

此書在西方一向被認為是最早的一部歷史著作，因此羅馬著名政治家西塞羅稱希羅多德為「歷史之父」。希羅多德雖然寫了這樣一部歷史名著，但是對於他本人的生平，並無詳細文獻記載，和他同時代的作家（如修昔底德、亞里士多德）幾乎很少提到他，爾後的狄奧尼修斯、海爾米波司、普魯塔克等人的著作中雖有些關於他的記載，但均語焉不詳且殘缺不全。因此，我們只有根據有限的資料，結合他本人的作品去瞭解其生平和經歷，這就難免在歷史上留下諸多有待解答的疑點。

首先，希羅多德的生卒年代就無法確定。現在一般的史書都說他大約生於西元前484年，卒於西元前424年。其實這種記載是不可信的，僅僅只是一種推測。其推測根據之一是古羅馬尼祿皇帝時一位女作家旁菲拉的記載。

她說當伯羅奔尼撒戰爭爆發時（西元前431年），希羅多德是53歲，修昔底德是40歲。但這種說法使人難免生疑，因為她關於修昔底德年齡的記載與其他古典作家的記載出入甚大，且又與史學界通用的修昔底德生卒年表不相符合。既然如此，那她關於希羅多德年齡的記載就值得懷疑。

根據之二是：古人在計算大人物的生年時，通常是先以發生在這個人的成年期中的一件最突出的事件的年份做依據，然後再向回計算40年。大家知道，希羅多德是圖里伊的建立者之一，而圖里伊既然是在西元前443年建立的，因此希羅多德的生年也就是在西元前484年了。顯而易見，這種推測同樣也是不可信的。

根據之三是：西元前一世紀的狄奧尼修斯說：其同鄉希羅多德是在波斯戰爭（指西元前480年薛西斯入侵希臘一事）之前的不久誕生的，活到了伯羅奔尼撒戰爭的時候。但此處根本沒有提及確切的年代。

根據之四是：他的《歷史》中記載了波斯王阿爾托克謝爾克謝斯的名字，而這位波斯王是在西元前424年左右登位執政的。因此，希羅多德既然知道他的情況，那就肯定是死在這個年代之後，但究竟是何年？無人能準確回答，只好留此存疑。

其次，關於希羅多德的個人經歷也有不少難以解釋的疑團，也有很多被誤讀的地方。例如被放逐到薩摩斯是在何年？放逐的時間有多久？就難以肯定。有人說他是在西元前461年被放逐的，時間約七、八年；但也有人說他是在西元前454年被放逐的，時間並不長。兩種說法，孰是孰非，難以斷定。又如從其他史料和他本人的作品，我們知道他到過許多地方，至於他為什麼要走這樣多地方，後人根據他的作品做過種種推測。有人說他可能像早期的梭倫那樣，是一個到各地採辦貨物的行商；有的認為他是想仿照他的前輩海卡泰歐斯的樣子，寫一部更加詳實的地理作品；還有人認為他到各地去是為了搜集寫作資料，比如他在雅典就朗誦過自己的作品並得到了豐厚的報酬。還有：希羅多德的墓碑上寫道，他是為了躲避流言蜚語而去圖里伊的，但究竟是誰中傷他？為什麼要中傷他？這又是一個難解之謎。至於希羅多德童年的生活經歷？他是何年開始遊歷的？何年來到雅典的？為什麼會去參加圖里伊殖民？他與伯里克利的關係怎樣？除

《歷史》外他還有何著作？凡此等等，由於資料有限，我們都不太清楚。

再次，關於希羅多德的著作也有一些難解之謎，其中最令人難以理解的就是：《歷史》既然是寫希、波戰爭，但為什麼又不寫完全，僅僅只記載到西元前479年呢？對此，史學界有不少猜測。有的說是由於作者突然去世，未能寫完全書，故結尾顯得突然，未能在適當處告一段落。有的則說希羅多德之所以只寫到普拉塔伊阿戰役止，是因為這以後斯巴達人退出了戰爭，這場戰爭就不再是希臘和波斯的戰爭了，而是雅典及其盟國和波斯的戰爭。如果希羅多德把《歷史》繼續寫到西元前449年，那他就不能忽略在希臘同時發生的事情。希、波戰爭前期，他能讚美希臘團結一致，共同抗敵，但如果他繼續寫下去，他就一定得描述雅典和斯巴達這對戰時夥伴的分裂，但這不是他所希望的。兩種意見，何種有理，還有待探討。

另外，《歷史》一書究竟寫於何時？也是史學界無法確定的一個問題。蘇達茨穌認為，早在薩摩斯流放時期，希羅多德就寫了一部九卷的歷史。但根據希羅多德的生活經歷和《歷史》所記載的內容來看，當時他不可能完成《歷史》一書。人們推測：他的創作活動曾延續數十年之久，他收集資料時並沒有打算寫希、波戰爭史（這一點從《歷史》的一些段落可以明顯看出），而是打算寫一部地理學著作，描述遊歷過的許多國家的自然環境、民情風俗和歷史故事。來到雅典後，受雅典文化氣氛的影響，才立志要把希、波戰爭的經過記載下來。於是，他整理綜合收集到的民族學、地理學以及神話中的各種資

料，將它們插進那詳細描述希、波戰爭過程的《歷史》中去，而《歷史》的最後完成是在他去圖里伊以後。

除此以外，希羅多德是否「商人文化」的代表？為什麼有人稱他為「說謊話的人」？現在流行的《歷史》分為九卷，是後來編訂此書的亞歷山大里亞注釋家劃分的，這是原書的本來面貌嗎？它符合希羅多德的原意嗎？等等，這都是我們浩瀚歷史中的一個個的疑點，一個個被誤解被誤讀的地方，而這些事實真相的發掘就有待於更多的人的關注了。

參考文獻：

希羅多德《歷史》、西塞羅《論法律》、普魯塔克《論希羅多德的險惡》。

2、智慧才是「埃及豔后」的資本

「埃及豔后」克里奧佩特拉生於西元前69年，是亞歷山大大帝政府托勒密王朝冊封的君主之一。她的父親托勒密十二世，指定他的長子托勒密和她共同執政統治埃及。西元前51年克里奧佩特拉登上王位。

克里奧佩特拉在古埃及無疑是一位焦點人物，在後人的記述裏，這位埃及絕世佳人憑藉其傾國傾城的姿色，不但暫時保全了一個王朝，而且使強大的羅馬帝國的君王紛紛拜倒在其石榴裙下，心甘情願地為其效勞賣命。但丁的《地獄》、莎士比亞的《凱撒大帝》等，都將這位傳奇女人描述為「曠世的肉感妖婦」；莎士比亞這麼形容：「爭強好勝的女王，妳無論做什麼都是那麼得體，責怪也好，笑也好，哭也好；妳的每一種情緒都充分的力圖表現得美好而動人。」而蕭伯納也稱她為「一個任性而不專情的女性」。在好萊塢巨片《埃及豔后》中，克里奧佩特拉同樣被描述稱用色相引誘凱撒大帝，助其擊潰親生胞弟而出掌王位；凱撒遇刺後，她又迷倒了安東尼。可是安東尼的作為激起了羅馬市民的憤怒，在與羅馬人交戰中徹底敗北之後，克里奧佩特拉眼見大勢已去，不得已以毒蛇囓胸自殺，年僅38歲。

傳說塑造了一個美豔絕倫的豔后形象，她的神秘與手段成為世

人關注的焦點。雖說野史、傳說和文學作品總能見到這位「埃及豔后」神秘的影子，但有關她本人的文獻資料卻是少之又少。

歷史上真實的克里奧佩特拉究竟是一個什麼樣的女人？

她真的貌若天仙嗎？

這個問題的答案最好還是到她那個年代流傳至今的雕像中去尋找。可是，保存至今的雕像實在是鳳毛麟角，德國柏林博物館尚有一尊據稱是全世界保存最好最完整的埃及豔后的雕像。

這尊雕像所展示的埃及豔后並不美豔。看上去她就是一個平平常常的女人，頭髮只是簡簡單單地打個髻，風格樸實，這樣的裝扮顯然無法俘獲羅馬將領的愛。她的鼻子應該屬於鷹勾鼻，而且她的嘴並不性感。她也不飾戴任何珠寶沒有耳環，沒有項鏈。

如果說保存在柏林博物館裏的這尊雕像說服力尚嫌不夠的話，倫敦大英博物館最近舉行的「埃及豔后」展覽則徹底揭開了這位傳奇女人的面紗。這是首次同時展出11具克里奧佩特拉的雕像，而這批雕像過去一直被誤以為是其他王后。從這些雕像看，女王不過是長相一般，臉上輪廓分明，看起來較為嚴厲的女人。她的個頭矮小短粗，身高只有1.5公尺，身材明顯偏胖。她的衣著也相當樸素，甚至脖子上明顯有贅肉，牙齒長得毫無美感。

至於克里奧佩特拉的相貌，中世紀的阿拉伯學者從未提及。艾爾·達利表示：「他們（阿拉伯學者）讚美她的學識和管理能力。」達利具體解釋說，人們之所以只將埃及豔后看做是一個愛勾引男人的風流女子，只因為後人對她的認知全都來自於她的敵人—羅馬人。羅

馬人對她相當輕視，希望將她描繪稱一個性感亡國的尤物。這就是所謂的「埃及豔后」。

近期一位英國學者發現，埃及豔后精通5種語言，凱撒大帝和安東尼之所以拜倒在她的石榴裙下，與克里奧佩特拉的姿色並沒有直接關係。這是英國一位學者的最新發現：其實在中世紀阿拉伯學者眼中，「埃及豔后」不是靠美色而是憑著卓越的思想和學識征服人心的。

克里奧佩特拉在阿拉伯世界是備受尊崇的大學問家，她對煉金術、哲學以至數學和城市規劃無一不曉。她聰明、詼諧、迷人，而且她還具有驚人的毅力。克里奧佩特拉精通多種語言，她的第一語言是希臘語，但她也會說拉丁語、希伯來語、亞拉姆語和埃及語。

英國倫敦大學學院埃及古物學者奧卡薩・艾爾・達利，在一批以前從未被發現過的中世紀阿拉伯文獻中發現，克里奧佩特拉並不像希臘傳記中描寫的那樣只是一個美豔妖嬈、專愛勾引男人的風流女子，她可能是一個富有才華的數學家、化學家和哲學家。克里奧佩特拉寫過好幾本關於科學的書，她的宮廷是知識份子聚會的地方，克里奧佩特拉經常和一些科學專家開會討論科學難題。

達利在《埃及古物學：迷失世紀》一書中寫道：「阿拉伯人經常將克里埃佩特拉稱作『善良的學者』，經常引用她的科學著述。」她甚至是一個偉大的建築師，將尼羅河的水引到亞歷山大城，就是她的功勞。像艾爾・巴克里、亞庫特等阿拉伯學者，都曾在文章中談到過埃及豔后克里奧佩特拉，稱克里奧佩特拉當年在亞歷山大城涉及的建

築計劃「史無前例的龐大」。

埃及遠古史學家鮑曼在分析了近年來的考古發現後也表示：「『埃及豔后』絕非只憑美色來保家衛國，捍衛自己的王位。她運用的技巧跟我們現在處理國際關係時的做法並沒有什麼兩樣。這才是『埃及豔后』美麗與智慧的真正體現。」埃及哈勒旺大學的教授吉哈宰克也說，儘管克里奧佩特拉不像她與羅馬將軍的愛情故事中描寫的那麼漂亮，但我確信她是極聰明的，她應付羅馬用的不是美人計。埃及亞歷山大希臘羅馬博物館館長艾哈邁德博士持同樣的觀點：克里奧佩特拉在17歲時就繼承父位當政，她統治埃及是憑聰慧和豐厚的文化底蘊。她與羅馬將領們相處的三件武器是潑辣、聰慧和溫柔。

史料證明，從埃及方面看，克里奧帕特拉也可謂是功勞卓著的統治者。

首先，她在對付無法抵禦的巨大外來勢力情況下，綿延統治了埃及近18年。對埃及來說，這是她最顯著的功績。眾所周知，托勒密家族近親結婚的目的是為了保持王室的「純淨」，但也使托勒密家族產生了一系列不稱職的統治者，絕大多數國王不是體弱多病就是早年夭折，特別是在托勒密家族統治的後期更顯得荒唐頹廢。

長期以來，埃及以向當時地中海地區最強大的國家羅馬進貢獻禮來維持表面上的獨立，以換取羅馬的軍事保護，到克里奧佩特拉時代，埃及才實現了真正的獨立，並在希臘的各國相繼滅亡之後尚保有一定的影響。

與叱吒風雲的羅馬大國相比，埃及畢竟是個弱小國家，羅馬征服

它是輕而易舉之事。克里奧佩特拉運用她特有的氣質、魅力和才智征服了古代西方世界兩位最有權勢、才能傑出的男性，挽救了風雨飄搖的埃及，並把他們融進了她的事業之中；從某種意義上可以說，她幾乎兩度傾覆羅馬，因為羅馬兩個強大的統治者畢竟做了她愛情的俘虜。歷史上很難找到比她更奇特的統治者了。雖然克里奧佩特拉王朝被羅馬吞併只是遲早的事，但克里奧佩特拉至少把被吞併的時間延遲了18年，即從凱撒到達埃及的西元前48年到屋大維將她逼死的西元前30年。這對埃及的獨立和發展無疑是寶貴的。

第二，克里奧佩特拉統治期間，確定了埃及在古代世界的地位，雖然這已是托勒密王朝的尾聲。克里奧佩特拉以文明的血統自命，蔑視羅馬「野蠻人」，自信能利用他們來達到自己的目的，否則她就不會盲目冒險地裹在毯子中出現在凱撒面前；她縱然沒有直接參與凱撒死後發生的戰爭，但卻贏得了軍事統帥馬克・安東尼的歡心；她竟然謝絕出席安東尼特設宴會的邀請，反而叫安東尼屈尊去參加她在樓船上舉行的晚宴，正如《康橋古代史》所說：「法官去拜會被告。」做為埃及女王的黃金雕像，竟然安放在世界頭號強國羅馬統帥凱撒的家廟裏；做為羅馬統帥的安東尼，對待小國埃及女王「不像一個『被保護國』的兒皇帝，倒像是一個獨立國的君主」。克里奧佩特拉不僅保住自己的王位，而且似乎要成為文明世界的皇后，埃及在羅馬人心目中的地位便不言而喻了。埃及由於克里奧佩特拉的存在，某種意義上說已構成對羅馬的心腹之患，托勒密埃及已不像從前那樣處於稱臣納貢、乞求保護的地位了。

第三，克里奧佩特拉在位期間，埃及不僅成為名副其實的獨立國，而且版圖還在不斷擴大。克里奧佩特拉的真正目的不只是想建立一個獨立的埃及國家，她對擴大埃及版圖也有濃厚興趣，她希望建立一個不屬於羅馬，而是屬於希臘人的帝國。凱撒在世時已答應把塞浦路斯劃歸埃及；安東尼時代，她又和安東尼統治著小亞細亞的絕大部分。西元前34年他們打敗了亞美尼亞人，宣布敘利亞為羅馬的一個行省，他們不是在羅馬而是在亞歷山大城舉行凱旋式，此時的克里奧佩特拉被安東尼稱為「王中之王」。安東尼忘乎所以，竟將羅馬國家東部和大片土地，宣布為克里奧佩特拉及其子女來治理，以滿足埃及女王的野心和私慾。從克里奧佩特拉給她的兩個孩子起名為「太陽亞歷山大」和「月亮克里奧佩特拉」，就反映出她的「馬其頓復國主義」成分遠遠超過她對安東尼的感情。他們之間的愛情裏摻雜的政治因素確實很大，如果歷史的過程容許有一點假定的話，如果命運的天秤容許再向著她有所傾斜的話，這位往後本是有可能實現她稱為統一地中海王國女王的意願的。

　　此外，末代女王克里奧佩特拉在位期間，埃及的政治、社會比較穩定，工商業經濟發展很快。她是，或者被說成是一位能幹的統治者和管理者。她有效地促進了埃及的工商業，治理財政並且井井有條。埃及與相鄰各國交往頻繁，關係相當活躍，埃及的農業、手工業和商業有很大發展，商業經濟空前繁榮……由於城市經濟得到迅速發展，埃及對外貿易空前繁榮。

　　克里奧佩特拉統治期間，發展了埃及文明，使「埃及精神」得以

發揚光大。使古埃及文明和希臘文明相交融，為埃及古老的文明注入新的活力，托勒密王朝的君主和貴族們，都以自命為埃及人而深感榮耀。

　　克里奧佩特拉對記載古老文明的圖書資料有特殊的興趣，還時常和當時的大學問家討論問題。當時世界上第一大圖書館就設在亞歷山大城，雖然該圖書館被凱撒集中焚毀過半，但她又趁安東尼征服帕加馬之機會，把第二大圖書館的二十多萬卷圖書搬到亞歷山大城。她以其聰慧、敏銳的頭腦和自身的文化素養，維護和發展了古老的埃及文明，從而形成新的充滿活力的「埃及精神」，使「埃及頑強地戰鬥著。正如我們從崇高的埃及女王克里奧佩特拉的事跡中所看到的，埃及精神始終是旺盛的」，「埃及精神在一貫地指導著這個國家的命運，即使在羅馬帝國的統治下也是如此。」

　　具有諷刺意味的是，克里奧佩特拉以美貌蜚聲於當今天下，而智慧才是她最值得稱道的資產。

　　克里奧佩特拉的一生，對埃及來說可算是功勞卓著的一生，對羅馬及地中海周圍國家來講則有不可忽視的消極影響，甚至是罪孽深重。雖然儀表、愛情能夠決定歷史之說並不足取，但她和古代兩個傑出人物的政治愛情，對當時歷史進程所產生的影響確實不能否定的，但她仍不愧為許多偉大帝王的後裔。

（法國）弗拉馬里翁《埃及豔后—克婁巴特拉的生與死》、（德國）埃米爾‧路德維希《風流與強權：一個真實的埃及豔后》、（德國）魯特維克《埃及豔后》。

3、《蒙娜・麗莎》所畫何人

達文西是文藝復興時期義大利最偉大的藝術大師，他一生留下了不少諸如《最後的晚餐》、《蒙娜・麗莎》、《聖安娜》、《安加利之戰》等名作，為世界藝術寶庫增添了很多藝術珍品。不過，每當人們提起他的繪畫時，就會很自然地想到他那幅凝聚著四年心血繪製的《蒙娜・麗莎》。

《蒙娜・麗莎》被認為是世界上最名貴的畫作，可以說世界上沒有一幅畫可以與之相媲美。大多數美術理論家都認為，達文西畫了一幅有生命的年輕婦女的優美形象，抒發了人文主義者對現實之美的酷愛，歌頌了人的思想、感情和智慧。他選擇了一位精神上得到解放，驅散了昔日的呆板而發自內心的微笑的少婦。

幾個世紀以來，關於《蒙娜・麗莎》的一些謎題一直都是人們爭論探討的焦點，其中又有一個問題討論格外激烈：《蒙娜・麗莎》畫作模特兒到底是誰呢？許多畫家、哲學家、詩人和醫學家對《蒙娜・麗莎》進行了詳細的研究，他們用科學的方法對畫中少婦的生理現象做了具體的分析，由於畫中少婦的「病症」，紛紛與當時的一些少婦進行了「對號入座」，認為《蒙娜・麗莎》的模特兒確實存在，但進而牽扯到的這幅名畫的模特兒是誰就各持一端，爭論不休了。

不少醫生都指出，《蒙娜‧麗莎》的模特兒當時正在懷孕，甚至連著名的美術評論家凱涅斯‧克拉克以及許多美術家也都贊同這種看法。確實，只要仔細琢磨這幅畫，即使是肉眼也能覺察的到她正在懷孕，蒙娜‧麗莎那鵝蛋形的臉龐卻顯得有點浮腫；從內心發出的微笑縱然體現了她對懷孕的滿足感，卻掩飾不住蒼白而憔悴的面容；肥胖而略微腫脹的兩手交叉在隆起的腹部上；粗大的腰圍隱約可見；右眼窩和鼻梁之間還可以看到一個小肉瘤，這分明是脂肪過剩的象徵，眼神上蒙著一層悵惘而又倦怠的神色。

　　很多人早就對蒙娜‧麗莎的「病症」進行了研究，而且還發表了不少論文和著作。但是，看來蒙娜‧麗莎並沒有患什麼疾病，畫面上所表現的「症狀」，恰恰是一個孕婦正常的生理現象。

　　佛羅倫薩市教師吉烏塞普‧帕蘭蒂花了25年的時間研究達文西的一生，他把自己的成果全都寫進了他的新書《蒙娜‧麗莎真有其人》，如今，這本書已經出版發行，並引起不少人的關注。

　　據帕蘭蒂考證，蒙娜‧麗莎是達文西父親朋友的妻子，她的名字叫麗莎‧格拉迪尼，蒙娜‧麗莎是她的名字的簡稱。她出嫁前居住在基安蒂市。1495年，格拉迪尼與佛羅倫薩絲綢商人弗蘭西斯科‧吉奧康杜結婚，而吉奧康杜則是達文西父親皮耶羅的好友兼鄰居，皮耶羅還曾在業務上給吉奧康杜兄弟提供過很多幫助。格拉迪尼是吉奧康杜的第二任妻子，她出嫁時只有16歲。

　　格拉迪尼24歲那年，達文西的父親請兒子為她畫像，當時達文西正被一場財務糾紛所困擾，為了幫兒子一個忙，達文西的父親自己

拿出一筆錢，然後告訴兒子這是格拉迪尼和她丈夫出的畫像費，於是，達文西欣然完成了這幅人物畫像。

關於這幅畫就是這位婦女的畫像的最早記載，見於瓦薩利（Vasariano）的《美術家列傳》。可是，當達文西於1519年死於法國時，瓦薩利還是個6歲的小孩子，因此，他的一些記載是否確實可靠？

雖然如此，一般都認為達文西於1503年返回佛羅倫薩時開始繪製，前後花了4年時間，但未最後完成。如果是1503年以後的話，蒙娜·麗莎應該有24或25歲了。

據瓦薩利的記載，在繪製過程中，達文西為了提高她的情緒，甚至還雇用了一些演奏員和歌手。

蒙娜·麗莎生有一女，但於1499年夭折，各種記載和跡象都不能說明她這時正在懷孕。看來，名畫《蒙娜·麗莎》的模特兒並不是蒙娜·麗莎。那麼，這幅畫的模特兒是誰呢？學術界和民間都流傳著不少有關蒙娜·麗莎身分問題的說法，有人說畫中人是當時佛羅倫薩城內的一個名妓；也有人說畫中人是達文西的母親。

1986年，美國《藝術與古董》雜誌披露了一個讓人震驚的說法：《蒙娜·麗莎》是達文西的自畫像。理由是人們將達文西的自畫像與《蒙娜·麗莎》按一定比例合併相疊，以畫中眼睛瞳孔一致為準，結果發現這兩幅畫的眼睛、髮角線輪廓都驚人地吻合；但美國伊利諾斯大學科學家在對《蒙娜·麗莎》一畫分析後認為，蒙娜·麗莎既不可能是男兒身，更不可能是達文西的自畫像。伊利諾斯大學研究人員運用面部識別軟體對蒙娜·麗莎神秘的微笑進行了分析，結果發

現蒙娜・麗莎的微笑中包含了喜悅、厭煩、恐懼和憤怒等各種表情。如今，電子與電腦工程學教授托馬斯・夯利（Thomas harry）用他和學生共同開發的面部識別軟體分析了《蒙娜・麗莎》一畫，以確定主角性別，並在分析後和達文西的自畫像進行了比較。

夯利教授表示，結果表明，畫像主角為女性的可能性達到40％到60％。即便畫像主角是男性，它與達文西本人的畫像也不相符。他說：「當然，分析結果沒有得出最終結論，但起碼表明這些推斷純屬猜測。」

也有人說是曼都亞侯妃伊薩貝拉・德斯娣，持這種觀點的人拿羅浮宮博物館收藏的《伊薩貝拉・德斯娣》和《蒙娜・麗莎》加以比較。雖然一幅是側臉，一幅大體是正臉，但卻極為相似，不僅相似連大小也一樣。兩者的頭部相同，都是21釐米，如果和英國牛津美術館收藏的《伊薩貝拉・德斯娣》（羅浮宮的摹本）比較，則連手部的位置都一樣。

如果說《蒙娜・麗莎》就是伊薩貝拉・德斯娣的畫像，那又怎樣解釋前述的懷孕現象呢？經考證，事實與分析完全吻合。也就是說，1500年前後，達文西訪問伊薩貝拉・德斯娣的家鄉曼都亞的時候，伊薩貝拉正好在懷孕。1500年5月17日，她生下了盼望已久的長子費德里柯，曼都亞侯弗朗西斯・貢紮戈有了繼承人。

伊薩貝拉很早就想找一位名畫家為自己畫一幅畫像，1498年4月26日，她在給米蘭公爵洛德維珂的愛妾切切齊利亞・戈爾列科妮的信中，提出要達文西為她繪製畫像的要求，戈爾列科妮欣然同意曼都

亞侯妃的要求。

　　西元1499年，達文西路過曼都亞返回佛羅倫薩，這時伊薩貝拉卻恰好懷孕了，她對自己正好懷孕而感到不快，但覺得畫的是畫像，這位著名畫家的技巧是足以遮掩過去的。

　　達文西給伊薩貝拉·德斯娣畫了兩幅畫像，一幅是現藏羅浮宮博物館的《伊薩貝蘭·德斯娣》，另一幅則是《蒙娜·麗莎》的底稿，並且答應最後畫成油畫，可是，伊薩貝拉不但沒看到這幅油畫，而且始終也沒有拿到這幅畫。西元1501年至1506年，她透過在佛羅倫薩的代理人，最後還透過達文西的叔父一再提出索畫的要求。儘管達文西每次都做了肯定的答覆，卻一拖再拖，直到去世始終都沒有交出這幅畫。

　　根據上述分析，從瓦薩利以來一直以《蒙娜·麗莎》命名的這幅著名畫像的模特兒是伊薩貝拉·德斯娣的可能性的成分越來越多了。

　　但是有人對《蒙娜·麗莎》模特兒的真實身分提出質疑，例如，美國藝術作家麥可莫倫認為，這幅畫沒有署名，沒有繪製日期，也沒有訂購線索的記載以及畫款支付記錄，因而此畫來歷顯得十分古怪。另外，據史載畫中的麗莎應在24～27歲之間，而人們仔細觀察這幅畫，發覺「候選」的女主角們都應該在37～43歲之間。是因為文藝復興時代的人，比我們現在的人看起來年輕得多？問題很難回答。有些專家推測：蒙娜·麗莎絕不是某個人的寫真，而是若干婦女形象的綜合。有名妓的影子，也有孕婦的影子存在。

　　幾百年來，《蒙娜·麗莎》受到太多的讚譽，有太多專門研究和

品評《蒙娜‧麗莎》的文章或專著不斷問世，包括各種推斷與猜測；就這樣，一幅畫成了一門學科，許多人願意耗費畢生的精力。未來的科學研究也許會為我們解答許多關於此畫的疑問，然而神秘一旦消失，一切便如同猜破的啞謎般索然乏味。其實，《蒙娜‧麗莎》只是一幅畫，一幅美麗的畫像，我們帶著虔誠，也帶著無需解答的疑問去欣賞它，這也就夠了。

参考文獻：

（美國）丹‧布朗《達文西密碼》、凌麥童《蒙娜麗莎微笑的文化解碼》、（義大利）朱塞佩‧帕蘭蒂《永恒的微笑》、（義大利）朱塞佩‧帕蘭蒂《蒙娜麗莎的真實身分》。

4、莎翁筆下的「鉅作」

莎士比亞(William Shakespeare,1564～1616年)無疑是世界文學史上一個標誌性的符號,他的《威尼斯商人》、《羅密歐與朱麗葉》等名劇,在世界各國的戲劇舞台上久享盛名,屢演不衰。莎士比亞作品深刻而生動的反映了16世紀到17世紀英國的時代現實,他汲取歐洲各國的新文化、新思想,集中的代表了整個歐洲文藝復興時期的文學成就。莎士比亞的名字早已超越國界,成為世界各國人民所崇敬的文化巨人。專門研究莎士比亞生平及劇作的所謂「莎學」,已成為各國研究世界文化史的一個重要課題。

雖然莎士比亞是眾人皆知的偉大劇作家,但他的身世卻有許多不為世人所知之處,他未曾留下隻字片語。有關莎士比亞生平資料奇缺。莎翁的傳記作者們唯一有把握的就是他在埃文河畔的斯特拉特福住過,是一個手套製造商的兒子,跑過龍套,還投資一家名為「國王的人」的劇團。斯特拉特福鎮的文獻記載中,沒有半點兒表明莎士比亞是個作家,更不用說是世界大師了。他手中除了六個可以的信手塗鴉似的塗鴉外,既沒有作品手稿或信件,也沒有任何簽名。

在莎士比亞女婿霍爾(Hall)醫生的日記中,也找不到其岳父是著名劇作家的任何說明。不可思議的是,當時沒有一個人明確地說明

那些作品是莎士比亞創作的。在莎士比亞去世時也沒有引起任何人的重視，沒有一個人按照當時的習俗為他寫一首哀詩。其遺囑中對他的書籍、手稿或關於文學的任何東西隻字未提。至於他是否上過斯特拉特福的文法學校，到國外旅行過，或與宮廷中的某人有過聯繫也無從考證。但從莎翁的戲劇、詩歌中判斷，他對義大利和王室那麼熟悉；在哲學、文學、歷史、法律和醫藥等方面知識廣博。他出身於小市民家庭，何以知道那麼多豪華宮廷與貴族的瑣事？他文化水平很低，何以劇作中能有那麼多細緻的生活與心理描述？

唯一把這個來自斯特拉特福的人和劇作家聯繫在一起的，就是「莎士比亞」這個名字。但即使是這一點也是迷霧重重，在斯特拉特福的各種文獻記載中，莎士比亞（Shakespeare）一名有多種拼法，如「Shaxper」、「Shagsker」或者「Shakapere」。在莎翁出版的各種著作版本或當時的各種文獻中，莎士比亞總被拼做「Shakespeare」或者「Shake-speare」，這也是問題疑點之一。

即使像拜倫和狄更斯這樣的大作家也懷疑莎翁的真實身分，狄更斯曾在文章中表示，一定要揭開「莎士比亞真偽」之謎。

一些反斯特拉特福派的人把目光盯在了弗朗西斯・培根（Francis Bacon）身上。因為斯特拉特福莎士比亞缺少的東西，培根都具備：他是一個哲學家、科學家、律師，一個經常出入伊麗莎白和詹姆斯時代宮廷的政治家。一個名叫迪莉婭・培根（Delia Bacon）的美國人是弗朗西斯・培根的狂熱擁護者。她深信培根就是這些作品的真實作者，而能證明這一點的資料就埋在斯特拉特福莎士比亞的

墳墓下面。1856年9月她手持鐵鍬來到斯特拉特福，準備開挖證據，但到了最後一刻她卻棄之而去。不過，她仍四處宣傳她的信念。

後來，培根的崇拜者放棄尋找深埋地下的手稿，轉而把精力放在現有的作品上；這是一項極為仔細的搜索工作。這些崇拜者集中精力尋找那些據稱可以證明培根即為莎士比亞的各種密碼、秘密文件，或有特殊隱義的圖形；他們相信這些東西都隱含在字裏行間。其中最主要的解密大師要數伊格內修斯‧唐納利，他是一位來自明尼蘇達州的議員，從事各種稀奇古怪的研究，其中就包括對培根的這項研究。

1888年，唐納利就這一問題出了一本書。但書中大部分內容錯綜複雜，晦澀難懂。例如，他分析了文中的許多字，像Francis（弗朗西斯）、William（威廉）、Shake（揮動）和Spear（戈）等，把它們所出現的頁數、行數，做各種加、減、乘、除運算。但其中也有個別發現簡明易懂，切中主題。例如，他在對「第一開本」，1623年莎士比亞戲劇全集研究時發現，bacon一詞在第53頁的歷史劇和同一頁的戲劇中都出現過。唐納利認為，這絕非是巧合，而是作者在此揭示其真實身分。

往後又出現了一位似乎很有說服力的候選人，牛津伯爵愛德華‧德韋爾。1902年，英國一位名叫托馬斯‧盧尼提出了德韋爾這一觀點，這似乎更令人信服一些。德韋爾是牛津伯爵，也是伊麗莎白女王的表哥，受財政大臣威廉‧伯利的監護，後來成為了他的女婿。這些關係使他成了宮廷的常客，對宮廷生活十分熟悉。並且他還是公認的詩人和劇作家。1598年，當時的一位評論家弗朗西斯‧密爾斯，稱德韋爾是

「我們當中最出色的戲劇家」。

與培根相比，德韋爾有更好的理由隱瞞自己的真實身分。因為在他出入的社交圈中，劇場被認為是不體面的去處。並且，伊麗莎白時期的宮廷中，有許多人不喜歡他們或者他們的祖先在舞台上被描繪成那個樣子，所以盧尼認為德韋爾用了筆名。但德韋爾還是禁不住想留下一些關於其真實身分的暗示，所以從他的一枚畫有一頭獅子的徽章中取了他的名字─Shakespeare（揮戈）。

德韋爾伯爵是一個貴族，所以有關他的生平記載比莎士比亞的仔細得多。其中盧尼發現了許多記載，可以將德韋爾和被認為是他寫的各種著作聯繫起來。例如，眾所周知，德韋爾1575年去過義大利，並在帕多瓦、熱那亞、威尼斯和佛羅倫薩逗留過，這一事實就可以解釋莎翁戲劇中關於這些方面的具體內容。

盧尼相信，可以在莎士比亞或者說德韋爾的最著名的戲劇《哈姆雷特》找到最令人信服的證據。和哈姆雷特的父親一樣，德韋爾的父親也是英年早逝；母親也是在父親死後閃電般地結了婚；他本人刺傷過威廉‧伯利（英國財政大臣，德韋爾的岳父）的一個僕人，而哈姆雷特以同樣的方式殺死了波洛涅斯；同時，德韋爾也和哈姆雷特一樣曾被海盜俘獲過，後來海盜又饒其一命。透過盧尼這一分析，我們發現莎士比亞的這一劇本簡直就是德韋爾的自傳。

到了20世紀中葉，牛津派已經徹底擊潰了培根派，在反斯特拉特福派中佔了首要地位。其實，牛津派試圖從德韋爾的生活和莎翁的著作中找到相似之處的努力，和培根派所做的解密工作也一樣有過分

之嫌。並且，他們所做的這些工作也完全是挑選性的，很不全面的，正如許多傳統學者指出的，牛津派完全忽視了這樣一個事實，莎士比亞將他的兒子取名為哈姆尼特，而不是德韋爾。

牛津派認為牛津伯爵就是莎士比亞的理論，面臨的另一個主要問題是莎士比亞戲劇的年代問題。大多數學者認為，「國王的人」這一劇團直到1614年還在上演莎翁的新劇，但德韋爾在1604年就去世了。而此時，莎翁的38個劇本中只有23個出版過，或在出版物中提及過，其餘15部：包括《李爾王》、《馬克白》、《安東尼和克莉奧帕特拉》、《冬天的故事》和《暴風雨》（這都是這位劇作家的最出色的幾部作品）一直到德韋爾死後才搬上舞台。

一些牛津派對這一觀點的看法是：德韋爾在死前已經開始了這些劇本的創作，死後這些劇本又由別人完成。更有甚者，提出這些劇本的創作年代都是錯誤的，應該說大部分劇本在1604年之前就完成了。

關於莎士比亞的劇作，眾說紛紜。馬克·吐溫在1909年曾寫道：就像陳列在國家自然歷史博物館裏的雷龍，「我們有九塊龍骨，然後我們用熱石膏複製了其他的部分」。歷史中將太多的「熱石膏」貼上了「莎士比亞」的標籤，其中「偽作」確實存在著。但上述種種有關「候選人」也僅僅是未加確認的推測而已，但是有一點是可以肯定的，我們不能勢利地認為哪些受過教育的貴族就是天才，也無法因為莎士比亞是一個小鎮手套製造商的兒子而否認他的成就。

參考文獻：

（美國）迪莉婭・培根《莎士比亞戲劇中的哲學》、（美國）馬克・吐溫《莎士比亞已經死了嗎》、（美國）埃德溫・德甯・勞倫斯《培根就是莎士比亞》、（美國）S・舍恩鮑姆《莎士比亞的生平》、（英國）約翰・米歇爾《誰寫了莎士比亞的作品》。

5、牛頓精神失常的「真凶」

    牛頓（Newton，1642～1727年）是英國近代著名物理學家、天文學家、現代力學奠基人。一提起他，人們很自然地會想起蘋果落地的故事：1665年，牛頓在家鄉林肯郡的一個鄉村療養。有一天，他坐在一棵蘋果樹下讀書，突然一顆熟透了的蘋果從樹上掉了下來，引起了牛頓新的思考：蘋果為什麼會垂直落到地面上呢？為這個問題最終促成了一個偉大的原理：萬有引力定律的產生。可以說，牛頓的一生是充滿智慧和創造的一生，而這樣一位充滿智慧的偉人，卻在50到51歲時突然精神失常，其中的原因，眾多的科學家都試圖找出一種合理的解釋，有人提出是汞中毒的結果。

    有兩位專門研究牛頓生平的學者，對牛頓遺留下來的四絡頭髮進行現代中子活化、中子衍射等先進技術來綜合分析。發現牛頓頭髮中所含的有毒微量元素的濃度是正常人的好幾倍，尤其是汞的含量更是高得可怕。許多學者由此斷定：牛頓長期待在實驗室裏，經常接觸有毒的金屬蒸汽，特別是汞，因此導致中毒而精神失常。

    在1978年的一次學術國際研討會上，有些學者堅持認為運用現代的科技手段，來對牛頓頭髮中所含微量元素進行定量的分析，從中找出病因，並在國際上引起廣泛的關注，形成了一股國際性的牛頓

頭髮研究熱。但這種說法也遭到很多人的質疑，因為牛頓一生中，只有在50到51歲期間精神失常過，其餘都處於正常狀態，而且我們也無法斷定這四綹頭髮就是他患病期間的，就頭髮來推斷他精神失常的原因太沒有說服力了。

其次，人頭髮的微量元素受外界影響很大，這四綹頭髮歷經250多年，很難保證沒有受到外界因素的干擾。現在醫學上判定汞中毒的臨床表現，如手指顫抖、牙齒脫落、四肢無力等症狀，牛頓都不曾有過，所以汞中毒的說法很難令人信服。

以美國科學家狄士本為代表的一部分學者，對上述推測持懷疑甚至否定的態度。他們認為這種推測是不可靠的、不可信的。這是由於：首先，今天人們已根本無法證明這四綹頭髮是牛頓精神失常時期還是其他時期的頭髮，而不同時期的頭髮，所含微量金屬元素的種類和數量是各不相同的。

縱觀他的一生，除1692至1693年患過精神失常病外，其他任何時期皆未發生過此病，而正由於無法斷定這四綹頭髮是他1692至1693年時期的，那麼人們也就無法據此來推測他精神失常的原因；其次，頭髮中所含微量元素會受不同環境因素的影響而發生變化，而牛頓這四綹頭髮分別保存在不同的地區、不同的環境中，經歷了250年之久，在漫長的年代裏，遭受到不同外來環境因素的干擾與影響，也可能吸收了外界中其他有毒物質而發生變化，即使這四綹頭髮是他精神失常時期的頭髮，但今天也已失其本來面目了。因此，它們也無法準確地反映出當時牛頓身體健康狀況的真實情況；最後，據學者們

調查表明，一個人如果每年接觸汞達二千多小時的話，就可能會出現汞中毒的症狀，諸如手指顫抖，牙齒脫落、四肢無力等狀。

但據一些學者們的統計，牛頓每年接觸汞的時間不會超過一百個小時，尚構不成汞中毒的這一時間條件，而且也未在他身上發現汞中毒的症狀，即使在他發病期間，也未出現牙齒脫落，手指顫抖等說明汞中毒的任何跡象。根據這些方面的考察與分析，他們認為，牛頓的精神失常的病因是心理方面的而不是生理方面的，他的病症是現今所謂的臨床抑鬱症，而不是由於汞等重金屬中毒所引發的。

有學者認為牛頓是由於勞累和用腦過度而導致精神失常，關於牛頓專心工作的故事，就連小學生也可以隨口說出幾件來：牛頓請朋友吃飯，他卻一直在實驗室工作的忘了時間，餓極了的朋友只好先吃了雞肉，骨頭堆放在盤子裏。過了好久，牛頓才出來，看到盤中的雞骨頭，「恍然大悟」的說：「原來我已經吃過飯了。」就又回到實驗室工作去了。

1687年7月，《自然哲學的數學原理》這部劃時代的作品終於問世了，《原理》以牛頓三大運動定律和萬有引力定律為基礎，建立了完美的力學理論體系。在進行這項偉大的研究工作時，牛頓專心研究，夜以繼日，「很少在夜間兩三點鐘以前睡覺，有時一直要工作到清晨五六點鐘……特別是春天或落葉時節，他常常六個星期不離開實驗室，不分晝夜，爐火總是不熄……」。《原理》問世後，接著研究光學，1704年，他的《光學》一書問世；同時他又從機械力學體系提出經典宇宙學說……革命導師恩格斯在《英國狀況》一文中指出：「牛頓由

於發明了萬有引力定律而創立了科學的天文學，由於進行了光學的分解而創立了科學的光學，由於創立了二項式定理和無限理論而創立了科學的數學，由於認識了力的本性而創立了科學的力學。」

由於這樣連續不斷地極度緊張工作，長期用腦過度，而使得他未老先衰，不到30歲，他的鬚眉毛髮就全部白了。頭髮的這種異常變化為某種疾病的先兆，諸如神經功能紊亂等一些慢性病就是常以頭髮變白為先兆的。因此，有些學者據此推測，牛頓之所以會在50至51歲時突患精神失常疾病，並非偶然，而是他長期極端緊張工作、長期用腦過度而造成神經功能紊亂的結果。

還有學者認為牛頓精神失常是受外界環境的強烈刺激所致。牛頓18歲便進入康橋大學學習，很快就在科學界嶄露頭角，以自己的才華得到了很多前輩的賞識，在科學的道路上可謂一帆風順。但1677年，他的恩師巴羅和一向愛護他的皇家學會幹事巴格相繼去世，這給他帶來了極大的悲傷，曾使他的研究工作一度停止。在1689年時，他又被選為英國國會議員，來到燈紅酒綠的倫敦後，他已不可能像從前那樣再待在安靜的實驗室裏，各種上流社會的交際應酬使得他的經濟捉襟見肘，但多方努力都無法擺脫困境，最後他悶悶不樂地回到了康橋大學。

在1691到1692年間，又有兩件重大的事情，對他的精神產生了極為不利的影響。一件是他母親的去世，在此後相當長的一段時間內，他都一直精神不振；另外一件是他著作的手稿被燒毀。在他辦完母親的喪事回到康橋大學後不久的一天早晨，當他從教堂做完祈禱回

來，竟發現燃盡的蠟燭已將他書桌上擺放的有關光學和化學的手稿，及其他一些論文都化為灰燼了。《光學》是他一生中僅次於《自然哲學的數學原理》的最重要的一部著作，《化學》也是他花費近二十年時間辛勤研究的結晶，堪稱一部科學巨著。對此，牛頓懊悔不已，幾乎一個月晝夜不寧。他不得不重新整理《光學》手稿，至於《化學》他卻再沒有精力去做了。

一些英國科學家近年表示，他們認為牛頓這位著名的科學界泰斗，可能患有一種名為阿斯佩吉綜合症的孤獨症。這種疾病最早是由維也納內科醫生漢斯‧阿斯佩吉於1944年發現的，這種疾病可能導致患者在社會交往和溝通方面能力缺乏，但其並不影響學習能力或智力。事實上，不少患有這種孤獨症的人均擁有超人的天賦和能力。

雖然現在對牛頓的病情進行診斷已經不可能，但英國康橋大學和牛津大學的幾位科學家對牛頓的性格進行了分析，以瞭解他是否具有上述孤獨症的症狀。

科學家在《新科學家雜誌》上撰文稱：「牛頓看起來是一個典型的患者病例，他很少說話，如此專注於他的工作以致於經常忘記吃飯，與僅有的幾個朋友之間的關係也是不溫不火甚至有時亂發脾氣。」

科學家巴龍‧科恩表示：「即便是患有孤獨症的人也會有感情、與他人墜入愛河或是具有正義感。大多數患有阿斯佩吉綜合症的病人最明顯的症狀就是無法與他人進行隨意的聊天，牛頓這種能力很缺乏。」

但是，美國加州大學的精神病學家吉倫・埃利亞特則表示，大多數天才在社交方面顯得有些笨拙，而且在與他人交往時表現得不耐煩，但這並不一定說明他們患有孤獨症。埃利亞特說：「這樣的天才可能無法容忍其他人大腦反應速度太慢，或是他們自戀情節以及他們的人生使命感很重，這些因素都使得他們更加孤僻和難以與他人打交道。」

參考文獻：

《新科學雜誌》團結出版社《世界名人傳記叢書—牛頓》。

6、被曲解的尼采

....

　　提起弗里德里希・威廉・尼采(Friedrich Wilhelm Nietzsche，1844年10月15日～1900年8月25日)的大名，在西方哲學史上可謂無人不曉，作為德國唯意志論哲學的代表人物，幾十年來，在這位哲學大師的頭上一直頂著一個更大的頭銜—「法西斯的精神教父」，他的權力學說、超人哲學直接促成了希特勒的種族優劣思想，並隨著法西斯的鐵蹄在全世界肆虐，造成了無數「劣等民族」的悲慘境遇。

　　然而，事實上絕大多數的人並不理解尼采，不理解尼采的語言，認為法西斯主義源於尼采只是世人對於尼采和尼采哲學以偏概全的錯誤解讀，是十分荒謬的。

　　尼采的罵名源於二戰之後的思想大剖析運動。在對法西斯國家實施嚴厲制裁的同時，飽受戰亂之苦的學者門也試圖尋找、剖析和挖掘德國軍國主義和法西斯主義產生的理論依據和思想基礎，以期從根源上鏟斷法西斯主義。尼采則成了首當其衝的目標。他們認為，由於對尼采的核心思想「權力意志」和「超人哲學」，正好反映了德國二十世紀初期正在形成中的德國壟斷資產階級的願望和要求，特別是向外擴張的慾望，希特勒也正是被這種唯意志論、非理性主義和主觀主義所驅使，發動了第二次世界大戰，以實現「超人」統治世界

的野心。這樣，尼采就當之無愧的成為了「法西斯之父」。許多學者還撰寫了著作從歷史淵源上專門探討尼采思想與法西斯主義的相似之處，從而斷定二者之間的傳承關係。

同時，許多歷史資料的記載表明，希特勒確實對尼采「厚愛有加」：希特勒去過魏瑪的尼采紀念館瞻仰，和尼采塑像合照；曾經拜謁過尼采的墓地；尼采全集常常被希特勒當成禮物送給盟友，1943年墨索里尼60歲生日時就收到了這樣的禮物。不僅僅是尼采本人，對尼采的家人也是「關懷備至」：1934年，希特勒一行人浩浩蕩蕩地來到魏瑪，在那裡會見了尼采的妹妹伊麗莎白‧費爾斯特‧尼采，並參觀了尼采檔案館，一年後，這位偉大哲學家的妹妹去世，希特勒為她舉行了國葬。

於是，尼采的法西斯身分越演越烈，甚至在紐倫堡審判中，法國國家公訴人梅農就稱他為民族社會主義的「鼻祖」，而在蘇聯50年代版的大詞典裏，尼采的詞條竟是這麼解釋的：「極端反動的法西斯主義哲學家，法西斯理論的直接創造者。」

但是，客觀地說，這些評價和剖析帶有著過於濃厚的政治色彩和個人感情成分，可以說，正是這些濃郁的粉飾掩蓋了尼采的真實面目，扭曲著他真正的思想。尼采的語言很獨特，但正是這種獨特的語言，使得能夠理解他的人少之又少。他的哲學使用的完全是文學的語言，非常喜歡比喻，而且是隱喻。喜歡使用軍事術語，比如說「我是炸藥」。讓人很容易將其與軍國主義聯繫起來，而且很容易被斷章取義。

尼采的哲學思想很前衛，如他自己所說：「我的書都是寫給二百年後的人看的。」就像相對論提出時，全世界能夠真正明瞭的人不超過三個，直到他逝世一百多年後的今天，真正讀得懂尼采的人也並不多，而這片面理解的結果就是曲解了尼采很多正確的主張和論斷，扣上了「法西斯」的帽子。

　　如尼采哲學中被提到最多的「權力意志」，很多人就把它當作尼采主張國家推行獨裁，強調國家權力，服從意志的來源。其實尼采所謂的權力意志是一個存在論概念。是一種：「看待和描述宇宙的一般方式，看待世界的方式，而非某種本質現象，這個世界就是權力意志的世界。權力意志是解釋宇宙萬物的總法則和邏輯要求。」

　　同時，這裡所說的權力並非政治權力，更不是獨裁專政。海德格爾說：「尼采的權力意志就是命令，命令是主人。」但這與希特勒所追求並構建的絕對服從的帝國夢想是有本質區別的，因為尼采所說的命令首先是「自己的命令」，命令是發給自己的，自己服從自己又自己克服自己，而不是外力強加的服從。尼采說：「權力就是要做主人的意志，做主人就是權力。只有主人才能給自己制定價值。」這裡所說的「主人」不是納粹，不是希特勒，而是「人」自己。

　　同樣在「超人哲學」中，也存在類似的誤解。尼采筆下的「超人」也不是無所不能的Superman，而應當是Overman。這裡不是從進化論上理解的超人，而是從人的發展目標上說。一方面，尼采提出了這個時代的危機，另一方面，他提出了拯救的方向，這個方向就是超人。這與希特勒在《我的奮鬥》中所指的超人，以及希望建立的「超人統

治」是有本質區別的。

　　尼采和種族主義者也扯不上任何關係，確切的說尼采是個世界主義者，他從來沒有日爾曼高於一切的思想，對於「美好的文化」，如法國文化，他總是不吝言詞的讚美，推崇備至。在1870年普、法戰爭後，德國國內盛行著普遍的日爾曼民族主義，認為日爾曼高於一切，德國文化比法國和英國都高級。尼采對德國人的無聊進行了嚴厲的批評，他曾在書中寫道，德國文化蔓延到哪裡，就把破壞帶到那裡。而沙文主義，把人分等級則是尼采最討厭的東西。同時，尼采也根本不反猶，他就說過海涅是最偉大的抒情詩人，猶太人總是有缺點的，有缺點尼采就可以批評，這與納粹式的反猶是有著本質上的區別。

　　由此我們可以看出，無論是對於尼采的理論學說，還是他的理念追求，我們都存在了太多的誤解，而史學家經過考證，更證實了法西斯主義源於尼采是無稽之談。

　　首先，被希特勒所利用的《權力意志》一書中的思想，其實並非尼采本意，而是其妹妹篡改的結果。德國學者卡爾施萊希塔早在1958年出版的《尼采事件》一書，便揭露出這一篡改事件。尼采的妹妹伊麗莎白・費爾斯特・尼采，和他的妹夫，都是極端的反猶太主義者和種族主義者。尼采的後半生幾乎完全靠這個妹妹照顧，此人對其哥哥的價值有著深刻的瞭解，她一直在試圖把尼采打扮成一個沙文主義，好戰的日爾曼主義者，尼采生前可以制止她，但死後就無能為力。尼采的總結性著作《權力意志》遺稿全部落在他妹妹手中，作為尼采死後的著作權人，他妹妹在30年代以尼采未發表的文章的名義

編纂出版了一些作品集，其中就包括這本《權力意志》。在這些偽造的作品中，伊麗莎白和她丈夫加入了許多鼓吹種族主義的言論，同時很多人就是依據這樣的著作給尼采定性，認定他是法西斯分子。甚至羅素都這樣說：「他仇恨人類，所以我不喜歡他。」其實羅素所看的就是經篡改後的《權力意志》。

其次，除了這本被篡改的《權力意志》外，沒有任何證據表明，希特勒的法西斯思想源於尼采。希特勒很可能讀過尼采的《查拉圖斯特拉如是說》，因為第一次世界大戰中，德國專門為其軍隊印過15萬冊，而這位未來的元首當時在西線當過兵。但是，這位納粹首領能完全理解並領會尼采思想的可能性幾乎為零。傳聞希特勒由尼采思想啟發，在監獄中所寫的，為日後奪權大造輿論聲勢的綱領性宣言《我的奮鬥》，所謂的尼采思想也只是引用了「超人」兩個字，而且與尼采所說的「超人哲學」有著天壤之別。

另外，許多聲明法西斯思想源自尼采的著作，被證實是編造的謊言或者斷章取義。其中，影響最惡劣，最大的騙局是1940年在中立的瑞士出版的勞施寧編著的《與希特勒的談話》一書。勞施寧是惡名昭彰的前納粹分子，他冒充「納粹最高層」人物之一，順利的推銷出自己的回憶錄。在他這本書中，他說希特勒總是引用尼采的話，而實際上勞施寧在1935年便流亡瑞士，根本沒有與希特勒交談過；如此寫只是為了推銷他的回憶錄。還有一些例子可以證明尼采的思想經常被斷章取義地引用。例如，「第三帝國」的御用歷史學家魏爾茨巴赫一口咬定，尼采著作中提到的那個哲學家和統帥的形象就是希特

勒，卻閉口不談尼采所指定的特定範疇。

　　透過對尼采思想、語言的剖析，我們認識了一個真實的尼采：一位桀驁不馴而又才華橫溢的學者，透過對真相的披露，我們認識到「法西斯教父」只是人們對於尼采以及尼采哲學的誤解，他對哲學史的貢獻應該被正確定位，他偉大的思想應該在更高的層面得到關注。

參考文獻：

　　（德國）卡爾施萊希塔《尼采事件》、桑得福斯《尼采與希特勒》、盧卡其《法西斯主義和尼采》。

7、梵谷之死不是精神病所致

●●●

　　梵谷（1853～1890年），這位荷蘭後期印象派畫家，是一個以其獨樹一幟的畫風、荒誕不拘的行為、令人悚然而驚的舉止，和對藝術的熱烈追求而聞名遐邇的傳奇式人物。塞尚曾稱他為「狂人」。

　　義大利藝術評論家小文杜里認為：「梵谷對後來的野獸派和表現派都有極大影響，他的藝術成就比馬奈和塞尚對後繼者有更大的作用。」作為西方現代繪畫藝術的傑出代表，「梵谷」這個名字早已蜚聲全球，成為世界最著名的畫家之一，聲譽至今不衰。

　　可以說，他是現代藝術之父。幾乎還沒有第二個畫家能像他那樣為後世所家喻戶曉，而那些曾引起他同時代大多數人迷惘的作品，如今已印在明信片上，印在月曆上，成了暢銷貨。企業家們則一窩蜂的將梵谷的名字帶進了生意的領域，如梵谷領帶、梵谷原子筆、梵谷香皂、梵谷電影和梵谷歌劇也出現在節目單上。其作品更是國際油畫拍賣市場上的遙遙領先者。據統計，在近幾年世界各地舉行的名畫拍賣交易中，售價在1000萬美元以上者共11幅，而其中梵谷的作品就佔了4幅。其中《鳶尾花》和《向日葵》分別以5330萬美元和3985萬美元高居榜首。

　　然而，這麼一位歐洲最傑出的藝術家、畫壇巨匠生前卻默默無

聞，一生坎坷、矛盾重重，以至於要在37歲藝術上達至輝煌的頂峰時，用手槍自盡而去。人們在稱頌梵谷的偉大、讚賞其作品的傑出時，不禁對他那悲慘的命運也倍加關心起來。近幾年來，國際上不約而同地掀起了對梵谷死因問題的討論。那麼究竟是什麼原因驅使他自殺的呢？這種關於自殺動機的問題一直在等待著一種有說服力的答案。但事實上，國際醫學界、化學界乃至藝術界對此卻眾說紛紜，成了一個引人注目的歷史之謎。

絕大多數有關梵谷的著述均謂畫家「死於精神病」。一個有力的證據是：梵谷的弟媳於1914年出版了畫家寫給其弟泰奧的部分信件，並在序言中稱，這位被20世紀「野獸派」和「表現派」畫家奉為導師的藝術家，是受到弟弟無微不至關懷、不幸病魔纏身的藝術殉道者。這個說法為梵谷的生命故事定下了基調，且影響甚廣。長期的惡劣條件下無休止地作畫，嚴重損害了梵谷的健康，常常受到幻覺和「惡夢」的襲擊，縈繞心頭的憂愁和鬱悶使他患了精神病。慕尼黑藝術史學家阿諾爾德認為梵谷的病，是嚴重的意志消沈伴隨歇斯底里的神經崩潰。美國當代藝術史家阿納森在《西方藝術現代史》中說：「彷彿梵谷完全清醒的時候，就能記錄下他精神病發作時的樣子。」梵谷專門研究者納格拉則試圖用精神分析來予以解釋，認為這種病既與氣質性病痛無關，也與功能性病痛無關，如果說可能是癲癇型的大腦功能受到破壞的話，還不如說更多的是心靈上的原因。

中國大陸學者在論述這一問題時，說得更為明確。如岑方在《在名人面前》一書中說：名人的自殺，「一種是因為不能忍受病魔的折

磨而以自殺來自我解脫，如海明威；一種是因為患了精神病，在精神失常的情況下毀滅了自己，如莫泊桑、梵谷、舒曼」；靳文翰等主編的《世界歷史詞典》認為：「其藝術道路曲折，終因精神病自殺」；權威的《辭海》也說：「後因精神病自殺」等等。

然而，西德新聞周刊《明鏡》，卻提出了兩點疑議：

第一，梵谷在自殺前數月畫了最後一張《自畫像》，逼真地表現出了瘋人呆滯凝視、令人毛骨悚然的眼神。他透過不同層次的藍色，運用節奏顫動的線條，映襯出雕塑般的頭顱和具有結實造型感的軀幹。一個神經失常、行為失控的人是不能畫出如此有分寸、技法如此嫻熟的畫來的。畫家自殺前有5個多月不曾犯過病，神志清醒，思路清晰，這曾使他對自己的健康狀況甚為瞭解，並充滿了信心。

第二，晚年曾為梵谷治病的加歇醫生之子小加歇認為：從梵谷身上的槍傷看，一個真心想自殺的人是不會這樣開槍的。另一位1890年在拉沃克思旅館住過的荷蘭畫家希爾施西說，梵谷傷重回旅館後，由於受不了劇痛，痛得直喊：「外面的人誰給我把肚子剖開好嗎？」一個精神病患者的頭腦不可能如此清醒的希望有人前來營救。

有學者指出：經濟上的貧困才是驅使梵谷走向死亡的根本原

因。

梵谷一生窮困潦倒，在最後的10年裏，他只能依靠弟弟泰奧維持生計。清苦的生活使他只能先把一點錢用於繪畫，曾經4天之內僅靠喝點咖啡度日，以致體力不支，牙齒斷裂，但信心彌堅。令人辛酸的是，梵谷請不起模特兒，便買了一面鏡子，自己充任模特兒。更遺憾的是，梵谷的生前這麼多傑作，卻一直無人問津。畫家傷心地寫道：「我們生活在我們所做的事沒有成功希望的時代，畫賣不掉，即使你所要的只是一個極小的數目，你仍然什麼也得不到。這就是我們成為每一樣意外事件的犧牲者的原因，我擔心在我們活著的時候，這種情況幾乎不會改變。」

此話不幸竟被言中。有一件事對梵谷的自殺產生了直接的影響，即：畫家死前數月，泰奧來信告訴哥哥，比利時女畫家安娜買了梵谷的《紅色的葡萄園》畫，因畫家默默無聞，所以售價不高。梵谷一生創作了近1700件作品，其中900幅素描，800幅以上的油畫，但活著時就只賣掉這一幅畫。梵谷忍受不了這樣的消息，隨即舊病復發。還有一個有力的證據是：梵谷在生命最後幾天神志清楚時，曾不斷表示，不能一直成為弟弟的負擔。當泰奧來看臨死時的哥哥時，梵谷抱著泰奧說：「別哭，我只是為了大家好。」畫家終於感到可如釋重負了。

此外，在我們探討梵谷的死因時，不能不提他的戀愛和愛情。梵谷在女人身上並沒有得到幸福，他一生都在沒有回報的愛情和青樓之間痛苦徘徊。愛情上屢遭挫折，使他終生未娶。梵谷外表醜陋，大腦袋上滿頭紅色短髮，大鼻子，高顴骨，緊蹙的濃眉下一雙深陷的綠

色小眼睛，緊抿的嘴唇顯示出一副兇狠的模樣；額頭上佈滿了皺紋，走路時佝僂著背，活像一個小老頭。客觀上，這麼一副模樣自然難以討得女人的歡心。

梵谷16歲時在海牙的古比爾美術商行當小職員，因誠實可靠被晉升後派往倫敦分行。在倫敦梵谷對房東太太的女兒厄休拉一見鍾情，可是厄休拉卻用冷言冷語和訕笑回答他的追求，使款款深情的梵谷初戀破滅，精神非常痛苦。以後梵谷又愛上一位較其年長且有孩子的寡婦，可是寡婦之父堅決不准其女與他接近。後來梵谷邂逅一懷孕後遭遺棄的妓女，而泰奧給他寫信說：「如果娶此妓女為妻，我將不再與你親近。」梵谷心靈深處被打上深深的受辱烙印。梵谷遷居奧維爾後，結識加歇大夫之女瑪格麗特，並愛上了她。至於兩人是否相互傾慕，眾說紛紜，莫衷一是。梵谷的求愛同樣遭到了加歇醫生的強烈反對。

據瑪格麗特的女友利伯傑太太說，瑪格麗特是很愛畫家的。1927年，德國著名畫家戈奇曾尋訪過醫生的兒子小加歇，並於1954年在一種文化年鑑裏發表了他們的對話。小加歇說的「內幕」與利伯傑太太所述大相徑庭：「梵谷就是因為失戀才開槍自殺的。姐姐曾公開承認，害怕這個只有一隻耳朵的畫家。梵谷第二次為姐姐畫像時，他向她求過愛，這件事引起我父親與梵谷的爭辯，結果兩人反目」。因此，一連串的愛情挫折，終使畫家深感抑鬱、消沈而不能自拔。

中國大陸學者溫波等人則認為，導致梵谷自戕的最根本的緣由在於社會原因。梵谷出身於窮苦的牧人家庭，一生顛沛流離，飽嘗世

道的艱辛。他雖然自幼酷愛繪畫藝術，並頗富天分，一生創作了大量作品，但他的作品和成就不被世人所理解和接受，以至連自己的生活也只能靠弟弟的幫助來維持。冷酷無情的現實使這個異常多情而敏感的人，內心時常充滿了矛盾、憤怒和壓抑。是那個不公正、不文明的社會強加給梵谷的悲劇性命運，是那種可使人破產、犯罪和發瘋的環境導致了畫家令人痛心的結局。

可見，探討和研究梵谷的死因現已成了一個國際性問題，參加人數和看法之多，在名人死因研究中極為少見。關於梵谷之死，由於流傳著許多無法稽考的軼事，加上研究者往往抓其一點而不及其餘，故使問題越加複雜化了。梵谷之死是他一生各種矛盾無法解脫的必然結果，誠如他死前所說：「悲哀永在我心頭。」

参考文献：

岑方《在名人面前》、靳文翰主編《世界歷史詞典》、（美國）卡羅爾・梅澤爾《梵谷的歷程》。

8、「指揮家」曾是納粹分子

1938年到1939年期間，義大利指揮家維克多・德・薩巴塔（Victor Der Sabart）看了卡拉揚指揮後，說：「我發現了一個具有震撼力的指揮，他的音樂思想必將影響到後半個世紀。」果然，薩巴塔的話後來得到了驗證。

赫伯特・馮・卡拉揚（Herbert Von Karajan，1908~1989年）出生在奧地利的薩爾茨堡。他幼時天賦極高，5歲時便公開演奏，儼然是一位鋼琴家。他的父親是醫生兼業餘音樂家，如同莫札特父親一樣，渴望兒子早日成名，極力鼓勵兒子從事音樂。這位傳奇式的卡拉揚一生歷經兩次世界大戰，如果再多活10年，他人生歷程便經過整個20世紀了。

卡拉揚的指揮生涯正式開始於拿破崙曾涉足過的小城—烏爾姆，那年他才20歲；5年後，當他被解職時，他漫步這個小城街上，突然發現自己眼前沒有任何合約，也沒有地方過夜，餓著肚子，剩下的只有在烏爾姆市演出時的美好回憶。但回憶不能填飽肚子，他走遍全國謀生，竟連試用的機會也沒有了。

但1988年4月5日，當他在全世界文藝界的祝壽中度過80歲的生日時，他已被全世界輿論界讚譽為「20世紀的奇蹟」、「藝術界的巨

頭」，以及「指揮界的帝王」。

這位馳騁樂壇60年的著名指揮家，他的富於傳奇色彩的二戰時期的生活一直是一個有爭議的話題。第二次世界大戰結束後，著名的薩爾茨堡音樂節的組織官員們，呼籲最偉大的指揮家之一托斯卡尼尼參加這一重大節日，但托斯卡尼尼的回答是：「我不去，我絕不與為希特勒服務過的孚爾特溫格勒、卡拉揚之流混在一起！」

認為卡拉揚是納粹戰犯的證據比較充分。他自1933年到1942年期間一直是一名納粹黨徒。他音樂生涯中，聲譽的日益隆盛和德意志民族社會主義勢力興盛緊密地相伴隨。當一些猶太籍指揮家如孚爾特溫格勒、瓦爾特、克賴伯、布許、緬恩等被迫辭職或離開德國時，卡拉揚卻加入納粹組織，這是他26歲時想取得亞琛的藝術指導職位而走的第一步。

他曾在1967年的《紐約時報》上刊文承認這點，並表示願為取得這一重要職位而擔當任何罪責，同時卡拉揚為了往上爬，為超越孚爾特溫格勒這位當時象徵德意志文化傳統的人物的聲望，他利用一切納粹政權給予他的機會。1939年11月他接受了柏林歌劇院藝術指導的位子；1941年他放棄亞琛的工作，全力經營他在柏林的事業。卡拉揚的事業在第三帝國期間得到順利的發展，這無疑說明了他是納粹政權下的一個不光彩的人物—這是從政治上而言的，因為文化生活受政治的牢牢控制的現實在任何時代都存在著。基於卡拉揚為希特勒政府服務的事實，他完全是一個納粹戰犯，因而戰後由於他有加入納粹黨的污點，而成了首批被帶到臨時法庭準備接受審判的犯

人。

　　柏林檔案中心的檔案中有一些納粹黨部及分部的往來信函,討論的都是一個專門話題:卡拉揚的入黨時間。要確定這些信函往來始於何人、是誰最先提出要求,或者說提出詢問從而使官僚機器忙乎起來是不可能的,但從存留的幾封信就可以看出,其內容是相連貫的,也可以看出卡拉揚的納粹身分:1939年1月5日,納粹黨總部致函奧地利納粹黨財政部,內容是關於卡拉揚的黨員資格問題。信中稱卡拉揚明顯地兩次入黨:1939年4月8日在薩爾茨堡(編號1-607525),再次登記(未有住址變更的報告)時間為1933年5月1日,在烏爾姆。信中詢問4月8日的臨時黨員資格是否算數。

　　1939年2月4日,納粹在奧地利(維也納)的黨代表致信慕尼黑納粹黨財政負責人,稱卡拉揚4月8日的入黨申請有效與否應由薩爾茨堡黨部認定。1939年2月4日,納粹維也納代表致信薩爾茨堡納粹黨部財政負責人,要求對上述問題做出認定。1939年5月15日,薩爾茨堡「新城市」小組致薩爾茨堡納粹黨財政負責人。小組負責人稱他曾找黨員赫伯特‧克萊因(Herbert Klein)談過,卡拉揚入黨是克萊因簽署的,還收了五個先令的手續費。克萊因說,他給卡拉揚開具了一張收據,並將資料存入了薩爾茨堡的納粹黨黨員招收工作辦公室。納粹黨被禁後,卡拉揚去了德國。克萊因說,從那以後他再未聽到過卡拉揚的消息,並說他相信卡拉揚從未在奧地利交過黨費。克萊因願意作為證人澄清事實(此件抄送慕尼黑)。

　　1939年7月7日,慕尼黑黨總部發函給科隆亞琛的納粹財務負責

人，宣告由於卡拉揚未寄交黨費，其1933年4月8日登記的黨員資格無效，宣告1933年5月1日的登記有效。轉去卡拉揚的黨員證請交其本人。

1942年12月12日，帝國高層領導人施奈德（Schneider）致函柏林帝國總理府，確定卡拉揚入黨的正式日期為1933年5月1日，其黨員登記號為3-430914，其黨證已於1939年7月13日辦妥。

就這樣，一方面是有文件為證：是從納粹倉皇潰逃時，遺留下來的堆積如山的、錯綜複雜又殘缺不全的文件資料中篩選出來並經過核實的；另一方面則是卡拉揚的斷然否認。既然卡拉揚從來不隱瞞自己曾加入納粹這一事實，那麼為何在入黨日期這個看起來就像沒有了槍栓的槍一樣無意義的小事上堅持自己的說法呢？我們只能這樣推測：這涉及一個入黨動機的問題。卡拉揚堅持說他是1935年入黨的，就可證明他入黨是為了保住職位，這條理由是較易為人們所理解並接受的。

但也有許多的人持相反的觀點，認為卡拉揚不能算是戰犯。因為他所處的環境是客觀的，當時一切文化生活處於納粹強權統治之下，一切活動都帶有被迫的性質。當時在納粹強權及狂熱的沙文主義氣氛下，如果對抗這一強權便如同以卵擊石，卡拉揚在那裡服務也是自然的選擇。即便他有為取得各種職位的私心和機會主義式的所做所為，在當時特殊環境下也是可以理解的。所以戰後有一個專門為他成立的委員會為他請願，要求赦免其「罪責」，不久卡拉揚便得以解脫了政治上的干擾。這些人認為，作為一名藝術家，一位忠心耿耿獻身於音樂藝術的指揮家，卡拉揚根本就與戰爭和政治毫無聯

繫，那麼為何談他所犯下的「戰爭之罪」呢？

自從指揮藝術與上個世紀初誕生以來，發展到今天大約已有了二百年的歷史了，儘管他仍然屬於音樂藝術中的一個較為年輕的門類，但也已經產生出整整幾代的指揮家了。然而，當今天人們有意識地對這項藝術的歷史加以回顧時，卻發現在整整幾代的指揮家當中，真正能夠以自己的指揮藝術來開闢一個時代的顯赫人物，則顯得是那樣的寥寥無幾，當然，尼基什和托斯卡尼尼應該被看作是這種人物，尼基什作為19世紀中最偉大的指揮家，可以說是這項藝術再邁入新時代時的真正奠基人，而托斯卡尼尼則以自己那天才的技藝和嚴謹的風格，開創了20世紀現代指揮藝術的新天地，至於彪羅、富爾特文格勒和瓦爾特等一批傑出的人物，雖然都是指揮藝術上最為偉大的名字，但他們卻仍然是分屬於各個時代之中的。走在托斯卡尼尼之後有誰是屬於那種具有劃時代意義的人物呢？如果用今天經過實踐後的現實眼光來看，這個人物是非卡拉揚而莫屬的。卡拉揚，這位偉大的指揮大師，無論是從豐富現代指揮藝術的角度上，還是從推動世界音樂藝術乃至整個人類文化方面的發展上，他所開創的時代，是代表者20世紀下半葉世界指揮藝術的整體潮流的時代，而這種潮流又非僅僅局限在20世紀之內，他那巨大而意義深遠的影響力是注定要延伸到下一個世紀的，並且必將在下一個世紀中繼續得到發揚和光大。

無論如何，卡拉揚是20世紀最傑出的指揮家之一。戰前在柏林，他為自己塑造了著名指揮家的形象，戰後幾十年，他又為自己奠定

了最完美的指揮形象的基礎。他集中了托斯卡尼尼的精確和革爾特溫格勒的浪漫的雙重優點，因此，我們不能只看這位習慣於「閉眼指揮」的大師是否是納粹分子的問題，還應該看到卡拉揚（再加上孚爾特溫格勒）在納粹統治期間的音樂活動，使德國人民受到的教益。要知道，在那個獨裁時代，人們只有從音樂聲中才能在自己可憐的生存空間裏感受到一點精神安慰，「音樂代表著他們唯一保留著的被撕成碎片的尊嚴」。

參考文獻：

（英國）理查德·奧斯本《卡拉揚訪談錄》、（美國）奧普斯《重新認識卡拉揚》、（德國）摩爾《卡拉揚平反》。

9、還「卐」字一個清白

第二次世界大戰使得歷史烙上了一個惡魔的名字—希特勒。希特勒帶領著納粹分子實行種族滅絕，橫掃歐洲，挑起的第二次世界大戰，造成人類的浩劫。人們只要一看到作為納粹黨（Nazi，國家社會主義黨）標誌的「卐」（音ㄇㄢ丶，四聲）字旗，就不由地想起納粹分子種種令人髮指的惡行，不寒而慄，「卐」字因此也就成了罪惡的標誌，遭千夫所指，萬人唾棄。

但事實上，只是希特勒使字蒙上了一層兇殘的面紗，原本字並非是兇殘的代名詞。「卐」是上古時代許多部落的一種符咒，在古印度、波斯、希臘等國的歷史上均有出現，而且不分正反（其實無論左旋還是右旋〈卍、卐〉，意思都一樣，是太陽或火的象徵，後來普遍被當成吉祥的標誌）。

西亞的新石器時代遺址—伊朗法爾斯省波斯波利斯之南的巴昆遺址，出土有時間不晚於西元前3500年的彩陶，其中有象徵生育的女神陶像，她的肩上就有卐字標記。

中國大陸黃河上游的馬家窯文化（西元前3300～西元前2050年），為新石器時代晚期的文化，屬馬家窯文化的青海都樂縣城東的柳灣基地，發現有130餘種刻劃符號，其中就有。學者們認為這些符

號，是用來記事的。古代美索不達米亞的貨幣上，有卐字符號。歐洲進入青銅時代後，成為裝飾性符號。在早期基督教藝術和拜占廷藝術中，都可見到。玻里尼西亞人、南美洲和中美洲的瑪雅人、北美洲的納瓦霍印第安人，也都用過卐的符號。納瓦霍印第安人以卐象徵風神雨神，早期日爾曼民族共有的神祇托爾，是個雷神，卐是他的槌子。

最初人們把它當成是太陽或火的象徵，以後被普遍地作為吉祥的標誌。後來被一些古代宗教所沿用，比如被印度教、錫那教和摩尼教等所使用。古印度的印度教、耆那教，都以「卍」為吉祥的標誌，將卍寫在門庭、供物和帳本上。在耆那教的宗教儀式上，卍和寶瓶等是象徵吉祥的八件物品之一。《大方廣佛華嚴經》卷六五《入法界品》說：釋迦牟尼「胸標卍字，七處平滿」。這個字梵文讀「室利踞蹉洛刹那」，是佛的三十二相之一，意思是「吉祥海雲相」，也就是呈現在大海雲天之間的吉祥象徵。它被畫在佛祖如來的胸部，被佛教徒認為是「瑞相」，能湧出寶光，「其光晃昱，有千百色」。

隨著古代印度佛教的傳播，「卍」字也傳入了中國。中國佛教對「卍」字的翻譯也不盡一致。北魏時期較早的一部經書把它譯成「萬」字，唐代玄奘等人則譯為「德」字，強調佛教的功德無量，後來唐代女皇帝武則天再次把它定為「萬」字，意思是集天下一切吉祥功德。

另外，「卐」字有兩種寫法，一種是右旋，一種是左旋「卍」，根據考證，最早於摩亨佐達羅廢墟中出土的印章上就有「卍」符號，後來「卍」又被亞利安人所接受，在佛教出現前的印度這個符號就曾廣

為使用。古印度的「卍」包括佛教中的「卍」其實並沒有固定的旋轉方向，寫成「卐」或「卍」皆可，在印度以及中國內陸的早期佛教造像任意旋轉方向的「卍」中看出。印度教則認為「卐」和「卍」是同一符號，只不過因為被刻畫神像的性別不同而旋轉方向有所不同。

隋唐時期，佛經中的「卍」有時作「卐」，寫法不一，有些混亂。唐慧琳《一切經音義》提出，應以「卍」為準。逆時針方向的卍和順時針方向的卐，在西藏是有區別的。藏傳佛教以卐為吉祥標誌，將卐寫在廟門、牆壁及其他器物上。卍則是苯教崇奉的符號，藏語稱卍為「雍仲」，意為「堅固」。苯教認為卍含有「固信不變」的意義，將卍寫在廟門、牆壁、經書和宗教畫卷上，有些地區的藏民，在逝者的額頭上畫一個卍字。苯教徒是以左旋的逆時針方向，藏傳教徒是以右旋的順時針方向，圍繞著寺院、佛塔、神山、聖地巡禮的。卍和卐，表示苯教和藏傳佛教的不同巡禮方式。苯教是類似薩滿教的原始宗教，以占卜吉凶、祈福消災、請神驅鬼、除病解厄等為主要活動。

由此我們可以看到，其實不論是卐字還是卍字其實都是吉祥如意的代表。「卐」並非是納粹的獨創，是災難的代名詞。這個被佛教徒視為吉祥和功德的具有神秘色彩的符號，只是被德國法西斯頭子希特勒盜用並扭曲了其本來的意義，將「卐」字左旋或右旋45度做了他的黨旗標誌。希特勒親自設計的黨旗紅底白圓心，中間嵌一個黑色「卐」字。希特勒對他們的設計非常滿意，認為這是一個真正的象徵。他在《我的奮鬥》一書中說：「紅色象徵我們這個運動的社會意義，白色象徵民族主義思想。『卐』字象徵爭取雅利安人勝利鬥爭的

使命。」後來，希特勒還為他的衝鋒隊員和黨員設計了「卍」字臂章和「卐」字錦旗。而希特勒為何要用「卐」字作為納粹黨旗的標誌呢？關於這個原因有幾種說法，一說是根據納粹黨名設計的。納粹黨的意思是「國家社會黨」，在德文中「國家」和「社會」的字頭都是S，兩個字交錯重疊在一起，就形成了「卐」字形狀。不過，佛家「卍」是金色，納粹「卐」是黑色。

另一種說法是美國學者羅伯特・佩恩提出的。佩恩認為，希特勒從小就有一股崇拜權威，追求權力的強烈慾望。小時候，他家附近有一座古老的修道院，修道院的過道、石井、修道士的座位以及院長外套的袖子上都飾有「卐」字標誌。希特勒崇拜院長的權勢，把「卐」視為院長權威的象徵，希望自己有朝一日能像院長那樣擁有至高無上的權威。佩恩認為，這是他後來選用「卐」字做黨旗符號的原因。

還有一種說法是，希特勒受到一個名叫「新聖堂騎士團」反猶組織的影響。這個組織認為，日爾曼人是雅利安人的後裔，雅利安人是最優秀的民族，必須保持其純潔的血統，世界才有希望。這與希特勒的觀點是一致的。這個組織的發起者是一個傳教士兼占星家，他為希特勒占卜，預言他日後將是震撼世界的人。聽了這些話，希特勒很振奮。這個組織的標誌符號就是「卐」字。希特勒認為「雅利安人放棄了血統的純潔性，因此喪失了他們在天堂為自己創造機會的地位」，而要恢復神族的神力就要清除異族。所以，他在後來設計黨旗時，選用了這一符號，同時狂熱地追求「種族純潔」，掀起了一次又一次的排猶運動。希特勒諮詢過一位漢學家，得知天然標誌卍字來自

中國，於是1930年派出浩大的由納粹學者專家組成的偽裝考古文化部隊以飛機作支援，徒步登上佛教搖籃西藏，果真在佛教中卍這個符號使用普遍。

這一頗具神秘色彩的「卐」字稱號，曾使無數納粹黨徒為之瘋狂，他們曾聚集在這一旗幟下幹盡了壞事。第二次世界大德國的戰敗，這一標誌也隨即被粉碎，但是，在2000年11月，一位英國記者卻在離柏林110公里處的一片叢林中，從高空拍到了一幅用樹木組成的「卐」字這一納粹標誌。它是由48棵與周圍不同樹種的樹組成的，長度和寬度均為60公尺，線條分明，標誌明顯。這48棵樹屬落葉松，周圍都是四季長青的針葉松，春、夏兩季它們沒有區別，但每到深秋和初冬，落葉松的葉子逐漸變成黃色，一個黃色的「卐」字號便凸顯出來了。據查，這是希特勒活動猖獗時，一個法國鄉下的土財主特意栽種的。照片一經刊出，立即引起人們的抗議，紛紛要求法國政府立即將其剷除，法國法律也不允許在任何場合公開展示納粹黨標誌，所以這個由樹木組成的納粹標誌很快就被清除了。

正如美國人類學家摩爾根在《古代社會》中說：「姿勢及符號語言似乎是原始的東西，是發言分明的語言的姐姐。……進化了二者仍然不可分離。」是的，姿勢語言或說肢體語言以及符號語言，和發言分明的語言就像姐妹一樣，總是相伴而行的。就是人類步入數位化時代，電腦語言普及時，姿勢語言和符號語言也沒有消失。

在時間的隧道裏，以遠古中走來的「卍」字、「十」字、中國的太極、古埃及的甲殼蟲之類的符號，都釋放過或還在釋放著能量，它們

對人類文化產生過正面的或負面的影響。因此我們不能一味責怪誤解歷史中的一些符號，要有一點懷疑精神，追宗溯源，討回原本「卐」字所具有的神奇魅力與固有的清白，而不是納粹將之留給人類的心靈的陰影以致帶給人類的災難。

參考文獻：

（美國）摩爾根《古代社會》、（德國）塞巴斯蒂安‧哈夫納《解讀希特勒》、（義大利）恩佐‧克羅迪《希特勒與納粹主義》、唐慧琳《一切經音義》。

第四章　揭開神祕信仰的面紗

當人類的第一位祖先從地球上站立起來之後，締造歷史的帷幕便悄然拉開，人類在艱難的繁衍生息中創造了燦爛的文明，各種宗教信仰也應運而生。從遠古人類對於自然力的圖騰崇拜，到三大宗教的橫空出世，從古埃及的巫術到中世紀天主教，可以說人類的發展史同時也是一部信仰的變更史。在這一章中，我們將揭開千百年來神祕信仰的面紗，一探究竟。

1、摩西出埃及記的真相

....

　　摩西（Moses）是紀元前13世紀的猶太人先知，舊約聖經前五本書的執筆者。帶領在埃及過著奴隸生活的以色列人（希伯來人），到達神所預備的流著奶和蜜之地—迦南（巴勒斯坦的古地名，在今天約旦河與死海的西岸一帶），神藉著摩西寫下《十誡》給祂的子民遵守，並建造會幕，教導祂的子民敬拜祂。

　　希伯來人原居於兩河流域上游亞述地區的哈蘭草原地帶，遊牧為主。西元前2000年代初，由部落領袖亞伯拉罕率領南移進入迦南，即後來的巴勒斯坦。此後經常侵擾那裡的農業部落和城市。後來為了避荒，亞伯拉罕之孫雅各率部向南滲入埃及尼羅河三角洲歌珊地區。

　　據《舊約・出埃及記》的記述，希伯來人在埃及居住了430年，飽受埃及法老的剝削和勞役之苦，為了擺脫苦役，希伯來人請求埃及法老准許他們返回原來的居住地迦南，但未獲應允。法老此舉激怒了上帝，上帝耶和華把十大災變降臨於埃及，這十大災變包括：尼羅河及大小池塘之水化為血，殺死了水中之魚，水因此腥臭；青蛙遍地；蝨子密集叢生；蠅子成群繁殖；牲畜瘟疫死盡；人畜長瘡生癩；冰雹毀盡了莊稼；蝗蟲吃光了樹木；大地三天暗無天日；初生的嬰兒全部

夭亡。在十大災變的嚴懲下，埃及法老被迫答應了希伯來人返鄉的要求，這時希伯來人在摩西率領下出發了，他們白天以「一柱雲彩」為指引；夜晚有「一柱火光」為前導，希伯來人一路饑餐渴飲，日夜兼程而進。然而埃及法老突然又改變了主意，隨即派出大軍，企圖追回希伯來人。不久埃及追兵趕到，與希伯來人相遇在海邊。

希伯來人慌了，看到他們的主人帶著龐大的軍隊來捉他們回去，莫名的恐懼竟纏繞全身，也讓他們對上帝失去了信心，雖然上帝先前已經示範了祂的神力給他們看。他們開始投訴，嚷著要回去埃及。

據《出埃及記》記載，當時摩西發出指示說：「別怕，站在原地，你就會看到全能的上帝是如何拯救你們的；你們今天所看到的埃及人將永遠消失。上帝會維護你們的權力，會為你們而戰，你們應保持心平氣和。」

摩西舉起他的木杖，指向紅海的中心。此時紅海突然分開來，海水向兩旁退去，形成兩道巨大無比的水牆，兩牆中間則是一條乾旱的小道，讓希伯來人可以渡過紅海，抵達對岸。天上的火柱現在將以色列人與埃及士兵區分開來。夾在雙方的中間，火柱給希伯來人帶來了光明，為埃及士兵帶來了黑暗。強烈的東風將海床吹乾，希伯來的後裔也從這小道，安全上路，抵達紅海對岸。

埃及士兵仍窮追不捨。當最後一名希伯來人渡過紅海後，摩西再次揮動他的木杖，紅海也發生了大變化。小道兩旁的水牆像缺堤的洪水一樣，瞬間把小道上的士兵全部吞噬。這就是上帝為了拯救希伯來人而施的神蹟，成為聖經故事經典之一。

希伯來人親眼目睹上帝為他們所做的一切，也看到祂如何收拾殘暴的埃及士兵；人們從此對上帝感到無比敬畏，相信上帝也相信祂的僕人摩西。

後來希伯來人到了迦南以南的西奈半島，摩西率領著數十萬男女和大批牲畜在這裡和約旦河以東的曠野中徬徨了好幾十年，始終沒有進入迦南地區。關於他們在這期間的生活狀況在《舊約·出埃及記》下半部及《利未記》、《民數記》、《申命記》中有所記述。

關於摩西率領希伯來人逃出埃及這一事件，學者們一直有爭論。有些學者認為《出埃及記》毫無歷史根據，純屬虛構。他們說在埃及的史料中，找不到有關希伯來人到過埃及的明顯記載，因此不會發生希伯來人出走埃及一事。所謂的出埃及，不過是說教性的神話，完全是後來希伯來神學家一手炮製的，其目的不過是為了宣揚上帝耶和華如何關懷他的「選民」而已。

另有一些學者認為出埃及確有其事，因為《聖經》中有關的記載，來自民間的傳說，而民間傳說必然包含一些歷史的影子，但這一派學者中間也有意見分歧，有的認為《聖經》關於出埃及的某些離奇情節，難以置信，至於出埃及的時間是在西元前15世紀，或是在西元前13世紀，看法也不一致。美國埃及學家漢斯·哥迪克（Hans Gedick），認為出埃及的時間不是通常所說的西元前13世紀。類似《出埃及記》記述的埃及追兵在海上意外溺水，歷史上確有其事。哥迪克這個說法，主要有三條根據：

第一，西元前15世紀時，埃及第十八王朝女法老哈特謝普蘇

特的象形文字銘文中，提到了一支埃及的外來移民，因「玩忽其被攤派的任務」，法老下令取消了他們享有的特權，在法老允許這些人離開埃及以後，「大地便吞沒了他們的足跡」。哥迪克認為這段記述，就是出埃及事件埃及式的說法。不過在這裡提到被海水淹沒的是外來的移民，而不是埃及的軍隊。

第二，《舊約・列王紀》（上）第六章中提到，所羅門廟是出埃及480年後建造的，而此廟約建於西元前970年，據此推算，出埃及顯然是發生於西元前15世紀。

第三，出埃及與西元前15世紀愛琴海上桑托林島上火山爆發有關，這次爆發很厲害，是一次慘重的自然災害。哥迪克認為《出埃及記》所記的埃及軍隊葬身於滾滾的怒濤之中，是洪水泛濫所致，而洪水泛濫又是由於桑托林島上火山爆發時，海嘯造成的，從而出現了巨浪吞沒軍隊的「海上奇蹟」。

一些地質學家也同意哥迪克的看法，斷定這次火山爆發發生於西元前1520年至西元前1450年間，他們還指出火山爆發後，很多現象與所謂「十大災變」極其相似，到處都是火山灰，火山口不斷有鐵質的氧化物傾洩出來，以致染紅了海水，窒息了水中的魚，水中的青蛙也會躲到岸上。火山灰遮天蓋日，能使大地連續幾天一片昏暗，並引起暴雨冰雹。疾風則會吹來蝗蟲，吃盡田裏的莊稼，使劫後的動物無

以為食。腐爛的屍體，遍地的沼澤為害蟲的滋生和病菌的蔓延提供了條件，因此瘟疫流行，人畜多有死亡，特別以幼嬰為甚。

除此以外，希伯來人出埃及時，白晝看到的那「一柱雲彩」，夜晚見到的那「一柱火光」顯然也是火山爆發時的情景。桑托林島距埃及三角洲不到600英里，火山爆發在三角洲完全可以看到。據此推論希伯來人可能是乘火山爆發造成的混亂局面逃離了埃及，而並非法老允許他們還鄉，所以才發生埃及追兵的事情。

許多《聖經》學者不同意哥迪克的看法，認為他對銘文解釋太隨心所欲了，原文中並沒有「取消了外來人的特權」，「玩忽其攤派的任務」等內容，至於「大地吞沒了他們的足跡」，只能理解為他們不見了，如此而已！某些《聖經》學者，對舊約上許多數字的準確性，一直持保留態度，特別是說，從《出埃及記》到所羅門神廟的建造，中間隔著480年，這種說法言而無證。因此，他們不同意出埃及事件發生於西元前15世紀，並舉出一些理由堅持認為，應是西元前13世紀。有的學者提出了折衷的看法，認為出埃及的時間在西元前15世紀或西元前13世紀都可能是正確的。看來希伯來人既不是同時到達埃及的，也不是同時逃出埃及的。

大規模出逃埃及，至少應有兩次，舊約中也提到希伯來人出走有兩條極不相同的路線。總之，摩西率領希伯來人逃出埃及一事，還是一個疑案，有待繼續研究，弄清真相。

參考文獻：

《舊約・出埃及記》、呂大吉《宗教學通論新編》。

2、耶穌究竟存在與否

    基督教作為與佛教、伊斯蘭教齊名的世界三大宗教之一，自創立至今已經有2千多年的歷史了，但是對於基督教的創始人耶穌，是否是一個在現實生活中存在過的人，卻一直是一個爭論不休的話題。

    按照基督教會的傳統說法，耶穌基督（Jesus）是基督教的創始人，且具有神人二性。他們都認為，耶穌是一個具有非凡才能的歷史人物，是一位生長在巴勒斯坦的拿撒勒族人，大約生活在西元前一世紀，由於他創立了基督教，所以被後來的基督徒崇奉為「上帝」。耶穌的父親名叫約瑟，是一個木匠，他的母親名叫瑪麗婭，耶穌還有3個弟妹。耶穌從小沒有受過傳統的正規教育，由於他的父母是虔誠的教徒，每年都要去宗教聖地耶路撒冷誦經朝拜，每次都會帶上長子耶穌同行，耶穌從那裡瞭解了巴勒斯坦和外部世界的情況，獲得了豐富的知識涵養。

    後來，耶穌帶領他的12個門徒，雲遊四方，到巴勒斯坦各地宣傳他創立的基督教。他的思想在下層民眾中深受歡迎，他宣揚「天道」，號召民眾要把巴勒斯坦從羅馬帝國的統治下解放出來，重建繁榮昌盛的希伯來大衛王國。在猶太人民的心目中，耶穌既是先知先覺的聖人，又是大衛王國的皇位繼承人。

根據記載耶穌生平事跡的「四福音書」所說，耶穌和他的門徒的佈道說教反映了當時下層人民的苦難，激勵了人們的抗爭意志，指出了人民奮鬥的方向和目標是建立「天國」，他給廣大人民群眾帶來了福音，掀起了一陣又一陣的群眾抗議活動。耶穌的這些活動，遭到了猶太當權者的抵制和打擊，後來他被捕，落到羅馬帝國駐猶太的總督龐迪俄・彼拉多的手中，最終被釘死在耶路撒冷東郊橄欖山的十字架上。

按照這種說法，耶穌是當時在民間活動的反抗者領袖，他用宗教來號召人民和他一起推翻羅馬統治者和上層社會的壓迫者，事情洩露後被殺，但是他創立的宗教卻逐漸流傳了下來。基督教於西元一世紀上半葉產生於羅馬奴隸制帝國統治下的巴勒斯坦、小亞細亞一帶，後來逐漸傳播到羅馬帝國全境。基督教產生時期的羅馬帝國並非完全處於歷史上所稱的「蒙昧時代」，而是在文化上有了相當的發展。

西元前二世紀，羅馬共和國在東涅過程中兼併希臘，逐漸代替希臘在地中海的霸主地位。羅馬文化源於希臘文化之說固然不妥，但希臘文化對羅馬文化的影響是巨大的。因比基督教產生前後，羅馬帝國不僅地域上橫跨歐、亞、非，文化上也出現了不少哲人學者。奇怪的是，在同時代的史料中對基督教的所謂創始人耶穌，並沒有、或沒有直接提及過。十八世紀英國歷史學家吉本（Gibbon，1737～1794年）在所著《羅馬帝國衰亡史》中曾談到：既然耶穌及其弟子們實行了那麼多神蹟，但當時異教和哲學界為什麼如此漠不關心，在其著作中不屑

一提呢？我們考察一下這段歷史上一些猶太人學者的著述，發現吉本的話無疑是對的。

亞歷山大里亞的斐洛（約西元前20～西元50年）生前比耶穌早20年，卒年遲20年，是耶穌名副其實的同時代人。此人是新柏拉圖主義哲學家，一生留給後人五十本左右《論文集》，但裏面沒有提到過耶穌的名字。耶穌的同鄉，伽利利人泰比里阿斯的賈奇待斯（Justusof Tiberias）正好出生在耶穌的所謂遇難時期（西元30年）。他所編著的《編年史》包括了從摩西（Moses）到哈羅德·阿格里巴（Herold Agrippa，西元前10年～西元44年）的整個時期，他也沒有提到過耶穌。

據說，九世紀拜占廷歷史學家福蒂厄斯讀過《編年史》後曾說：「賈奇特斯是猶太人，滿懷猶太人偏見，他不願提基督的降臨、基督生活中的事件和他的神蹟。」很顯然，這是不能自圓其說的。即使作者有偏見，也會從偏見出發提到，而不能在《編年史》中緘默不語。約瑟福斯（約西元37年～西元100年）不僅是著名的猶太歷史學家，而且親自參加過當時猶太人反對羅馬統治者的實際抗爭（後降服於羅馬皇帝）。他曾於西元64年前往羅馬，當時正值尼祿皇帝迫害基督徒，可是當他的猶太朋友、演員阿利蒂魯斯（Alltyrus）跟他談起基督教時，他一點也沒有聽到過這一煽動羅馬猶太人的基督。約瑟福斯所著《猶太戰爭史》於西元77年問世，《古代猶太史》於西元93年出版。

這兩部著作對研究基督教的起源有很重要的參考價值，但都並未提到耶穌。既然與耶穌同時代的猶太人學者都不曾提到耶穌，那

麼，那些認為歷史上有耶穌其人的學者的根據是什麼呢？恐怕主要是《聖經》。

多年來，學者們對《聖經》進行了研究，認為關於耶穌的傳說多半屬於虛構，到現在為止發現的所有歷史資料，都不能證明耶穌是一個真實的歷史人物。

在傳說中耶穌創立基督教的時代，各種史籍著作都很少提到耶穌本人的生平事跡和創建基督教的詳細資料。至於記載耶穌故事的各種福音書，是在基督教產生以後很久才陸續問世的。由於宗派鬥爭的需要，各教派紛紛根據自身需要來編寫福音書，按照各自的教派觀點來描繪「救世主」耶穌的形象。這一點可以從各個不同版本的福音書中清楚地看出來，《路加福音》中的耶穌家譜和《馬太福音》中的耶穌家譜就有很大的不同，在《新約全書》中描繪的耶穌更是一位無所不能的「天神」，而與有血有肉的歷史人物毫不相干。

基督教在萌芽時期是社會下層平民狂熱宣揚「天國」和「救世主」的群眾佈道活動，人們急切渴望「救世主」能夠從天而降來解救受苦受難的民眾，因此基督教徒就創造出了耶穌這樣一位先知來幫助他們宣揚教義。也許事實正如恩格斯所說的那樣，基督教很可能不是像耶穌這樣單獨一個人創立的，而是在大眾中悄悄地產生形成的。

基督教本來只是猶太教的一個新宗派，最早的基督教徒大部分都是猶太人，因此各類福音書的記載無不受到猶太教的影響。《馬太福音》之所以要把耶穌說成是猶太國王的後裔，是因為這樣就能

為這位神明的「救世主」披上合法的外衣，從而號召更多的信徒。後來，隨著基督教在世界各地的廣泛傳播，為了把耶穌說成是全世界所有地方民眾的「救世主」，只好再把他改成是上帝耶和華的獨生兒子。然而又產生了新的矛盾：廣大教徒心目中的上帝是威嚴神聖而又高尚純潔的，祂怎麼會與凡間的女子生兒育女呢？於是，福音書又編造出「童女瑪麗亞尚未出嫁便受聖靈感應而懷孕」的新說法，把耶穌變成了一個「神的兒子」。

這類例子還可舉出很多，儘管其中有些說法未必有多少根據，有的甚至荒唐可笑，但有一點可以肯定，無論從教會資料還是從非基督教資料中，人們都找不出一個關於耶穌的統一形象。因為從現有資料看，歷史上根本就沒有一個所謂具體的耶穌存在。當然，我們也不能否認，作為一個抽象概念，耶穌的形象是有的，而且近兩千年來一直為不少人所信奉。有人或許會問：既然基督教的創始人耶穌基督不存在，豈不是說連基督教的存在也成問題了嗎？我認為，基督教的存在是客觀事實，但它的存在與否與耶穌基督的存在與否並無必然聯繫。按照歷史唯物主義觀點，歷史是群眾創造的，基督教作為一個群眾運動也不是由個別人製造出來的。

因此有學者這樣說：「耶穌基督並不是基督教的創立者，相反，祂是在基督教產生和發展過程中的一個傳說中的虛構人物。」耶穌在歷史上並沒有其人其事，他的形象是後人偽造出來的，是基督教會塑造出來的「一個沒有生命的偶像」。

參考文獻：

（英國）吉本《羅馬帝國衰亡史》、（美國）丹尼爾・魯普斯《耶穌和他的時代》、（美國）約瑟福斯《約瑟福斯文集》、（德國）恩格斯《論原始基督教史》、（美國）克萊德・曼斯徹雷克《世界基督教史》。

3、被誤解的十字架

提到十字或者十字架，人們首先會聯想到基督教和耶穌受難。確實，十字架是基督教的信仰標記，在任何一座基督教堂內，最明顯的一定是迎面聖台背景處醒目的「十」標記。有的教堂把十字架懸掛在聖台正面的牆上；有的被擺放在聖台深處靠牆的聖壇桌上；還有的十字架與聖台背後的牆面融為一體，使其成為教堂建築的一部分。

基督教相傳，耶穌被猶太教當權者拘送到羅馬帝國駐猶太總督彼拉多，並判處死刑，將雙手雙腳釘在十字架上。在死後第三天復活，復活後四十天升天。基督教徒在胸前畫十字或佩帶十字架以堅定信仰、做潔淨之用，或以紀念耶穌為拯救全人類的死亡。

但是，如果因此便認為十字架是由基督教而起，那就大錯特錯了。事實上十字（架）早在原始氏族時期就已經存在了，作為一種古老而神秘的圖騰信仰。在基督教尚未出現的時候它也廣泛的存在於各個文化中。即便是在基督教中，十字架最早也並不是以愛和救贖的形象出現的，與今天我們熟知的十字架含義大相逕庭。

首先，在詞源上，今天我們所說的「十字架」就不同於聖經中所說的。「十字架」一詞譯自英語的單詞「CROSS」，而英語的單詞「CROSS」則源自拉丁語的「CRUX」。在〈新約聖經〉中用的是

希臘文「STAUROS」和「XULON」，「XULON」是用來解釋上一個單詞「STAUROS」的，詞的每一個的意思都是相同的。有趣的是，希臘文中的「STRUROS」只是木樁的意思，或者是柱子、桿子的意思，是用來釘犯人的。單詞「XULON」是一塊死去的木頭，或者是木頭，是用來燒火和其他的用途。這跟用於生物的關係（或植物）的希臘文單詞「DENDRON」是不一樣的。（例：馬太福音21:8；啟示錄7:1、3；8:7；9:4）。簡單來說，英語的單詞「CROSS」（十字架）是拉丁語的「CRUX」。但聖經用的希臘詞的「STAUROS」根本不是十字架的意思，只是單詞「STICK」（桿子）的意思。希臘詞「STAUROS」指的是普通的桿子，或者椿子，或者一塊木頭。這種用法是希臘語中的習慣用法。「STAUROS」從來沒有兩塊木頭、兩塊木頭交叉成任何角度，或一塊十字木的意思。聖經也用單詞「XULON」來描寫耶穌的死亡方式，但也沒有十字的意思。在古代英語中用的是ROOD（十字架）或者ROD（桿）。

其次，在基督教早期，基督徒們並不尊崇十字架，更不把它視為耶穌基督的象徵，而是十分厭惡、仇視它。J・F・赫斯特著的《基督教教會史》（1897年）指出：「西元一世紀的基督徒既不使用基督受難像，也不使用任何樣式的十字架。」約翰啟示錄中也稱十字為「野獸的標記」。西元三世紀的菲里克斯密努休談到：「我們根本不尊敬它，我們基督徒不需要它。」基督徒對十字的反感主要源於以下幾個原因：

第一，在古代波斯帝國、大馬士革王國、猶太王國、以色列王國、迦太基和古羅馬等地，十字架是作為一種殘酷

的刑具而使用的。刑具的形狀是兩根架成十字形的原木。行刑前，犯人會先行背著十字架遊街，直到走到行刑場所。行刑方法是先把犯人的雙手打橫張開，並用長釘穿過前臂兩條骨之間，把手臂釘在一條橫木上，再把橫木放在一條垂直的木上，再把雙腳釘在直木上面，然後把十字架豎起來，任他慢慢死去。若時限到了之前犯人還未死去，看守者會把犯人的雙腿打斷，加速犯人的死亡。

根據古羅馬帝國法律，釘十字架是對逃亡奴隸的懲罰。著名的斯巴達克斯（Spartacus）起義在被羅馬將軍克拉蘇鎮壓後，斯巴達克斯與他的七千追隨者被殘酷地釘上十字架，在飽受慢性折磨後死去。通往羅馬的幾百公里長的阿皮亞大道（ViaAppia），被奴隸們的鮮血、慘叫和淚水變成了人間地獄。

對羅馬人而言，被釘十字架不是一般的刑事懲罰，而是一種對反國家罪的懲罰。就此引申來講，可以解釋為被釘上十字架在當時是對反抗羅馬帝國的社會和政治秩序的一種政治懲罰，是最恥辱的懲罰。羅馬人文主義者認為「被釘十字架沒有美感、不體面、違法常情」，是低賤者的死法（高貴者的死法是服毒自殺或

決鬥而亡）。在基督教尚未完整形成的時代，受過較高教育的人普遍認為：「十字架並不是精神征服的標記，並不是教堂上方的勝利標誌，並不是帝國王座上的裝飾品，也不是級別和榮譽的標誌，它是自相矛盾和羞辱醜聞的標記，常常導致被逐與死亡。」

第二，早期的基督教由於不信神祇、敵視國家、不承認世俗統治者，所以遭到了羅馬政權與異教哲學家的迫害。很多的基督徒被當作叛亂者被釘死在十字架上。所以，基督徒們視十字（架）為邪惡的化身。

第三，自原始氏族以來，十字常常被異教徒崇拜，而基督教十分排斥、歧視異教，所以，認為十字（架）是不祥之物。

基督教對於十字架的崇拜經歷了一個漫長的過程，據記載，羅馬皇帝君士坦丁大帝在西元313年將基督教定做國教，之後不久在一場戰役前，看見在天上出現類似十字架的異象。結果該次戰役取得大勝，皇帝龍顏大悅，認為十字是吉祥的象徵，能夠保佑軍隊戰無不勝。

於是在西元337年廢除十字架死刑，並在戰旗、士兵的盾牌以及物品上繡刻十字（架）圖案，而作為羅馬帝國國教的基督教也開始轉變對十字架的態度。到了西元五、六世紀左右，開始出現耶穌受難像：耶穌身著衣服、頭戴皇冠、面相平和、兩手下垂、兩腳自由站立或

踏在聖經上。西元七世紀時出現了耶穌被釘在十字架上的受難形象，共有15幅背負巨大十字架的受難圖。當時的基督教會透過耶穌受難升天這一奇蹟，教導信徒皈依和膜拜。

進入中世紀，歐洲各國均已是基督教派的天下，無論是天主教、東正教還是宗教改革後的各種新教派，都對十字架推崇備至。此時十字宗教統治地位的確立可用保羅在《羅馬書》九章三節中提出的觀點來解釋：「十字架之所以是一個普遍的勝利，有一個更進一步的原因：它既包括了人的罪以及人從罪中釋放出來的問題，也包括了人的苦難以及人從苦難中救贖出來的問題。」由這段話可以看出此時十字架的含義有了質的轉變。這也是天主教和基督教吸引了無數生活在戰亂血腥的中世紀人們的主要原因。

「愛」在天主教和基督教中指施愛與被愛。上帝施於人類的苦難是施愛（即受難），人類通過試煉，從苦難中解脫是被愛。受難可以被慶祝、被崇拜，它能激發人們的憐憫同情，而被棄則剝奪了受難中的尊嚴與意義，成為不光彩的受難。受難與被棄是十字架的標誌之一。「罪」則似乎更是十字架宗教中最重要的內容之一，包含了「犯罪」和「受罪」兩個層面，較多的場合指前者。

這裡所談的「罪」往往不是或不僅僅是社會與自然意義上的犯罪，而專指原罪（Original Sin），包括七大罪：驕傲（arrogant）、憤怒（indignation）、不貞（disloyalty）、貪食（greediness）、懶惰（laziness）、貪婪（rapaciousness）、嫉妒（envy）。《聖經》稱人人都帶著這七種「罪」降生於世，耶穌用自己的鮮血洗刷世人背負的原

罪，所以只有信仰基督才能獲得救贖。從此，十字架作為耶穌受難與救贖的象徵，作為信仰耶穌的象徵，透過它萬能的主才能區分自己的子民，才能庇佑和保護子民，所以教會積極號召信徒佩帶並尊崇它。

　　除了基督教義和刑罰象徵外，事實上十字（架）廣泛的存在於不同的地域、不同的民族、不同的文化中，並具有著不同的含義。在原始信仰中，十字就充當了重要的圖騰崇拜─太陽崇拜和火崇拜。在原始社會，面對變幻無常的自然和諸多無法解釋的自然現象，人的力量顯得弱小而無力，為了能夠在嚴酷的現實中存活下去，人們就用簡單的符號來表示重要的自然力，並將這種符號供奉起來，以代表對這種自然力的崇拜和敬仰，期望能夠被眷顧，趨吉避難。太陽歷來被認為是光明和力量的來源，那時的人們認為，如果沒有了光明，一切都將滅亡。所以太陽崇拜是一種很重要且廣泛存在的信仰。由於太陽的四周充滿了光芒，而且是對稱出現（在古代埃及、瑪雅等地的雕刻壁畫上可以看出），所以便使用「十」字來代替。在火被發現和使用後，和太陽有著相似功能的火，也被用「十」來表示，並且區分太陽是上天之火，火種則是地上之火。古代印第安人神廟中就存在很多石製的十字架，用來代表著天上之火和地上之火。

　　古代的波斯、古希臘、古印度的婆羅門教以及佛教中，均採用曲臂十字架，象徵著太陽或者火。中國古代大量的岩石壁畫以及商周時期的十字圖案及變形，也多是太陽神的象徵。眾多的古文明都不約而同地採用十字作為同一種信仰的標誌，說明在那一時期，這是一種帶有超越民族和地域的普遍象徵。

此外，十字架還有另外一種象徵意義：性崇拜與生殖崇拜。人類對性的崇拜可以追溯到古老的男根崇拜。遠古的人類無法從生理學上解釋人類生殖的奧秘，但已經認識到與男女生殖器的交合有直接關係，在無法科學認識這其中的原因的情況下，轉而走向神秘的膜拜，如古代雕塑和繪畫中赤裸的男女生殖器均呈十字，許多學者也認為，十字象徵著女陰，象徵著女子的生殖能力。正是由於生育能力才使得人類能夠延綿不斷地傳承下來，也正是由於後代的存在，才能在惡劣的自然面前保持群族的繁衍生息。所以，繼而十字的象徵由生殖引申為生命與昌盛。

古埃及、印度和西藏等都把十字架視作賦予生命的象徵，西班牙人初到中美洲時，當地土著人神廟裏就供奉著十字，古代巴勒斯坦人、高盧人、日爾曼人也有類似的崇拜，印度的部分地區，埃及、日本等地視十字架為生命之力。除了這些已經眾人所知的具有普遍的意義外，十字（架）在歷史上還有很多其他的含義，如中國的方向象徵等。

同樣，在未被發掘的歷史中肯定還有許多未被探究到的特殊含義。這些意思，可能相同或近似，有些則可能完全相反或毫無關聯。這充分說明了人類歷史文化的複雜性，我們不能僅僅依靠現在的某一種說法而抹殺了其他存在，只有全面深入的閱讀歷史，才能還原這些被曲解的事物本來面目。

參考文獻：

耶和華見證人《大英百科全書》新世界聖經譯本附錄、J・F・赫斯特《基督教教會史》。

4、《舊約》並非「神來之筆」

在世界文化史上，《聖經》可謂稀世奇珍，它以特有的體裁、濃郁的民族色彩、鮮明的生活氣息和動人的文采著稱於世。它被譯成多種文字，在許多國家和地區為人們的信仰。文化和社會生活發生了千絲萬縷的聯繫。

千百年來，教徒們認為《舊約》是古希伯來人在神的啟示和授意下寫成的。認為是從神而來的書，其中還有神給人完全的啟示。並宣稱：「聖經本身的性質來看，它必是沒有錯誤、無謬與永恒的。從多方面已經證明了這樣的宣稱，在過去數世紀當中，有數不盡的男男女女已經對聖經的可靠性寄予完全的信任，有些人甚至犧牲性命而不肯拒絕它的真實性，多人本著聖經的教訓度過了他們的敬虔捨己的生活。聖經有鶴立雞群、出類拔萃的地位，它不懼考驗。任何要毀滅聖經的勢力，它都傲然視之。對世上任何人都是合用的。聖經的話總是扣人心弦，一遍又一遍地向人心發出警告，它是從萬王之王而來的書中之書。」

直到19世紀下半葉，人們才開始對它採取科學分析的態度。隨著考古學的發展和楔形文字的譯讀，《舊約》的神聖迷霧被撥開了。首先，我們來看一下，何謂《舊約》。

《聖經》包含古經和新經兩大部分。古經也稱為舊約，新經則稱為新約。新、舊約的命名是取自「盟誓之約」。所謂舊約是指天主與以色列民族立約的記錄，新約則指耶穌基督與全人類立約的記錄。新、舊約的分界，凡在耶穌降生前所寫成的聖經，均稱為「舊約」，在耶穌降生以後所寫成的則稱為「新約」。事實上，新、舊約的內容，都是記載天主和人類相互間關係的事跡。

教內相傳，上帝曾與猶太人立過三次約。始初，上帝看到人世間充滿邪惡，就想把世界一舉毀滅。可是又不忍心毀掉祂的全部造物，於是就讓心地純正的諾亞造方舟，以避災難。後來，傾盆大雨下了40個晝夜，滔滔洪水吞沒大地，只有諾亞一家和一些有限的生靈在方舟裏隨波飄蕩。300多個晝夜過去，風雨停止了，洪水退了，諾亞一家開始新的生活。上帝在天上掛出彩虹，表明洪水大劫不會重演，願諾亞子孫繁衍昌盛。這就是上帝與人最初的立約。

爾後，上帝又與人類有過兩次立約。一次是與猶太人的先祖亞伯拉罕訂立的，吩咐亞伯拉罕及其屬民要永遠信奉唯一的神耶和華。另一次是與猶太民族英雄摩西訂立的，即猶太教徒恪守的「十誡」；信奉耶和華為唯一的神；不雕刻、跪拜和侍奉任何偶像；不妄稱上帝之名；第七天為聖安息日；孝敬父母；不可殺人；不可姦淫；不可偷盜；不做假見證；不貪戀財色。由於書中記載了這三次立約的故事，所以猶太人便把它稱作《約書》。

後來，基督教承襲了這一說法，但認為耶穌降世後神與人又立了新約，於是就把猶太教傳下來的經典稱為《舊約》，把基督教本身

的經典稱為《新約》。舊約內容包括梅瑟五書、歷史書、先知書和訓誨文學四大類；新約則有四福音、宗徒大事錄、書信和默示錄等書。舊約經書差不多全用希伯來文書寫，只有兩部晚期的作品智慧書和瑪加伯下，是用希臘文寫成。至於新約，除瑪竇原文為阿剌美文外，其餘全部為希臘文。希伯來語是閃族在西北區所用的方言之一，此外尚有阿剌美文、客納罕語、腓尼基語及摩阿布語。耶穌的祖先是使用希伯來語，充軍後便慣阿剌美語。希伯來語只用於書寫上，故此舊約是用希伯來文寫成的，希臘文的舊約是西元前三世紀譯成的。希臘文是羅馬統治時，受希臘文化影響當時的通行文字，新約各書全以希臘文寫成。

過去認為，《舊約》的首五卷，也就是《摩西五經》，是由摩西撰寫的。然而有趣的是，其中的《申命記》卻描寫了摩西之死及其殯葬。由此可見，《摩西五經》並非他本人的遺筆，否則他怎麼會親自描述自己的死？《舊約》這類矛盾很多，不一而足。

《舊約》各部分內容毫無關聯，風格也各異其趣，說明此書是不同時代不同作者作品的彙集。另外，從它的詞彙和神話素材中，均可窺見美索不達米亞文化的痕跡。古希伯來人是個逐水草而居的民族，他們不斷地在迦南和美索不達米亞之間往返遷移。在此過程中，他們吸收了美索不達米亞的文化，把那裡的古老觀念、習俗及神話傳說帶回了迦南。《舊約》就是在這些神話傳說的基礎上產生的。

例如，諾亞方舟的故事就和蘇美爾人的洪水奇譚如出一轍。《舊約》講了上帝造人的兩個故事。《創世紀》第一章說：上帝用五天時

間創造了日月星辰、天地海陸、空中飛禽、水中生物；第六天造出了牲畜、昆蟲和野獸。又按照自己的形象創造了人；第七天休息，定為聖日。第二章又講，上帝用泥土造了男人，就是人類的始祖亞當。上帝從亞當身上取下一根肋骨，做了一個女人，取名夏娃，為亞當配偶，繁衍生息。

在巴比倫廢墟的考古發掘中，人們找到大批古代楔形文字的粘土板「書」。其中也記載著神用六天創世和用泥土造人的傳說。在這裡，人們又一次看到了《舊約》文化的「根」。

流傳到今天的《舊約》文本，早已失去了原始面目。猶太祭司們在長期編纂和無數次修訂《舊約》的過程中，為了「淨化信仰」，毫不客氣地刪掉了那些違背宗教道德觀念的內容，並冠之以神的名義，要求人們沿著他們劃定的軌道，走完從搖籃到墳墓的人生之路。

《舊約》全書39卷，分三個部分，反映其成書時間的三個階段，人們名之為：「律法書」、「先知書」和「聖錄」。如果按其內容，也可分作四類：律法、歷史、文苑、先知預言。第一部分成書於西元前444年前後，即所謂《摩西五經》：《創世紀〉、《出埃及記》、《利未記》、《民數記》和《申命記》。猶太教傳說，它們是上帝透過摩西所宣布的「律法」，因而名之曰「律法書」。第一卷《創世記》收集了許多神話傳說，上文所涉上帝創世、人類起源、諾亞方舟等故事均收其中。此外，伊甸園的故事，巴別聖塔的故事也都為人們所熟知。今天，「伊甸園」一詞已被用做「樂土」的別稱。《出埃及記》和《民數記》講述摩西拯救以色列人出埃及、渡紅海、抵曠野，在西奈山創猶太教；隨後

又由西奈起程，歷時38年，到達約旦河東岸的故事。

　　從中我們可以瞭解當時以色列人的生活情況和社會關係。《利未記》是一卷「祭祀法典」（祭典），除記述祭祀程序外，還規定了百姓守潔守律條文。《申命記》喻「重申此命」之意，又稱「申典」，強調要信奉唯一的神耶和華，遵守祂的誡律。

　　第二部分成書於西元前190年，是關於民間「先知」的著作彙編，實際上是由當時流行的帶有鮮明政治色彩的猶太「先知文學」組成。「先知書」也分兩部分。

　　「早期先知書」：《約書亞記》、《士師記》、《撒母耳記》（上、下）、《列王記》（上、下）。記述古代以色列（及猶太）王國的興衰。按內容講，它們均屬於歷史。

　　「晚期先知書」包括：《以賽亞書）、《耶利末書》、《以西結書》和「十二小先知書」。即《何西阿書》、《約耳書》、《阿摩司書》、《俄巴底亞書》、《約拿書》、《彌迦書》、《那鴻書》、《哈巴穀書》、《西番雅書》、《哈該書》、《撒迦利亞書》、《瑪拉基書》。前三卷，再加上「聖錄」中的《耶利米哀歌》和《但以理書》，也有「大先知書」之稱。「晚期先知書」基本上都是「先知」們對時事政治、社會生活、宗教信仰等方面的評論和預言。

　　「聖錄」是《舊約》的最後一部分，成書於西元前二世紀下半葉，收有體裁不一的13卷經典。除上述兩卷「大先知書」外，它還包括五卷歷史：《路得記）、《以斯帖記》、《尼希米記》、《以斯拉記》和《歷代志》（上、下）。此外幾卷即屬文苑，它們是：《約伯記》、《傳道

書》、《箴言》、《雅歌》、《詩篇》。《詩篇》彙集了自然、歷史、道德及訓誨、懺悔、祈禱等多方面素材的宗教詩。《雅歌》為「高雅之作」，被譽為世界文庫中最優美的一組情詩，素為藝術家們所推崇。

《舊約》不僅是猶太教的重要經典，而且在基督教中也備受重視。多少年來，它和《新約》一起滲入上層建築各個領域，成為中世紀歐洲唯一的思想依據。《舊約》對伊斯蘭教也有深遠影響，《古蘭經》中許多傳說都可從《舊約》找到雛型，如約拿被鯨魚所吞和諾亞造方舟的故事等等。

《舊約》是一部充滿智慧和美感的文學作品。它的神話、寓言、典故與格言，影響了許多代人的觀念、習俗。文化和語言，它富有啟示性的故事成為中世紀作家取之不竭的源泉。當時的詩歌、戲劇、小說、繪畫和雕塑都以《聖經）為主要題材，例如英國中世紀行會劇《諾亞的故事），布羅姆抄本劇（以撒獻祭上帝），以及敘事詩《亞當的滔天大罪》等都取材於《創世紀》。文藝復興時期的藝術家們也不斷從中發掘素材，畫家喬托的《逃亡埃及）、畫家馬薩喬的《逐出樂園》以及米開朗基羅的雕塑《摩西》和壁畫亞當的創造，都成為傳世珍品。許多近、現代著名作家也寫有以《舊約》故事為題材的作品，如彌爾頓的長詩《失樂園》、托馬斯·曼的《約瑟和他的兄弟們》四部曲等。《舊約》是西方精神文明的主要支柱之一，要研究歐美的哲學、歷史、文學、法律等，都必須對它有所瞭解。

《舊約》是歷代祭司教徒們經過不斷地更改刪節才成為了現在的樣子，其中有人們口口相傳的故事和神話，也有歷史的記載，並非

是在神的啟示成書的「神來之筆」。但無論如何，《舊約》仍是人類歷史上宗教文化法律等很多方面不可多得的寶貴財富。

参考文獻：

啟導本《聖經》、約翰·加爾文《基督教要義》、路易·伯克富《系統神學》、《大不列顛百科全書》。

5、確有其事的「諾亞方舟」

ㅡㅡㅡㅡㅡㅡㅡㅡㅡㅡㅡㅡㅡㅡㅡㅡㅡㅡㅡㅡㅡㅡ

　　《聖經》中的《創世紀》有一段傳說：自從人類的始祖亞當和夏娃違背上帝的意願，被逐出伊甸樂園後，他們來到地面，一代一代人佈滿了大地，但罪惡也充斥人間。上帝憤怒了：「我要將所造之人和獸、飛鳥和昆蟲都滅除掉，因為我後悔造他們了。」

　　那時，唯有一個叫諾亞的人，心地善良正直，特別受恩寵於上帝，所以上帝告訴他：「在這塊土地上，我決定救助你和你的妻子以及你的孩子和他們的妻子。我要使洪水泛濫地上，毀滅天下。你要用木頭造一艘大船，完成之後，要把你的家族，還要把所有的動物分成雌雄7對，都放到方舟上去，一切準備妥善，我就讓雨不停地下40個晝夜，毀掉地上所有的生物。」

　　諾亞照上帝的吩咐用木頭造成了方舟。方舟長130公尺，寬22公尺，高13公尺，分為3層，有15萬噸那麼巨大。方舟完全建造成，諾亞一家、所有的動物分雌雄7對都轉移到方舟上。

　　不久，烏雲密布、電閃雷鳴，災難開始了。大淵的泉源裂開了，天上的窗戶也敞開了，一連降了40晝夜的暴雨，上帝完成了祂可怕的懲罰。罪惡消滅了，生命也毀滅了，大地茫茫一片，唯方舟在洪濤中不停地漂泊。

據《聖經》記載，150天後，水勢減退，諾亞方舟停擱在亞拉臘山巔（今土耳其東部）。又過了40天，諾亞放出鴿子，鴿子叼回一支橄欖枝，表明洪水已退。於是諾亞帶著一切活物走出方舟，回到地面，重建家園。上帝告誡說：「你們要生育繁殖，遍布大地，切不可做惡，凡留人血的，他的血也必被人所流……」諾亞大洪水的故事是距今6千年左右的傳說，不僅在《舊約全書》裏有清楚記載，被稱為世界最古老的圖書館—古代衙署首都尼尼微的文庫中，發掘出來的泥板文書上，也有著類似的洪水故事的記載。

但是，人們只是把這段故事當成一個傳說、一個神話來傳頌，並沒有當真。但是近代以來，情況發生了改變。1916年俄國飛行員拉特米飛越亞拉臘山時，發現上頭有一團青藍色的東西，好奇心促使他飛回細看，他驚訝地看到了一艘房子般大的船，一側還有門，其中一扇已毀壞。這個奇遇很快就報告了沙皇尼古拉二世。當時他曾令組織一支探險隊，但由於十月革命爆發，這項計劃告吹。

其實，拉特米並不是第一位發現諾亞方舟的人。早在17世紀，荷蘭人托伊斯就寫過一本《我找到諾亞方舟》的書，並附有方舟的插圖。1800年美國人胡威和于遜，1892年耶路撒冷代主教和當地土耳其牧人都說他們看到了「方舟」。聖經裏並沒有確切指明方舟停放在昔日亞拉臘山的哪座山峰上，在聖經時代之前已居於今天土耳其東部的亞美尼亞人與波斯人，早有傳說確定「苦難的山」就是方舟停泊之地。亞美尼亞人認為他們是大洪水後最早居於地球上的種族，而波斯人則稱亞拉臘山周圍的地方為「人類的搖籃」。亞拉臘山位於土耳其

東端，靠近伊朗國境的地方，是座海拔5065公尺的死火山，山頂自古就被冰川覆蓋著。土著居民們把這些山丘視為神靈，並且深信「諾亞方舟」的存在，所以世代以來，他們從不願意向外來的人們透露有關這些山丘的秘密。他們把這座山尊崇為神聖的山，相信人若登上山頂會被上帝懲罰。

長期以來，誰也沒有爬過它，但這個謎最終還是得到了證明。1792年一個叫弗利德里希·帕羅德的愛沙尼亞登山家，初次在亞拉臘山登頂成功。隨後，在1850年蓋爾奇科上校率領的土耳其測量隊也登上了頂峰。1876年英國貴族詹姆斯·伯拉伊斯在聖山高達約4500公尺的岩石地帶，撿到了木片，並發表了他找到諾亞方舟殘跡的消息。

1949年俄國飛行員羅斯科維斯基拍下了第一張諾亞方舟的照片，照片中顯示，一個模糊的暗色斑點出現在山頂厚厚的冰層下，因而不少專家懷疑那就是《聖經》中記載的「諾亞方舟」。從此，諾亞方舟不再是人們口頭的傳聞，而是有了照片的實物。更令人吃驚的是：照片放大處理後，測出船身長為150公尺，50公尺寬，和傳說中的諾亞方舟極為相近。

此後，美國的阿侖·史密斯博士組織了亞拉臘山遠征隊，以探尋諾亞方舟為目標，可惜未能達到目的。1952年法國的瓊·多利克極地探險家又組織了探查隊，並成功地登上了亞拉臘山頂，然而關於諾亞方舟則什麼都沒有發現。可是，當時的一個叫瓊·費爾南·納瓦拉的隊員卻思忖：「一定在亞拉臘山的什麼地方，殘留有諾亞方舟，我要用雙眼清楚證實它。」他下定決心，在1953年7月，他帶了11歲的小兒子

拉法埃爾，試圖第三次登上亞拉臘山頂峰。正當兩人都心灰意冷的時候，他們發現一截方舟的殘塊有一點露出在冰河上面。父子兩人異常激動，他們從冰川中小心翼翼的將那方舟的殘木塊挖了出來。諾亞方舟發現的消息引起了世界的轟動。

方舟木塊分別被運到巴黎大學、法蘭西研究院、西班牙與埃及的最高學府和考古機構，進行了科學的研究。

專家們用碳14及其他先進技術進行測定，證明這些木塊是「歌斐木」，是經過特殊防腐塗料處理過的木板。經鑒定，它至少有4484年的歷史，正是所傳「諾亞方舟」建造的年代。

根據木塊上加工的凹凸的痕跡分析，專家們認為它是一個大建造物的一部分。專家們推測，這殘木很可能就是諾亞方舟的組成部分，或者是諾亞死後，亞美尼亞人為紀念諾亞而特地製造的大方舟的一塊木板。無論如何，這是遠古人類有關洪水的傳說所遺留下來的重要實物。

人們驚呆了，又有照片，又有實物，費爾南堅信自己發現的就是「諾亞方舟」。後來，他根據這些探查結果，寫了一本書名叫《我發現了諾亞方舟》，於1956年出版。他還在全世界到處舉行報告會，引起了強烈回響。

1957年土耳其幾名空軍飛行員駕駛飛機考察亞拉臘山頂，發現這個物體呈現船型，這更引起了各國考古學家的濃厚興趣。但是由於當時正是美、蘇冷戰時期，蘇聯以「防止美國間諜接近蘇聯」為名，禁止各國飛機駛入山脈附近。但有人卻提出了質疑：即使發生特大

洪水，地球水位也不會升到5000公尺的高度，方舟何以能在亞拉臘山巔？難道是地殼變動？

到了20世紀80年代初期，美、蘇、法、德、日及中東一些國家的考古學家們發現，在距今五、六千年的人類文明發源地之一的兩河流域的確發生過大洪水，在古亞述王國都城尼尼微的拔尼巴國王圖書館遺址裏，還發掘出「泥板文書」，泥板上也有關於洪水泛濫的記錄。

據此，學者們推斷，《聖經》中上帝指示諾亞造方舟躲避洪水之事即源於此。根據那發掘的殘木分析，專家們認為，諾亞方舟有可能就在達阿祿山上。今天的達阿祿山從山間至山峰仍有厚厚的冰河。據推測，也許是洪水之後天氣巨變，洪水的一部分凍結為冰河，當諾亞等人爬上山頂躲避洪水時，天氣突然變冷，竟使他們乘坐的方舟凍結在冰河中。可以設想出五千年前在美索不達米亞的確發生的一場大洪水，諾亞家族預見到當地的江河有泛濫之徵兆。於是他們造了一艘船，貯藏了足夠的物資，出於自然的衝動，給牲畜留出了艙位。那場洪水使生命財產損失浩大。

經過漫長的漂泊，那艘船擱淺在某一高地或丘陵上。隨著時間的消逝，這件事的傳說就作為家喻戶曉的諾亞方舟的故事而流傳了下來。

最令人震驚的消息，還是20世紀8、90年代的事。美國學者戴維在亞拉臘山以南的烏茲恩吉利附近的穆薩山頂發現了一艘大船，這個村莊與史書上所說的尼塞村位於同一地點。該艘船的船頭成洋蔥狀，船身長164公尺。1989年9月15日，兩名美國人乘直升飛機飛越亞拉臘

山西南麓上空時，發現了諾亞方舟，並拍攝了照片。駕駛員查克·阿倫說，在亞拉臘山的一處通常由冰川覆蓋的、海拔4400公尺的地方發現了一艘方舟形物體，而那處地方的冰川今年夏天因該地區高溫天氣而消退了。阿倫說：「我百分之百地確信，這是方舟。」

1995年美國衛星圖像分析專家波爾謝·泰勒，也開始關注這個被稱為「亞拉臘山奇觀」的神秘物體。根據飛機航拍、偵察衛星以及商業用遙控飛行器拍攝到照片，發現亞拉臘山山腰處有一處「不規則區域」。引起人們極大興趣的「不規則區域」位於亞拉臘山西北角海拔4663公尺處，幾乎被冰川掩蓋。泰勒聲稱「不規則區域」的長寬比例，和諾亞方舟的長寬比例一樣。據記載諾亞方舟藍圖長300肘尺，寬50肘尺，長寬比為6：1。肘尺是古代的一種長度測量單位，等於從中指指尖到肘的前臂長度，或約等於17至22英寸（43至56釐米）。

而衛星拍攝的照片顯示，這一「不規則區域」的長寬比也是6：1，如果是船的話，這是在海上航行抵禦各種風浪的最佳尺寸。經過類比實驗證明，這樣的船即便面臨巨浪也不會傾覆。被發現的「諾亞方舟」長300英尺、寬50英尺，高30英尺，分為上、中、下三層。這個尺寸是長133.29公尺、寬22.22公尺、高13.33尺。方舟每層甲板的面積有3000多平方公尺，約為鐵達尼號的一半。它的總重量為1.4萬噸，完全由木頭構成。

諾亞方舟的容積是另一個人們關注的話題。《聖經》中記載，諾亞依照上帝的指示，將陸地上的所有動物都帶一公一母到方舟內。那麼方舟能夠容納這麼多動物並生存300多天嗎？地球上哺乳動物

3500種，鳥類8800種，爬行動物及兩棲類動物5500種，昆蟲25500種。而諾亞方舟的體積為39500立方公尺，相當於520多個標準集裝箱。如果以每個集裝箱容納240頭羊來計算，方舟總共可以容納3.6萬頭羊。從理論上來說，諾亞方舟為地球上的生物提供了足夠大的空間躲避洪水。

泰勒對這一發現持樂觀態度。泰勒說快鳥（Quickbird）遙感衛星拍攝的高清晰照片，是「新的重大進展」，泰勒教授說「我把這項工作叫做衛星考古工程」。參與這項考古工程的衛星陣容強大，包括快鳥（Quickbird）遙感衛星、IKONOS衛星以及加拿大的雷達衛星（Radasat1），泰勒教授還可以看到解密的美國情報機構的航拍和衛星照片。

泰勒教授說他的目標十分明確，那就是要綜合所有的照片，使亞拉臘山之謎大白於公眾，而且要經得起科學家、影像專家和其他專家的檢驗。

泰勒說：「1993年開始這項研究時，我沒有先入為主的觀念。」泰勒在解密了中情局亞拉臘山全景照片後，用紅線標注出「不規則區域」。前幾年中情局解密了5萬5千多張世界各地的衛星照片，其中就包括這一張。紅線標注的就是「不規則區域」，位於亞拉臘山西北角海拔4663公尺處。雷達衛星的成像精度可以達到8公尺。由於雷達衛星不是光學照相衛星，因此圖中有硬物的無線電波反射，因此研究人員認為「不規則區域」並不是陰影。泰勒希望透過自己的研究發現，推動最終能夠對亞拉臘山展開實地科考。

為了解開這個「亞拉臘山諾亞方舟」之謎，近年來已組織了多支考察隊開赴亞拉臘山進行探測。探測小組的成員大多表示，對於瞭解《聖經》的人來說，一旦諾亞方舟被證實真的存在，它就會成為人類歷史上最具傳奇色彩的標誌，以及人類進化發展的一個記錄。人們在鍥而不捨地尋找諾亞方舟的遺產，但無論結果將是怎樣，諾亞方舟永遠是善良和純真的源泉。

參考文獻：

　　（法國）瓊‧費爾南‧納瓦拉《我發現了諾亞方舟》、《聖經‧創世紀》。

6、十字軍東征功與過

．．．．．．．．．．．．．．．．．．．．．．．．．．．．．．．

　　十字軍東征（西元1096～1270年）是以羅馬教會為核心的西歐封建主，對地中海東岸穆斯林國家和東正教國家拜占廷進行的侵略戰爭，這場曠日持久的戰爭歷時將近兩個世紀，先後進行八次大規模的戰爭，動員兵力數十萬人，戰爭涉及歐、亞、非三大洲的許多國家和地區，堪稱為中古時期的「世界戰爭」。戰爭結果對參戰雙方的政治、經濟、軍事、文化、國際關係等方面，都產生了重大影響。

　　11世紀，隨著西歐封建制度的確立，小農生產的自給自足的自然經濟佔主導地位。但是，由於商品貨幣經濟的發展和城市的興起，日益衝擊著自給自足的自然經濟基礎，加劇了封建社會內部的矛盾和分化。

　　封建主受商品貨幣經濟的刺激，地租收入日益不能滿足他們的生活需要，以致負債累累，進而變本加厲地剝削農民。特別是那些沒有土地的破落騎士階層，四處搶劫，肆意掠奪，是社會一種極大的不穩定因素。加上西歐各國政治不統一，封建主割據一方，彼此攻伐，戰亂不已，社會無序，動盪不安。羅馬教會是西歐最大的封建主和巨大的國際中心，對西歐日益惡化的社會危機深感憂懼，竭力鼓動和策劃十字軍東征。

透過十字軍東征既可以解決西歐封建社會內部的矛盾，克服當前的社會危機，還可以利用十字軍的宗教狂熱擴大教廷的政治影響，將東部的希臘正教置於自己控制之下，並透過掠奪東方國家的土地和財富以加強教廷的實力地位。

此外，義大利的威尼斯和熱那亞商人為了獨佔東地中海的貿易特權，也積極支援十字軍東征，並為其提供資助。東方世界（包括拜占廷和中東）土地肥沃，物產豐富，商業興旺，文化發達，早已讓西歐封建主垂涎三尺。只是由於條件不成熟，未敢妄動。

11世紀末，擁有巴勒斯坦、敘利亞和小亞細亞等地域，奉行伊斯蘭教的塞爾柱帝國（突厥人所建）分裂，削弱了力量。而拜占廷帝國在和突厥人塞爾柱帝國的戰爭中，一再失利，國土日蹙，處境窘迫。這就為蓄謀已久的西歐封建主的侵略提供了機遇。

位於地中海東岸巴勒斯坦地區的耶路撒冷，曾是古代猶太王國的都城，城內建有耶和華聖殿，是猶太人（以色列人）崇拜上帝的中心，也是他們民族的神聖象徵；耶路撒冷也是耶穌基督佈教、受難和「升天」之地，被基督教徒視為「聖地」；據傳耶路撒冷是先知穆罕默德神秘夜行的目的地，因此也被穆斯林視為伊斯蘭教的「聖地」之一。西元636年，阿拉伯人從拜占廷帝國奪取巴勒斯坦，耶路撒冷轉屬阿拉伯帝國。

西元1076年，耶路撒冷又轉屬信奉伊斯蘭教的塞爾柱帝國。由於阿拉伯人和突厥人實行較為寬容的宗教政策，直到十字軍東征以前，耶路撒冷作為上述三教的共同的「聖地」，各教教徒朝聖、禮拜等宗

教活動，基本上相安無事。然而，當西歐封建主決定要發動侵略戰爭時，他們就大肆編造謊言，蠱惑民眾，說東方的穆斯林如何迫害基督徒，破壞「聖地」，號召人們去援救基督徒，「解放聖地」。教皇還許諾，凡參加十字軍者可以獲得免罪，靈魂得救，欠債者免還債務，農奴獲得自由，並以獲得豐厚的戰利品相誘惑。

西元1095年5月26日，教皇烏爾班二世在法國南部克勒芒城宣布組建十字軍。急於擺脫封建壓迫的數萬農民首先回應，但他們沒有裝備又缺乏組織性，絕大部分人死於非命，倖存者徒勞而返。翌年秋季，由封建主組成的第一次十字軍（西元1096～1099年）約10萬人，由歐洲出發，經君士坦丁堡渡海進入小亞細亞，在拜占廷的幫助下，攻佔塞爾柱帝國首都尼西亞；進而又攻佔愛德沙和安條克。西元1099年7月，十字軍攻佔耶路撒冷，並在征服的土地上建立愛德沙、安條克、特里波利和耶路撒冷4個十字軍國家。

羅馬教廷為控制十字軍征服的土地和人民，建立了一種特別的宗教軍事組織—僧侶騎士團：計有聖殿騎士團（神廟騎士團）、醫院騎士團（約翰騎士團），後來又建立條頓騎士團。騎士團內部有嚴格的教規和軍事紀律，有很好的裝備，具有較強的戰鬥力，是教廷進行侵略和擴張的工具。

十字軍先後進行了八次東征，這場曠世大戰，對歐洲乃至世界都帶來了深遠的影響。其功與過也值得我們一一評說。

首先，十字軍東征佔領了以耶路撒冷和君士坦丁堡為中心的東方廣大地域，並建立了耶路撒冷、拉丁帝國等一系

列的十字軍國家。西歐封建統治者透過戰爭和殖民掠奪，獲得大量土地和財富，極大地改善了西歐社會經濟狀況，不僅克服了社會經濟危機，並且促進了農業、手工業和商業的發展。十字軍把東方的許多產品和生產技術，如棉花、水稻、西瓜、絲織、印染、製糖等傳入西歐，大大豐富了物質生產，提高了生產力水平。在商業方面，義大利商人取代了阿拉伯和拜占廷商人在東方貿易中的壟斷地位，獨佔了地中海商業霸權，有力地推動了西歐的商業發展。十字軍東征結束時，由東方輸往歐洲的商品比以前增加了10倍。貿易的發展，促進了城市的繁榮和市場的擴大，從而導致西歐封建社會的深刻變化，開始進入一個新的發展時代。恩格斯指出：「在義大利諸城市共和國中得到推動力的貿易，也波及到德國的沿海城市；貨幣流通以空前的高速度在發展；最後是，社會藉助於無數新思想和新事實接受著深刻的變化。」

其次，十字軍東征過程中，許多貴族和騎士喪生或因戰爭失敗而消耗了力量，另一方面，城市卻在不斷地發展，市民地位日益提高。市民反對封建主專制，導致有市民參加的等級議會制的產生。貴族力量的削弱和市民

力量的加強，有利於王權的提高。在中世紀普遍的混亂狀態中，王權是進步的因素……王權在混亂中代表著秩序，代表著正在形成的民族而與分裂成叛亂的各附庸國的狀態對抗。

第三，十字軍東征期間，封建主為籌措戰費急需金錢，曾讓部分農民以金錢贖買自由，或減輕部分封建義務；有些封建主在戰爭中死亡，他們的農奴也往往得到了自由。另一方面，由於商品貨幣經濟的發展，貨幣地租日益取代勞役地租。這一切發生了一種有利於農民的決定性的轉變。

第四，十字軍東征導致羅馬教會權威的盛極而衰。羅馬教廷是十字軍東侵戰爭的組織者和領導者，戰爭初期，隨著十字軍的勝利，教會權力大大膨脹，如教皇英諾森三世時期（西元1198～1216年），教會權力達於頂點。但是，後來隨著十字軍的失敗，十字軍的神話破滅，教會權威動搖。另一方面，各國王權不斷加強，教會權威日益受到挑戰。於是，作為西歐封建制度的巨大國際中心的羅馬教會勢力衰落，這就為西歐各國統一民族國家的形成提供了有利條件。

此外，十字軍東征對西方軍事方面的影響也十分重要。十字軍

通用重裝騎兵戰術，戰時採用一線隊形作戰，騎士配置在前，侍從和步兵在後。戰鬥一開始即分為若干小群和單兵進行決鬥，騎兵和步兵之間很少協同作戰。而阿拉伯和突厥人的軍隊主要是輕裝騎兵，他們裝備彎弓、馬刀，其戰鬥素質和機動能力都優於笨重的十字軍騎兵。阿拉伯和突厥人騎兵先用弓箭射傷十字軍，然後將其包圍，割裂敵軍，加以殲滅。十字軍東征使西歐重裝騎兵的作用下降，輕裝騎兵和步兵的作用日益提高。十字軍還從東方學會製作燃燒劑，後來又掌握了火藥和火器的製作技術，加強了戰爭能力；特別是從阿拉伯人處學會了使用指南針，因此大大的改善了航海條件。

在十字軍東征過程中，搖槳戰船隊逐漸被帆船隊所取代，這標誌著西方海軍戰略戰術發展的新時期已經開始。十字軍東征的結果，使動蕩的歐洲的面貌煥然一新。從巴勒斯坦國來的人大開眼界，更新了觀念。

此外，大批大批封建主在東征中戰死，歐洲各國不再受困於那些好戰成性的封建主們的擾攘，一時如釋重負，頗為自在。國王們用一種初級形態的中央集權政府，取代了各自為政的封建體制：警鐘樓（beffro）不久便與封建城堡主塔（donjon）一樣，成為防衛與權力的象徵。

然而，十字軍東征帶給西歐的不完全是勝利和實惠，也有負面影響。十字軍東征，使西歐廣大勞動人民付出了重大犧牲，自不待言。就戰略而言，也有重大失誤之處。例如，十字軍征服拜占廷，西歐封建主暫時如願以償，痛快一時，但從長遠的政治戰略來看，這是得不

償失的錯誤。

首先，侵略拜占廷徹底暴露了教會所標榜的十字軍東征是為「解放」耶路撒冷，援救基督教教友的「神聖事業」的虛偽性，從而導致教會威信掃地；其次，更為重要的是，征服拜占廷就破壞了君士坦丁堡作為歐洲對東方穆斯林的前沿陣地和橋頭堡的作用，使東南歐直接暴露在穆斯林攻擊的目標之下。後來奧斯曼土耳其人佔領君士坦丁堡，君士坦丁堡反而成為土耳其人進攻歐洲的橋頭堡，歐洲為防禦土耳其人的進攻，付出了沈重的代價。

還有，十字軍東征及其暴行造成了穆斯林人民和歐洲基督教之間的長期仇恨和對立，遺患無窮。如當今的中東和巴爾幹諸多問題，從歷史原因上來說，即可以溯源於十字軍時代。不過這些都是當時人們始料未及的。

11世紀的騎士和農民認為，十字軍東征是西方在發洩剩餘力量，海外的土地、財富和封地才是主要的誘餌。但十字軍東征即使是在徹底失敗前，也沒有滿足西方人對土地的渴望，只好在歐洲發達的農業發展中，尋求海外幻景無法帶給他們的解決之道。

十字軍東征並未因與伊斯蘭世界接觸，以及西方經濟發展，而給基督教國家帶來蓬勃的商業，既沒有帶來技術和產品，也沒有輸入精神上的武器—希臘、義大利（尤其是西西里島）和西班牙等地的翻譯中心與圖書館，能提供精神武器，關於這些國家往來比在巴勒斯坦更為密切和有效。設置連搜集奢侈品的嗜好和懶散的習慣都沒有帶來，因為西方的道德家認為，這些興趣和習慣是東方的特性，是

毒品，異教徒拿來送給抵抗不了東方魅力和魔女的十字軍。十字軍東征把西方的騎士階層變窮了，不但未讓基督教國家團結起來，反而大大刺激了國內剛剛產生的各種對立，十字軍東征在西方和拜占庭人之間挖掘了一條鴻溝：拉丁人和希臘人的敵意，隨著一次次十字軍東征而加劇，導致了第四次十字軍東征和西元1204年君士坦丁堡的陷落。

西元1099年在耶路撒冷，西元1204年在君士坦丁堡，這一次次遠征並未導正風俗，聖戰的狂熱反而讓十字軍窮兇極惡，一路上暴行虐施、燒殺擄掠，基督教徒、伊斯蘭教徒和拜占庭的編年史中，都記述了此類暴行。十字軍東征所需的資金，是教會徵收重稅，出賣赦罪的動機與藉口。歸根結底，無力保衛和守住聖地的軍事修會都撤往西方，以便回去敲詐勒索。以上就是這些遠征造成的負面影響。

参考文獻：

（法國）勒高夫《中世紀的西方文明》、（法國）塞西爾・莫里松《十字軍東征》。

7、耶穌裹屍布「真相」之爭

⋯⋯⋯⋯⋯⋯⋯⋯⋯⋯⋯⋯⋯⋯⋯⋯⋯⋯⋯⋯⋯⋯⋯⋯⋯⋯

　　相傳，耶穌（Jesus）被他12個門徒中的一個叫猶大的出賣，在受盡折磨後被釘死在十字架上。耶穌死後，他的另一門徒約翰用一塊裹屍布將其屍體精心包好後放在哥爾高札的一個石洞墓裏。3天後，幾個去石洞吊唁的婦女發現耶穌復活了，這個日子後來成為基督教的重要節日—復活節。然而，就在耶穌復活後，他的那塊裹屍布卻不翼而飛了。

　　本來，這一傳說帶有明顯的宗教神話色彩，人們當初並沒有信而當真。然而到了西元1353年，居住在法國巴黎附近領地的夏爾尼伯爵突然宣稱，他保藏著耶穌受難時的那塊裹屍布。這一消息對基督徒來說，無疑是個極大的震撼。遺憾的是，夏爾尼伯爵尚未說出裹屍布的來龍去脈就很快病故了，因此把這塊裹屍布突然出現之謎也永遠帶進了墳墓。不過，對於一些基督徒來說，他們對這塊裹屍布卻是深信不疑的。

　　4年後（即西元1357年），這塊來歷不明的裹屍布終於在夏爾尼伯爵領地利萊教堂的祭台上公開展出，吸引了大批朝聖者。當時法國基督教徒與天主教徒矛盾日益尖銳，裹屍布公開展出後，立即遭到當地天主教主教的反對，他要求停止展出這塊裹屍布，並斷言它是藝術

品。西元1389年主教的繼承人在寫給教皇的信中指出，有一個不知名的藝術家已經承認，所謂耶穌裹屍布實際上是出自於他手筆的藝術品。因此教皇克里孟特七世下達教諭，只允許在說明這塊細亞麻布不是真正的耶穌裹屍布，而只是藝術品的情況下才能向基督教徒公開展出。

但是，法國的基督教徒們無視教皇的教諭，他們認為那個不知名的藝術家是在嚴刑拷打下被迫承認的，到了15世紀，薩伏伊公爵路易斯將裹屍布從利萊轉移到著名的尚貝里大教堂。西元1532年，尚貝里大教堂失火，裹屍布雖被搶救了出來，但因貯放的銀盒融化，落了幾滴在裹屍布上，使它遭到了一些破壞，同時消防用水也在布上留下了汙跡，但布的中心部分依然完整無損。

西元1578年，裹屍布被遷往義大利北部的都靈（Turin），存放在都靈大教堂的聖壇上，時至今日。每過50年，裹屍布會在教堂的主持下向信徒們展示一次，接受基督教虔誠者的膜拜和讚嘆。

於是，從西元16世紀起，都靈小城也成為了無數基督教徒心中的聖地。面對這塊裹屍布，虔誠的教徒們眼中常常噙著淚水，口中重複著感恩的祈禱，因為他們篤信，這些都是「神蹟」。他們想像著在鋪華石處，耶穌被譏諷，受鞭笞，被打得皮開肉綻，血肉模糊，卻謝絕了好心的耶路撒冷婦人遞上的能讓人失去知覺和免除痛苦的酒，神志清醒地忍受被釘在十字架上的煎熬，任由血跡溢滿手掌和腳面，只是平靜地等待著死亡。對虔誠的教徒們而言，這塊在2千年前用於包裹耶穌遺體的裹屍布，是偉大的救世主替人類承擔一切痛苦、折磨和

懲罰的記錄和證明。

西元1978年的一天，3百多萬人從世界各地湧向義大利西北部的小城都靈，往日安寧、平和的小城似乎暫時亂了節奏。但是紛遝雜亂的腳步和隨之而來的喧鬧，卻絲毫掩蓋不了籠罩在整座城市上空的肅穆。人群聚集在都靈大教堂前，虔誠等待著，翹首祈盼著；這樣的場面在都靈每50年就會經歷一次。

對很多人而言，都靈有著巨大的吸引力，而吸引力的來源就是供奉在都靈大教堂裏的一塊麻布。這塊麻布約4公尺長，1公尺寬，上面有無數汙跡和焦痕。但就是這塊麻布，成為千百萬基督教信徒心目中不可褻瀆的聖物，也成了都靈的鎮城之寶。因為虔誠的基督教徒們篤信，這塊布曾用來包裹被釘死在十字架上的耶穌的屍體。

由於社會上對耶穌裹屍布的真偽眾說紛紜，西元1898年，都靈大主教終於同意一批科學家對裹屍布進行考察研究。人們發現這塊亞麻裹屍布上留有一個明顯的影像——一個裸體、有鬍子、留長頭髮的男人的圖像。其大小和實際人體相等，死者的面容安詳，其身體上留有鞭痕和釘痕，布上相當於死者的頭、手、腰、足部位都有斑斑「血」跡。

有人認為，裹屍布上的影像很像《福音》書上所描述的耶穌受難時的圖像，並斷定這就是大約2千年前約翰用來包裹耶穌屍體的那塊聖布。同時，有歷史學家試圖運用歷史文獻證明耶穌裹屍布的存在及其真實性。例如，經英國歷史學家威爾遜考證認為，耶穌當年受難時，耶穌的門徒確實曾用細亞麻布包過耶穌的遺體，這塊裹屍布曾

長期保存在耶路撒冷，後來它又傳到了東羅馬帝國的首都君士坦丁堡。

而且據記載，13世紀初一個叫克勞里（Croy）的編年史家，聲稱他本人於西元1203年在君士坦丁堡目睹過耶穌的裹屍布。第四次十字軍東征時（西元1202～1204年），君士坦丁堡被十字軍所佔領，當時一些十字軍騎士也曾見過耶穌裹屍布，然而事後這塊裹屍布就失蹤了。

有人猜測，西元1357年在法國夏爾尼伯爵領地利萊教堂展出的耶穌裹屍布，就是十字軍東征時從君士坦丁堡竊運而來的。同時，這些相信者們還發現，裹屍布圖像上的臉型、披肩的髮式及鬍子都屬於西元初的猶太人型，並且裹屍布上的圖像與聖西娜山上葉卡捷娜教堂中的聖像有45處相似，而與查士丁尼二世時，貨幣上的聖像有65處相似。在圖像的眼部發現有西元一世紀鑄造的錢幣痕跡，這證明死者的時間是西元一世紀，與耶穌遇難的時間相吻合。

然而，不信者們也有自己的理由。他們認為，裹屍布的人形屬裸體圖像，這與當時的習俗相違背，因為通行的耶穌受難圖像是穿著希臘長衣，或者腰間束有大腿繃帶。同時，他們還發現，裹屍布上的耶穌圖像留有髮辮痕跡，而中世紀的幾乎所有聖像都沒有髮辮。由此，他們認為裹屍布是偽作。雙方的爭執待續了幾百年。

西元1978年，為紀念裹屍布遷移都靈4百周年，再次舉行了公開展出。各國科學家雲集都靈，用各種現代科學方法對裹屍布做了實物檢驗研究。紡織學家發現，在古代中東地區常以亞麻布做裹屍衣、裹屍布，而這塊亞麻裹屍布明顯具有古代耶路撒冷地區的特徵。同時，

有科學家還發現在裹屍布上含有一些花粉，這些花粉大部分是屬於生長在耶路撒冷的植物花粉。因此他們斷定：裹屍布肯定有一段時期是在耶路撒冷保存過的。

但是馬上有人提出反駁，他們指出，花粉是可以隨風飄蕩或被鳥類帶到很遠的地方的，而裹屍布在幾個世紀中被放在露天場上展出過，因此用花粉來證實裹屍布真實性的論點就有些靠不住了。

於是，有人提出用放射性碳斷代法來測出裹屍布的確切年代，以此來證明裹屍布是西元一世紀的產物，但未能得到允許，因為用這種方法會破壞掉一部分原物。正當歐洲的科學家們爭執不下的時候，從大洋彼岸的美國卻傳來了不同的研究結果。首先，科學家們提出了一個一致的結論，認為這塊裹屍布不是一幅畫，因為裹屍布上沒有發現顏料的成分，至於裹屍布圖像的形成，他們透過西元1532年的那場火災所提供的線索得到了啟發，斷定這是由別人巧妙地用輕微的焦痕構成的。

其次，透過對裹屍布上的「血」跡的研究表明，裹屍布上留下的「血」跡確實是人血。但經分析發現，「血」跡部分拍攝的底片上呈白色，證明裹屍布上的血跡是陽性的，而人體影像卻是陰性的，這說明屍布上的血不是來自於屍體，而是後來加上去的。由此，有些科學家斷言，裹屍布上的耶穌圖像是偽造的，這塊亞麻布根本不是傳說中的耶穌裹屍布。

然而，這是否就能用來完全解釋裹屍布的奧秘呢？科學家們對有些問題至今不解：裹屍布上的圖像是立體的，但古代人是否能掌握

立體成形技術？如果裹屍布上的圖像是由焦痕形成的，那麼要有怎樣的燒燙技術才能繪製出這樣一幅圖像呢？還有，歷史上真的有過耶穌此人和耶穌裹屍布嗎？如果連耶穌都不存在的話，那再探討耶穌裹屍布的問題就是探討一個偽問題，就完全沒有價值了。

参考文獻：

《約翰福音》、（西班牙）朱莉婭・納瓦羅《耶穌裹屍布之謎》。

第五章　眾說紛紜的傳說

歷史留給了我們卷帙浩繁的史料書籍，留給了我們富麗堂皇的殿宇樓梁，留給了我們巧奪天工的金石玉器，但歷史留給我們更多的是各執一詞的故事，眾說紛紜的傳說。那些氣吞山河的英雄，金戈鐵馬的戰役，勾心鬥角的權謀都已湮沒在歷史的長河當中，留給我們的歷史之謎和那些鮮為人知的故事卻在我們的唇齒間流傳。傳說是否真實可信，讓我們進入本章解讀傳說中的未解之謎。

1、獅身人面像不是古埃及人的傑作

獅身人面像，又譯「司芬克斯」（sphinx），位於埃及首都開羅西薩市南郊8公里的利比亞沙漠之中，著名的吉薩大金字塔近旁，是埃及著名古跡，與金字塔同為古埃及文明最有代表性的遺產。獅身人面像高21公尺，長57公尺，光耳朵就有2公尺長。除了前身達15公尺的獅爪是用大石塊鑲砌外，整座像是在一塊含有貝殼之類雜質的巨石上雕成。雕像坐西向東，蹲伏在哈夫拉的陵墓旁。由於它狀如希臘神話中的人面怪物司芬克斯，西方人因此以「司芬克斯」稱呼它。

相傳，當年建造金字塔時，獅身人面像所在的位置是採石場。採石工人把場內上等堅硬的石塊開採來建造金字塔，但中間一片岩石含有貝殼之類的雜質，結構鬆散，故棄之不用。金字塔竣工後，採石場上便遺留下一座小山。

到了西元前2610年，哈夫拉國王前來工地巡視自己未來的陵墓，見此山擋在塔前，頗不雅觀，龍顏頓時不悅。擺在建築師面前有兩種選擇：或拆除運走，或利用它改為陵墓的組成部分。天才的設計師從古代的神話和山的外形中汲取了靈感。遠古時，負責保護部落安全、抵禦外來之敵的酋長，常常被比作勇猛的獅子，而在神話故事裏，獅子又是陵墓和廟宇等聖地的衛士。或許設計師意識到獅子還有殘忍

的獸性一面吧，於是別出心裁地把小山雕琢成哈夫拉的頭像和獅子的身軀，把象徵人的智慧與獅子的勇猛集合於一身。於是，一件千古不朽的造型藝術品就這樣誕生了，它是世界上最古老和最大的一座獅身人面像，千百年來作為守護的衛士堅守在法老陵墓前。

但是，最新的探測表明，這座歷來被視為「法老守護者」的建築，竟然比所守護的金字塔的歷史更為悠久，而且也並不是出自古埃及人的手筆。其實，自從發現獅身人面像開始，人們便在努力探尋它的確切製造年代，但是，沒有任何資料能夠準確表明它的修建時間，一直以來我們認為的「修建於西元前2500年左右」也沒有史料證據支撐，只是專家學者依據它的造型和位置等因素來判斷的年齡。

首先在埃及，獅子有守護的象徵意義，並且歷史上也存在將幾種動物混合進行崇拜的慣例，來確定獅身人面像的用途可能是守衛者。

在古埃及，獅身人面像的真正名字不是「司芬克斯」，而是「地平線上的荷魯斯」。古埃及是個多神崇拜的國家。人們透過關於神的起源和神話來解釋大自然的神奇與世界的創造力，是人類思考、探究世界和宇宙的第一步。荷魯斯神是埃及人最崇拜的神之一，荷魯斯神是獵鷹之神，是天上的神，祂給予法老統治這片土地和這裡人民的權力。埃及的統治者常常把自己與荷魯斯神聯繫起來，人們認為法老是荷魯斯神在世間的化身。荷魯斯這樣的一個神，特別是在埃及的神話裏面，我們還能夠看到一些神。第一個神是豺神，叫阿努比斯，是冥界之神。第二個是貓神，叫巴斯特德。最後一個叫薩赫麥特，

薩赫麥特就是一個獅子的頭，人的身體正好和司芬克斯調過來了。這裡就能夠看到古埃及為什麼要身體跟頭部，讓它是兩種動物的結合，這是有他們自己的傳統的，那麼這個最早起源於什麼時候呢？起源於古埃及那種圖騰崇拜，和自己的面罩的這樣一種儀式。

由於自己有這樣的一種對於動物的崇拜，它可能就做成這樣的一種面具來參加一些儀式，由此給人這樣的一個啟發。也就是不同動物的身體跟頭是能夠連合在一塊的，那麼這個巴斯特德這個神就有保護的意思。為什麼有保護的意思呢？因為它是獅子的頭顱，它很威嚴有保護的意思。所以人們推測在吉薩的金字塔前面，這樣一個龐大的司芬克斯像，它是用來鎮守古埃及法老墓地的。

確定了獅身人面像是一種守護類象徵後，再依據雕像的容貌和位置進一步縮小年代範圍。我們知道古希臘的司芬克斯，獅身人面像，它是一個女人的雕像，除了它是一個女人的雕像之外，我們很難說它跟哪一個特殊的人物有什麼關係？但是古埃及的這個司芬克斯，這個雕像卻不一樣。它所繫的這個圍巾是非常典型的古埃及法老所繫的圍巾，這個形狀是非常典型的，而且頭部前面有一個神蛇的痕跡，雖然真正的神蛇由於經歷這麼多年的風雨，經歷人為的破壞，已經不存在了，但是我們能夠看到，這個地方是有一個雕塑的東西在裏邊，這個東西一定就是那個神蛇，而這個神蛇並不是每個老百姓都能夠有這樣的權力，把它戴在自己的頭巾的上面、正前方的，這是法老的標誌。

由於有法老的容貌特徵，又守護在法老金字塔旁邊，人們自然的

產生了這樣的一種推理：如果能夠確定是哪位法老的象徵，那麼就能夠判斷應當屬於哪位法老，從而確定是哪個年代製造的。

我們在司芬克斯附近看到了一座金字塔，就是司芬克斯雕像後面的那個金字塔，也是整個埃及第二高的金字塔，它的擁有者是法老哈夫拉，他是胡夫的兒子，在其哥哥去世後，接替成為古埃及第四王朝的統治者，繼續統治著埃及，並且建造了巨大的金字塔，然後在金字塔前面又出現了這樣一個獅身人面像。

這個獅身人面像是不是就是哈夫拉呢？因為雕像的鼻子已經不存在了，所以分辨起來有一定困難。學者們經過反覆比較，甚至是一些電腦的測量，最後得出的結論竟然是：儘管它是在哈夫拉的金字塔的前面，一般認為它是哈夫拉金字塔的一個建造物，附屬的建造物，但是從面容上更像他的哥哥詹德夫瑞。詹德夫瑞是哈夫拉的哥哥，他也統治過埃及，也做過法老，在胡夫去世之後，他就接任胡夫當了埃及的統治者，但是他的時間非常短，3到4年左右他就死去了。但是很奇怪的是，他並沒有把自己的金字塔建在歷代法老聚集的吉薩，而是建在了吉薩北邊的阿布拉瓦什這個地方，而且金字塔也建造的很小，完全沒有其前任或後任法老陵寢的高大華麗。由於在位時間的短促、逝世後陵墓的遙遠和狹小，再加上與司芬克斯容貌的相似，使得人們懷疑是哈夫拉盜取了皇位，而且把他哥哥的金字塔也據為己有。

但是無論是詹德夫瑞的還是哈夫拉的，他們的年代大體上都是確定的，那就是西元前2500年左右，距今4500年左右這樣的一個時

間。最初的推理就是這樣進行的，看起來很嚴密，而且從時間上和傳說也能吻合，所以一直以來大家都把獅身人面像誕生於4500多年前。但是，隨著現代科技的發展，人們從地質學、古生態環境學等方面，再度考察獅身人面像時卻發現了不一樣的答案。50年前，一位任教於芝加哥大學的美國地質學家哈爾夫教授，突然對幾張獅身人面像的照片產生出濃厚的興趣。在這座獅身人面像的表面，有許多很深的溝壑，它們全都橫行排列，一層層密存在獅身人面像的表面，使這座古老的石雕顯得更加蒼老和神秘。人們普遍認為，這一奇特的現象的產生，是因為古埃及地區乾燥的氣候和強烈的沙漠風暴使獅身人面像受到了風化。一直以來，無論是正統的古埃及學研究者，還是到此來做過實地考察的各類專家，都對這一解釋深信不疑；而且誰也沒有懷疑過建造這一石像的真實目的。

　　哈爾夫教授不是一個古埃及學家，甚至對考古學也一竅不通，但是作為氣象地質學的研究專家，他在侵蝕和風化的研究領域有著很深的造詣。讓他感興趣的是密存在獅身人面像表面的溝壑。哈爾夫教授進行慎密地研究後斷定：「這些溝壑是因雨水沖涮而形成的！」之後他帶著幾名助手迅速飛往獅身人面像所在地、埃及最著名的觀光區吉薩。那裡不僅有獅身人面像，同時還有舉世聞名的金字塔群落等，一系列在古埃及第三王朝全盛時期留下來的大量古代遺產。經過一系列細緻而嚴謹的考察和取樣分析，哈爾夫教授最終證實了自己的判斷。他立即向世人宣布，獅身人面像上面的溝壑是因雨水沖涮而形成的，而不是如傳統的考古學者們認為的那樣，是因風

沙侵蝕而形成。

此言一出，世界為之震驚。之後幾十年間陸續有專家學者對獅身人面像進行岩石斷代測定，以及岩石裂縫痕跡測定，結果均表明有強烈的雨水或流水沖刷痕跡。而氣候條件要達到如此濕潤，至少要追溯到西元前一萬年之前，遠早於埃及文明存在的時間。而哈夫拉法老只是在已經存在的巨型雕像基礎上，讓人雕鑿成自己面相的圖騰而已。

除了古環境學的理論支援，一些天文學者更是證實了司芬克斯的準確建造年代，是在西元前一萬零五百年前。人們在古代的一片銘文裏（就是刻在石頭上，牆上浮雕當中出現的古埃及的文字），找到了這樣的一片銘文，銘文上寫著：「地上的荷魯斯在夏至前的70天，由彎彎曲曲河的東岸或者說另一面開始行走，向這一面開始行走，那麼70天之後，它與地面上的另外一個神奇結合，正好出現在太陽升起的那一刻。」於是人們就開始分析這段銘文，開始尋找它的真正的含義，這裡說的「彎彎曲曲的河」，依據星相學說應當有兩種含義，一種是地上的尼羅河，一種是天上的銀河。如果依照地上的河推算，位置上應當就是今天的吉薩金字塔附近，於是在夏至70天之前，人們站到吉薩去觀測銀河的東部，發現真有一顆星星，太陽在那裡出現。人們開始觀察這個星星與太陽，結果是70天之後真的落到了地平線上，而這個地方恰好有一個星座—獅子星座。荷魯斯神和獅子星座合二為一了，這應當就是「地平線上的荷魯斯」—獅身人面像。

如此說來，在獅身人面像建造的時候應該恰好會在正東方看到

獅子座。但是，經過推算，在西元前2500年左右，也就是一貫認為的獅身人面像建造的年代，依照銘文記載的時間和方法，二者卻相差了28度！唯一的原因只能是時間不對，西元前2500年前並不是建造獅身人面像的正確年代。

由於地球圍繞太陽旋轉等的關係，會造成不同的時期獅子星座在東方升起和這個星星、太陽會合的時間是不一樣的，並且這一變化很緩慢，今天要看到這一勝景只能在春分左右，而不是夏至。那什麼時候才能正好處在同一方位呢？答案是西元前一萬零五百年！與古代環境學勘探的時間非常吻合。

隱藏在距今一萬多年歷史中的真相，終於被再次破解。但是一個誤解的揭開又帶來了更多的疑問：它究竟是誰建造的？一萬多年前的石器時代的古人類如何進行如此浩大的工程的？會不會是天外來客的傑作？這些的答案還都不得而知。但是，肯定的是，以後一定會有許許多多的猜測和證實，而就是在這種不斷發掘問題、解決問題、糾正問題的過程中，歷史才能夠不斷發展和前行。

參考文獻：

(美國)詹姆斯・羅林斯《聖骨迷蹤》、(美國)薩普利斯《埃及─文明的進程》、余丁《獅身人面像年紀有多大》、劉文鵬《古代埃及史》。

2、瑪雅文明消失的背後

∙∙

　　瑪雅文明被視為千古不解之謎。為了揭開它神秘的幕紗，世界上許多科學家孜孜不倦地進行了大量的探索。而為何如此高度發達的文明突然間消失，成為探討的焦點之一。

　　瑪雅的數學系被人們譽為「人類最偉大的成就之一」，他們很早就開始使用了「0」這一極重要的數字；其曆法也非常精確。他們精確地計算出太陽年的長度，即一年為365.2420日。這是16世紀的歐洲殖民主義者所望塵莫及的，因為那時的歐洲，普遍使用的還是粗糙得多的凱撒曆。不僅如此，瑪雅人還制定了太陰曆，算出了金星公轉一周的時間，並找出了糾正太陽曆和太陰曆積累誤差的方法。

　　一些傑出的考古學家據此認為，瑪雅人或者至少他們的統治者，已經具有了高度的智慧。西爾韋納斯‧莫利和埃里克‧湯普森，分別於西元1946年和西元1954年在各自的著作中提到了瑪雅。根據他們的描繪，瑪雅人是一個愛好和平的民族。這兩位傑出的考古學家發現，在瑪雅遺址的周圍並沒有明顯的防禦工事的遺產。

　　莫利和湯普森由此認為，瑪雅曾是一個宗教王國，其國王兼任祭司，他們終日苦思冥想著宇宙中的數學問題，這種思考偶爾也會被前來送食物的農夫打斷。這些農夫都依賴於他們的智慧。

刻在墓碑上的數字，也為我們提供了瑪雅文明消亡的時間。在科潘被記錄下來的最後一個日期（根據瑪雅人的日曆推斷）是西元820年，其後瑪雅人的其他一些城市也都如多米諾骨牌一樣先後消亡了：納蘭霍亡於西元849年，卡拉科爾亡於西元859年，蒂卡爾亡於西元879年。消亡原因是個讓人百思不得其解的謎題。一些學者試圖從環境方面尋找答案。例如，莫利就認為，瑪雅人為了得到更多的耕地，不斷毀林造田，直到最後他們用盡了他們所有的土地。也有人認為，原因在於瑪雅的農夫耗盡了他們的耕地；還有人提出了自然災害，如地震、颱風或持續的乾旱作為解釋；也有人歸因於瘧疾和黃熱病。

湯普森的理論是：某個文明程度較低的民族（可能來自墨西哥中部或墨西哥灣沿岸地區），進入了位於尤卡坦半島的瑪雅人的最北部的一座城鎮，並推翻統治者。湯普森認為，與其說這是一次軍事侵略，不如說是一次文化侵略。它顛覆了瑪雅人在當地已確立起來的政治和宗教秩序，這一情況向南蔓延，反過來又導致了瑪雅農民的暴動。這些農民曾經對緝私權貴們俯首貼耳，但他們卻不願向野蠻的入侵者進貢。

由於有一些證據可以支持湯普森的理論。在尤卡坦半島上的一些瑪雅人的城鎮中，發現了一些來自於10世紀的帶有墨西哥中部風格的橘黃色的陶罐。隨後又在那裡陸續發現了一些墨西哥灣沿岸風格的建築。但問題在於，並沒有任何遺產，能夠說明瑪雅人的中心地帶的南移曾受過外來的影響。至於陶罐和建築，它們可能來自於和平

時期的商業活動，即使能證明外來者曾入侵北部地區，陶罐和建築上的日期也不足以說明這種入侵是發生在瑪雅文明消亡之前還是之後的。外來者也很可能只是在瑪雅的統治者已經撤離的情況下，填補了一個空白而已。

儘管如此，由於缺少其他更可信的觀點，湯普森和莫利的看法仍繼續主導著瑪雅學術界。直到20世紀60年代和70年代，語言學家們終於能夠解讀古代瑪雅人的單詞和數字之後，情況才有所轉變。參照譯出的文本來看，湯普森和莫利關於瑪雅文明消亡原因的解釋存在許多漏洞。而且，這些文本也徹底改變了學術界關於瑪雅文明的看法。

這些主要都是由達戈·德·蘭達所做的工作。蘭達是一位傳教士，他曾於16世紀50年代訪遍了瑪雅城鎮的各處遺址，這比斯蒂芬斯的探訪活動幾乎早了300年。蘭達曾做過一些初步的嘗試，想把瑪雅人的符號和字母聯繫起來。這些嘗試都不正確，但他的思路卻是對的。可惜，蘭達是一個狂熱的傳教士而非學者，在確信他所收集的瑪雅人的書中所記載的，只不過是些「關於邪惡的迷信和謊言」之後，他將它們付之一炬。只有四本書逃脫了西班牙傳教士的破壞，並在熱帶雨林的潮濕的環境中倖存下來，其中一本後來被存放於柏林國家圖書館。在第二次世界大戰後期，圖書館發生火災，這本書幾乎也化成了灰燼。幸運的是，一位名叫尤里·克諾索洛夫的蘇聯戰士從火中搶救了它，並將它帶回家鄉。然後，在遠離湯普森的思想影響的情況下，克諾索洛夫開始了研究。西元1952年，他宣稱自己破譯了密碼：

瑪雅文字既不全是字母（如同蘭達所認為的），也不全是數字和圖像（如同湯普森所認為的）；而克諾索洛夫認為，事實上它是音節和單詞的組合。

一些學者逐漸開始質疑湯普森，並接受相信克諾索洛夫的觀點。當西元1975年湯普森去世時，人們已經能夠理解瑪雅人的語法和句法，學者們可以著手翻譯瑪雅人的作品了。

西元1966年，有人根據已認出的這些瑪雅文字，試譯了奎瑞瓜山頂上的一塊瑪雅石碑，出乎人們意料之外的是，它竟是一部編年史。編年史中記有發生於九千萬年前，甚至四萬萬年前的事情。可是四萬萬年前，地球還處在中生代，根本沒有人類的痕跡，因而有人認為瑪雅文明是「魔鬼幹的活兒」。

此外，要做的工作很多，因為倖存下來的不僅僅只是四本書，還有刻或繪在石碑上、瑪雅人的陶罐上，以及城牆上的成千上萬的文字。這些東西一經譯出，就動搖了由莫利和湯普森所提出的瑪雅人的形象。在一座座墓碑上，翻譯者們看到了關於戰爭策略、血腥的戰場，以及殘忍的被俘的敵人獻祭的詳盡的描述。我們看到的再也不是愛好和平而又富有知識的祭司階級了；事實證明，瑪雅的統治者都是些好戰的武士，大部分文字都記載了他們在戰爭中取得的勝利。

考古學家在擺脫了湯普森和莫利觀點的束縛之後，發現了更多的證據，它們向我們展現了瑪雅人的窮兵黷武。例如，在蒂卡爾曾發現一些長而狹窄的壕溝和土埂，它們可能曾被用作護城河和土牆。在拜肯也發現過這種曾用於防禦的城牆；在卡拉科爾，人們曾發現建築

物上有燒焦的痕跡，還曾在一座金字塔的地板上發現一個未埋葬的兒童。在博南帕克曾發現過許多栩栩如生的壁畫，過去人們認為它描繪的是某種宗教儀式，而現在則將它們看做是對真實的戰爭場面的再現。

考古學家們確立了瑪雅人的窮兵黷武的形象之後，就可以為其文明的消亡尋求新的解釋了。阿倫和迪亞娜・蔡斯在伯利茲的某個地方發現了武器，他們認為瑪雅的各個城邦之間的連綿不斷的戰爭最終摧毀了瑪雅文明。阿瑟・德瑪雷斯特在圩堤瑪拉北部的一次發掘中，發現了成堆的被砍下的人頭，他也由此得出了相似的結論。他估計大約在西元820年前後，那裡的瑪雅人曾銳減到其以前數量的5%。

德瑪雷斯特認為：「像波斯尼亞瘟疫一樣的戰爭最終斷送了瑪雅文明。」除此之外也發現了一些新的證據，導致以環境因素來解釋瑪雅文明的消亡的古老觀點重新又流行了起來。西元1995年，古氣候學家在研究尤卡坦半島中部的奇徹坎努博湖底的沈澱物時，發現在西元800～1000年這一時期的沈澱物中，硫酸的含量很高。硫酸只有在湖水很少的情況下，通常是在乾旱時期才會沈到湖底。戴維・霍德爾和他的同事認為，這一時期可能曾發生過嚴重的乾旱，造成莊稼欠收、餓殍遍野、疾病盛行，這些都是導致瑪雅文明消亡的禍根。

由此我們可以看出，瑪雅文明消亡其實是有一系列的原因，乾旱是引發一連串環境和文化危機的一根導火線。而戰爭的破壞作用也是一個重要原因。實際上，自20世紀70年代以來，持不同立場的科學

家都逐漸變得更加開明，他們開始考慮到各種相關因素的作用：包括環境的壓力和對外戰爭以及內戰的影響。可能曾有著許多不同的因素削弱了瑪雅人的實力，使他們在最終的危機面前不堪一擊；至於這最終危機的性質則因城鎮不同而異。

瑪雅這個神秘而且高度發達的文明頃刻湮滅，人們對其消亡背後的原因進行了種種探究，雖然推翻了一些錯誤陳舊的觀點，但也許今後還會有更多的考古證據被發掘出來，從而推翻現今達成一致的觀點，而歷史就是在這樣的不斷推翻中，越發地接近了其本來的真面目。

參考文獻：

（美國）西爾韋納斯‧莫利《古代瑪雅》、（美國）J‧埃里克‧湯普森《瑪雅文明的興起和沒落》、（英國）邁克爾‧科《解析瑪雅之謎》。

3、虛構的「特洛伊木馬」

一場戰爭引出了兩大史詩，從而成為西方文學的源頭。這場戰爭就是特洛伊戰爭，而兩大史詩就是荷馬的《伊利亞特》與《奧德賽》。

然而，在那樣一個人神界限特別模糊、人類很像神靈而神靈身上又表現出太多人性的時代，特洛伊成為這一時代人神之中最偉大者交鋒的場所，很多事情發生在這裡。特洛伊國王普里阿摩斯的兒子帕里斯，把世界上最美的女人海倫從希臘帶到這裡；希臘國王阿伽門農為了奪回海倫，率領他的軍隊來到這裡；後來，在這個戰場上，希臘最偉大的戰士阿喀琉斯，殺死了帕里斯的哥哥赫克托耳。在荷馬史詩《伊利亞特》的最後一幕，特洛伊國王普里阿摩斯與阿喀琉斯談判請求歸還他兒子的屍體並停戰。

在史詩《奧德賽》中，故事並沒有到此結束。帕里斯為他哥哥報仇，給了阿喀琉斯的致命一擊，殺死了這位希臘偉大的勇士。而希臘人則透過「木馬計」，潛入特洛伊城內並最終摧毀了它。此後特洛伊的黃金時代也就結束了。

歷史上很多人認為這是歷史事實，並真正發生在希沙立克。但是，自從18世紀開始，學者們對此提出了質疑。許多人懷疑特洛伊曾

經發生過戰爭，甚至更有一些人懷疑荷馬的存在，至少懷疑荷馬作為一個單獨的個人而非一系列詩人的存在。

一直以來，人們都認為是荷馬記載了這個故事，但是卻沒有人知道荷馬是誰，他在哪裡，他是否真正存在過，以及他是如何獲知特洛伊早期歷史的。如果他生活在西元前9世紀到西元前8世紀期間，那麼離他所描述的特洛伊戰爭還要相隔4個世紀。

古希臘史學家修昔底德認為特洛伊的故事是真實的。但是，修昔底德生活與這場據稱發生過的戰爭後800年的時代裏，要準確地證明它的存在的條件也不是非常好。

到了19世紀下半，只有少數學者相信《伊利亞特》和《奧德賽》是對歷史上的真實事件的記錄。相信特洛伊就在希沙立克的人則更少。對大多數人而言，《伊利亞特》和《奧德賽》是偉大的文學作品，而非歷史，然而還是有人相信特洛伊的存在。這其中包括弗蘭克·卡爾弗特—美國駐這一地區的領事，業餘考古學家。19世紀60年代中期，卡爾弗特在希沙立克進行了初步的發掘，發現了一座古典時期的神殿和一堵亞歷山大時期的城牆遺址。這使卡爾弗特很受鼓舞，同時也使他認識到，在希沙立克的下面，沈睡者多個時代的歷史。要進行挖掘，需要更多的資金，而他卻無能為力。

西元1868年，德國的百萬富翁海因里希·謝里曼資助了卡爾弗特進行挖掘。西元1870年，他和他的團隊開始了挖掘。謝里曼相信荷馬的特洛伊非常古老，要發現它就必須向希沙立克的深層挖掘。因此，他在山上挖了一個巨大的坑，直達基岩。在挖掘的過程中，他發現了

許多石器時代的東西，這使他很困惑，因為從邏輯上講，這些東西應該是在荷馬所描繪的青銅器時代或鐵器時代的下面。西元1872年5月，謝里曼在日記中承認他對此百思不得其解，但他們仍然繼續挖掘。

西元1873年5月，他們挖掘出了金子，全是做工精湛的金銀器物，其中有兩只用成千上萬條纖細的金線織就的金冠，60對金耳環和8750只金戒指。謝里曼認為這是國王普里阿摩斯的珠寶，其中也有屬於海倫的部分。他推論說，這個珠寶箱是在希臘人洗劫特洛伊時，被埋在廢墟之中的。

謝里曼比以往任何時候更加相信荷馬描繪的，是歷史上真正存在過的民族和真正發生過的戰爭。但是邁錫尼的奢華墓地使得希沙立克相形見絀，這種對比困擾著謝里曼。謝里曼付給了土耳其人一大筆回報，得以繼續挖掘。

此後，謝里曼在山的西部邊緣一帶進行挖掘，這裡離他發現珠寶的地方約有25碼。他發現了一座大建築物的遺址，這裡很像是荷馬的英雄們的住所。謝里曼認為這是普里阿摩斯的宮殿。工作人員還在宮殿的牆壁內發現了一些陶器的碎片，其形狀和裝飾顯然屬於邁錫尼和特洛伊時代。對謝里曼而言，這提供了他所尋求的在邁錫尼和特洛伊之間曾存在關係的證據。如果它們之間沒有發生過戰爭，那麼至少也曾發生過貿易往來。

然而具有諷刺意味的是，西元1890年的發現也證實了一個問題：新發現比謝里曼在19世紀70年代挖掘的遺址離地面要近得多，這表

明荷馬的特洛伊城的建立，在時間上比謝里曼發現珠寶的小城要晚幾個世紀，因此這些珠寶不可能是普里阿摩斯或《伊利亞特》中的任何人的。

西元1890年，謝里曼死後，將其未竟的事業留給了他的助手威廉‧德普費爾德。德普費爾德認為在西元1890年早些時候，所發現的大房子正是謝里曼所要尋找的青銅器時代的一部分。他沿著原來發現的城市遺址向西、向南繼續挖掘。西元1893年和西元1894年，他發現了更多的大房子，一座瞭望塔，300碼長的城牆，還有很多的邁錫尼時代的陶器。

德普費爾德就此認為，這就是荷馬的特洛伊。事實上，他所發現的瞭望塔和高大的房子、寬敞的街道等，比謝里曼發現的任何建築都更符合詩人的描繪。德普費爾德分析了希沙立克之下的這些沈積物，認為謝里曼發現的小城是希沙立克的第二座城堡，建於西元前2500年，而他本人發現的特洛伊則是這裡的第六座城市，建於西元前1500～西元前1000年。這種推斷雖不準確，卻使得德普費爾德的發現，非常接近於關於特洛伊戰爭發生的時間的傳統看法（大約於西元前1200年），而這使他更加確信自己發現的就是荷馬的特洛伊。

德普費爾德的看法流行了大約40年，直到一支美國探險隊在卡爾‧布利根的帶領下來到希沙立克。布利根的發掘工作從西元1932年持續到西元1938年，這一工作指出了德普費爾德的假設中的一些嚴重的問題。布利根認為，第六座特洛伊的覆滅，不可能是希臘人的入侵造成的。城牆的一部分地基發生了偏移，而其他部分則似乎徹底傾塌

了。

布利根認為這種破壞不可能是人為的，即使是由神奇力量的人也無法做到這點，他將這歸因於一場地震。布利根認為，接下來在希沙立克出現的城市，從總體上看是第七座，這才是荷馬的特洛伊。地震之後，特洛伊人以完全不同的風格重建了他們的城市。第六座特洛伊的高大的房屋被分隔成一些小的房間，寬敞的街道兩旁也擠滿了小房子，每座房子都在地板之下藏有一個很大的儲藏罐。在布利根看來，所有這一切都表明這座城市正處在風雨飄搖之中：希臘人在家門口虎視眈眈，每一塊可被利用的空間都擠滿了難民和他們的財物。布利根最後得出結論，第七座城市在第六座之後不久就沒落了，因此它也符合關於特洛伊戰爭發生時間的傳統看法。

謝里曼、德普費爾德、布利根這三位考古學家，都相信自己在希沙立克找到了荷馬的特洛伊，雖然具體地點不同。他們三人都將對後世的學者和考古學家們的工作感到振奮；往後又發現了來自赫梯文明的遺址。直到西元前1200年，土耳其一直處於這一文明的繁榮時期。

在20世紀70年代和80年代，學者們解讀了一些在這裡發現的泥板上的文字，其中列舉了與赫梯人來往的外國的國王和外交官的名字。一些學者指出，這其中就有普里阿摩斯和帕里斯的赫梯文的譯法。20世紀90年代中期，德國考古學家弗雷德·科夫曼又一次來到希沙立克。他運用了遙感技術，測定出德普費爾德、布利根所發現的城牆遠早於先前認定的時間範圍。與前人相比，科夫曼發現的特洛伊更

可能是荷馬的英雄們的城堡。科夫曼的分析還表明在西元前8世紀，特洛伊的城牆可能還屹立著，而荷馬很可能在這一時期到過那裡。

但是，大多數學者還是認為，即使特洛伊城確實存在，也無法確定特洛伊戰爭是否真的發生過。《伊利亞特》和《奧德賽》是對失落已久的黃金時代的渴望，和詩人的生動地想像的產物，當然不能被認為是可靠的歷史敘述。

史詩中寫到出於某種原因，特洛伊人還在他們的城池周圍修築了高大的城牆。但卻沒有任何考古跡象表明，在特洛伊城外曾有軍隊駐紮過，更別提有過一支約11萬人的龐大的希臘軍隊了。

史詩中所描寫的特洛伊戰爭的大部分內容顯然難以令人相信，這場戰爭持續了10年，這就很更難讓人信服；因為軍隊紀律無法維持如此長久（因為我們知道，那一時期的其他戰爭沒有一場持續時間超過幾個月）。也沒有人閒心，這麼多年以來，希臘士兵一直在海邊安營紮寨，而他們的國王也一直陪在他們的身邊。至於之前提到的關於海倫的故事，雖然很吸引人，但是卻毫無根據。世界史專家斐茲羅伊‧拉格蘭在報告中說，他無法在當時的歷史中找到「一位和外國王子或其他外國人私奔的王后」。

關於特洛伊木馬的故事，更是任何具體的證據都沒有。在對特洛伊城進行的重複挖掘中找到的幾千件物品中，沒有一件能說明有一個巨大的木馬存在過。

那些稱特洛伊故事為真實故事的人堅持認為，一些細節令人難以置信或未經證實並不要緊，關鍵在於那些看似合理的細節。但照

這一方法的話，任何詩歌都能成為歷史了。難道僅僅因為某首詩包含了一兩個真實的人，就意味著那首詩描述的是真實事件嗎？這種理論顯然是站不住腳的。

但是，正如謝里曼指出的，在希沙立克和邁錫尼曾有過宏偉的城市，這一點是毋庸置疑的。歷史學家還不能確切地知道生活在這兩處的民族的名字及其日常生活，但他們認為，很可能兩地的居民之間曾進行過大量的貿易往來。

特洛伊和邁錫尼的居民之間，曾進行過交往和貿易，很可能在他們之間還發生過戰爭，至少在這一點上，荷馬以及謝里曼是正確的。畢竟他們都是人，會進行日常生活的交流是完全可以確定的。

然而，究竟是特洛伊戰爭成就了荷馬史詩，還是荷馬史詩成就了特洛伊戰爭，特洛伊戰無論究竟是真是假，這一切都湮沒在漫漫的歷史長河之中了。

參考文獻：

（德國）海因里希・謝里曼《特洛伊及其遺址》、（美國）卡爾・布利根《特洛伊和特洛伊人》、（美國）邁克爾・伍德《特洛伊戰爭揭謎》。

4、神秘面罩下的「鐵面人」

西元1703年巴黎最黑暗的巴士底獄，一個戴鐵製面具的囚犯去世。所謂鐵面人是指那個男子在被幽禁的34年中一直佩戴著面具，禁止說話，而發出那個命令的是當時的國王路易十四。據說那個男子掌握著威脅波旁王朝的秘密。

西元1751年，伏爾泰在《路易十四時代》一書中寫道：在西元1661年發生了一件史無前例的事，一個身材高於常人、年輕、帥氣、高雅的不知名的囚犯，被秘密地押送到普羅旺斯海外的聖馬格麗特島上的一座城堡。這個囚犯一路上戴著面罩，面罩的護頰裝有鋼製彈簧，使他能戴著吃飯而不會感到絲毫不便。看押人員奉命，如果他取下面罩就殺死他。後來，這個無名氏被帶到巴士底獄以後，人們在這個城堡裏盡可能把他的住宿安排得非常舒適妥貼，為他做的是上好飯菜。鐵面人對自己的處境從無怨言。至於他是什麼人，他自己一點也不想讓人知道。這個人於西元1703年死去，當晚就被埋在聖保羅教區。至於他究竟是誰，伏爾泰沒有下文。

戴著面具的那個囚犯在獄中作為特殊的存在加以對待，受到與別的囚犯完全不同的待遇。給予專用的房間和食具，由獄長專人伺候，在這個犯人面前，連獄長都恭恭敬敬地站著，不許坐下。儘管如

此，那個囚犯並不能自由行動，強制過著比一般囚犯更嚴厲的監獄生活。例如，規定他不可說話，即使吃飯時也不許摘下面具。他何以要戴面具關在牢裏面呢？在巴士底獄沒有人知道其中細節，唯一清楚的是由當時的國王路易十四發出的命令。

令人不解的是，如果是危險的人物，處死應該就可以了。但是路易十四沒有殺他，只讓他戴著面具繼續幽禁著。

從查閱記錄來看，鐵面人是以「厄斯塔什•杜齊埃」的名字被埋葬。因為當時在巴士底獄結束生命者是以假名埋葬，所以在後來的史學家之間認為這個名字不是真名。

在當時監獄的文書中，厄斯塔什•杜齊埃名字最早出現是西元1669年7月19日，陸軍大臣盧瓦給當時皮•羅爾監獄獄長聖馬爾的信中。皮•羅爾是修建在義大利西北部阿爾卑斯山半山腰的小鎮，17世紀時，小鎮是由城牆圍起來的堅固要塞，在那裡修建了皮•羅爾監獄。

信中這樣寫道：「聖馬爾先生，奉聖旨將一名叫厄斯塔什•杜齊埃的人護送到皮•羅爾。最重要的是，對這個人要嚴加隔離，不允許他向別人提到自己的身分。事前通知是希望趕緊準備好監禁此人的單獨牢房，窗戶應設在誰也無法靠近的方向，門設多層，使守護在外的哨兵什麼也聽不到。每一天的飲食，由你親自送到鐵面人的手上。如果有什麼事，也不得傾聽這個人說話。如果向你說多餘的話，證明屬實將被判死罪。」

更令人震驚的是，從此獄長的工作就與鐵面人聯繫在一起。鐵面

人每次調換監獄，獄長聖馬爾的工作就跟到那裡。例如西元1687年，聖馬爾獄長與囚犯一起轉移到法國南部戞納灣的聖馬格麗特島。

聖馬爾給當時的陸軍大臣盧瓦的報告是這樣寫的：「將該囚犯運送到島上時，使用最安全的交通工具，採用塗蠟的布包裹木籠。這樣囚犯不會呼吸困難，裡面空氣能夠很好流通，但是外面誰也看不到他，也不能交談。木籠周圍由4～5名士兵警衛，並由8名民工搬運木籠，他們是特別從義大利都靈雇來的，這些民工不懂法語，無法與囚犯對話。」

聖馬格麗特島有12間左右的牢房和容納警衛隊居住的大片營房，並且專為鐵面人建造了單獨牢房。至今我們還可以看到留下的那間單獨牢房，面積30多平方公尺，窗上裝有縱橫的窗櫺，有三道門組成。最後在聖馬格麗特島單獨牢房被囚禁11年的男子，最後又被押解到了巴士底獄。

鐵面人是西元1698年被押解到巴士底獄的。據記載，鐵面人乘坐的車子一到巴士底獄的大門，城堡周圍的商店就被勒令關門停業，所有警衛也臉朝著牆壁迎接，為的是不讓他們看到囚犯的臉。

9月18日星期4下午3點，聖馬爾從聖馬格麗特島轉任巴士底獄的新司令官。晚上9點，在副官的引領下把囚犯安置在韋爾特塔的第3單獨牢房。並且規定副官照料囚犯的日常生活，但膳食由他負責。

首先，據在獄中工作的馬爾索朗醫生說，初到巴士底獄查牢房時，聽到鐵面人說，自己大約60歲左右，如果這是真話，那他是西元1638年出生。這意味著與路易十四是同一年出生。

此外，關於鐵面人流傳著各種傳說，國王的私生子、國王的孿生子、王后的私生子等等。但是各種傳說中有共同的一點，那就是路易十四讓囚犯戴面具的理由是，囚犯的臉與路易十四的臉一模一樣。顯然，僅僅臉龐與國王相似還不足以關入監獄。那麼，又是為了什麼呢？

　　18世紀下半，法國思想家波代爾發表了如下的假設：「鐵面人是路易十四的母親安娜王后與當朝宰相馬札朗的私生子。路易十四知道有一個兄長，害怕他爭奪王位，於是把兄長抓起來，戴上面具，幽禁在牢裏。」

　　西元1847年，作家大仲馬發表了小說《三劍客》。在那本小說中寫到了鐵面人：「鐵面人是路易十四的孿生兄弟，在獄長聖馬爾寫的某機密文書上有記錄。」大仲馬說他的假設來自這一依據。

　　下面我們將評論這兩個假設的可靠性。首先波代爾的「王后的私生子說」，在現代認為其可靠性很低，理由是鐵面人的死亡年代或聖馬爾去巴士底獄赴任的年代記述有錯誤。另外，當時王后的生育是在眾大臣的眼皮下進行的，無法隱瞞。如果是王后的私生子豈能下獄，還要封賞領地和支付定額的養老金呢。

　　那麼，大仲馬的孿生兄弟說又如何呢？大仲馬的這個說法是從內務部的檔案室發現的文書作為推理，但是這個文件是偽造的說法很強，其理由是如果聖馬爾知道這個事實，按其職責是嚴禁記錄的，他也知道一旦被路易十四察覺，有被處死罪的風險。據以上的理由，波代爾說和大仲馬說的都不是真實的。

西元1934年，維樂那多在《王后的醫生》一書中，斷定犯人是法官兼警察頭子拉雷尼。他的叔叔名叫帕·科齊涅，是著名外科醫生，在宮廷中為路易十三的妻子安娜服務。路易十三死後科齊涅解剖其屍體，發現死者並不是路易十四的父親。科齊涅將這一秘密告訴了拉雷尼。

後來宮廷為了防止這一醜聞傳開，拉雷尼就成了終身囚犯。然而據查明科齊涅任宮廷醫生時（西元1644年），路易十三已死去一年了，故不可能有解剖屍體之說，而拉雷尼是於西元1680年在故鄉善終的。

19世紀末，安娜·維格曼在一部著作中，大膽假設囚犯是英國國王查理一世。作者主張查理並不像通常認為的那樣死在斷頭台上，一個忠於王室的人代他受了刑，後來查理來到法國變成了路易十四的階下囚。但不解的是，路易十四為什麼要把死裏逃生的查理關起來呢？戴面罩的犯人既於西元1703年死去，如果是查理的話，他應該是103歲了。他能這樣長壽嗎？顯然這種說法也是荒謬的。

從人們對路易十三和路易十四的父子關係的懷疑中，有人得出了另一個結論：戴面罩的人正是路易十四的生父。路易十三和王后安娜婚後不和長期分居，後經擔任首相的紅衣大主教黎塞留從中調解，重歸和好。但此時安娜在與一貴族情人的交往中已身懷六甲，不久即生下了路易十四。為了掩住馬腳，安娜的情人、路易十四的生父只得流落他鄉。路易十四登基後，其生父偷偷返回向兒子乞求賞賜。路易十四既怕醜聞暴露又不忍心加害生父，於是就有了一個戴面罩的終

身囚徒。這一說法顯然無法解釋下面一個事實：據監獄的犯人登記簿記載，戴面罩的人於西元1703年11月19日突然死去時，是一個45歲左右的中年人。而這一年路易十四已65歲，那他的生父又該多大呢？這種假設也站不住腳。

西元1970年，法國記者波・讓・阿列斯出版了《鐵面罩：最後揭開的一個謎》一書。他運用大量資料論證了上一世紀就出現的一個觀點：路易十四的財政大臣富凱是戴面罩的囚犯。富凱曾是路易十四的寵臣，西元1661年他以侵吞公款罪被捕入獄。路易十四主張將他處死，但法院卻判他終身流放，被關進皮涅羅爾城堡。路易十四曾堅決要求富凱必須死在獄中，據當局宣布，富凱於西元1680年3月23日突然死去，他的屍體未交其親屬而由當局秘密處理了。阿列斯認為，死者並不是富凱，而是他的僕人愛斯塔斯・多勒，而富凱則在面罩掩蓋下活著。關於鐵面罩的傳聞恰好是在富凱「死」時（西元1680年）開始的。但是，西元1703年富凱已是老態龍鍾，而戴面罩的人卻是個中年人。

既然以上假設都不成立，那麼鐵面人秘密的真相究竟是什麼呢？

經過多年考證，「鐵面人」的真相逐漸浮出水面，而找到真相靠的是「鐵面人」被埋葬時的名字。一直被視為假名的「厄斯塔什・杜齊埃」作為線索。一位歷史學家循著古文獻，最終查清在路易十四的衛隊軍官中有厄斯塔什・杜齊埃的名字。他有出生記錄，但是不知何故沒有死亡記錄，而且他的情況從西元1668年起就不清楚了。

所謂西元1668年，不就是鐵面人被關入監獄的那一年嗎？這個厄斯塔什是個放蕩不羈的人，經常吵架並惹起決鬥。由於在宮廷飲酒引起鬥毆流血事件，結果從衛隊的軍官中被除名，並禁止出入宮廷，其後他更加放蕩，漸漸落入舉債的深淵。

　　接著歷史學家發現，被家族鄙棄，身無分文的他因想敲詐路易十四而被捕。原來厄斯塔什是路易十四同父異母的兄弟！的確，現今留下的厄斯塔什肖像與路易十四一模一樣。據此，歷史學家們推測路易十四意識到厄斯塔什對他王位的威脅，於是把他抓起來，讓他戴上面具，藏起他的臉來。事情的發生還得從路易十三不能生育談起。宰相里什圖考慮到國家不能沒有繼承人，於是向國王提出找個代理父親，讓王后生子，而且選擇配種的角色是路易十三的副官弗朗索瓦・杜齊埃。於是王后與杜齊埃之間生下的孩子平安地接位成為路易十四，令人難堪的是，路易十四與杜齊埃家的孩子厄斯塔什長得一模一樣。

　　成年後的厄斯塔什很快掌握了這個秘密，因此西元1669年舉債度日的厄斯塔什以這個秘密為證據要挾異母兄弟的國王。感到威脅的路易十四為了平息事態，只得將他抓捕入獄，並且戴上面具，一直幽禁到他死，長達34年。以上是近代史學家找到的有關鐵面人真實身分的證據，這種說法跟前面種種說法相比，幾乎沒有任何漏洞。至此，我們對「鐵面人」的猜測也可以告一段落了。

參考文獻：

（法國）波・讓・阿列斯《鐵面罩：最後揭開的一個謎》、（法國）維樂那多《王后的醫生》、（法國）伏爾泰《路易十四時代》。

5、自殺的是否是希特勒

．．．．．．．．．．．．．．．．．．．．．．．．．．．．．．．．．．．．

　　阿道夫‧希特勒，是德國國家社會主義工人黨即納粹黨的總裁和德意志第三帝國的元首，第二次世界大戰頭號戰犯。

　　阿道夫‧希特勒出生於奧地利北部布勞瑙鎮一個海關職員之家。西元1913年遷居德國慕尼黑前無固定職業，成為民族主義和反猶主義的狂熱信徒。希特勒早年曾因暴動入獄，並在獄中寫下我的奮鬥一書，表達出他多方面的觀點，如兼併奧地利，反猶和獨裁。西元1933年1月30日出任德國總理，利用「帝國大廈縱火案」打擊異己黨派。西元1934年8月1日德國總統興登堡病逝，希特勒兼任德國總統，並將總統與總理兩個職務二合為一，擁有無限的權力，並命令所有軍隊以及法官和政府官員向他宣誓效忠。作為元首和總理，他成為國家政權的單獨執掌者即獨裁者，把軍隊和教會之外的所有政治社會機構都一體化。第二次世界大戰時期兼任德國武裝力量最高統帥。

　　他執政期間的德國被稱為納粹德國或德意志第三帝國。西元1939年9月，出兵閃擊波蘭，正式點燃起第二次世界大戰的烈火。西元1945年4月28日，蘇聯紅軍攻入柏林市區。56歲的希特勒和他的情婦愛娃一起，在總理府花園的地下掩蔽裏身亡，從而結束了他罪惡的一生。

關於希特勒的死因一直眾說紛紜，大多數史學家認為，這個「戰爭癡狂者」當年是因為無法接受慘敗的事實，內心極度不平衡而選擇了服毒自殺。官方也贊同這個說法，宣稱當時的蘇聯情報組織人員對希特勒等屍體進行解剖化驗時，根據死者口中透出的極苦杏仁味，以及玻璃藥瓶等線索，證實希特勒等人是服食山埃自殺。然而，關於這位納粹頭目的死亡仍波瀾不平，根據最新的研究表明：希特勒並沒有死於西元1945年的自殺，當時發現的屍體只是希特勒的替身。

　　這一說法在幾十年前便存在，但是最近美國一位女歷史學家德伯拉·海登的新觀點進一步佐證了這一看法。這位美國女歷史學家認為希特勒曾經罹患梅毒，並且直接導致了他的性格形成，她甚至認為，希特勒晚年對病情絕望，這促使他演變成了一部瘋狂的「殺人機器」。

　　德伯拉·海登女士對研究希特勒的自殺之謎情有獨鍾，她多年來搜集了大量有關希特勒晚年生活及身體狀況的資料，其中大部分資料來自於當年希特勒身邊的醫務人員，其詳實性和權威性均超過了以往任何相關課題的研究。

　　德伯拉·海登在對資料進行整理和綜合分析之後發現，所謂希特勒晚年「頑疾纏身」，他罹患的實際上是晚期梅毒。根據希特勒的個人首席醫生莫雷爾掌握的病例，「希魔」當年患有諸多疑難雜症，而只要將前後症狀聯繫起來分析，就會發現它們其實都是梅毒感染的典型症狀，而且病情在一步步走向惡化。

　　希特勒當年的病例顯示，他的心臟一直有問題：經常心率不整，

或者說鼓膜有伴音，而那是由於梅毒感染伴發主動脈炎引起的。眾所周知，希特勒晚年動輒癲狂暴怒，人們原先以為是他怪癖的性格使然，而現在終於找到了病根：原來是梅毒侵染了他的大腦，使他患上了腦炎，導致神經功能紊亂。在生命的最後幾年裏，希特勒常常被各種疾病困擾，如頭暈目眩、胸悶氣短、胸口疼痛、腸胃不適、頸部長滿膿胞、脛骨受損導致小腿腫脹，有時甚至連皮靴都穿不上……而諸如此類的病症都是梅毒感染的典型症狀。

從莫雷爾醫生保留的病例來看，希特勒從西元1941年開始定期要接受碘鹽注射，而這在當時是治療所有性傳播疾病的常規手段。另外，希特勒之所以挑中莫雷爾做他的長期私人醫生，也極有可能與他深知自己的病情有關。莫雷爾不僅是一位資深的皮膚科專家，更是當時德國最著名的性病治療權威。

德伯拉·海登將她的上述發現寫成了一本書：《皰疹：關於天才、癲狂和梅毒的秘密》。德伯拉·海登在書中寫道：「如果從梅毒這一特殊的切入點去審視希特勒的生命歷程，你會發現他晚年時期的所有症狀都是彼此相關的，從早期輕微的症狀一直可推到晚期嚴重的症狀，總之，他一生所得過的各種怪病都可以得到一個合理的解釋：梅毒感染。希特勒晚年之所以變成了一頭嗜血的惡魔，很可能與他知道自己患上了絕症有關。在當時的醫療條件下，感染上梅毒就意味著宣判了死刑。」一個垂死的人還會顧及什麼呢？於是他瘋狂地轉移自己的注意力，把絕望發洩在世界大戰和大屠殺上；也許沒有任何一件事情能比親眼目睹無數人慘死給希特勒帶來更多的生命樂趣。同

時，梅毒解釋了希特勒的性冷淡，也解釋了他為何要在自己唯一的個人傳記《我的奮鬥》中，花13頁的筆墨來闡述德國根除梅毒的重要性。

希特勒究竟是如何感染上梅毒的？據說，他在西元1908年（時間不能肯定，或者是西元1910年）訪問奧地利首府維也納時，與一位街頭妓女發生了關係，從此產生病根。據野史記載，這個讓希特勒一見傾心的紅塵女子居然還是個猶太人。雖然這只是一種傳聞，缺乏史實證據，但是希特勒卻在《我的奮鬥》中寫道：「猶太人對傳播梅毒負有不可饒恕的責任。」同樣也是據野史記載，希特勒曾在西元1918年視察德軍一家野戰醫院時被驗出感染了梅毒。後來為了防止走漏風聲，黨衛軍司令希姆萊一把火燒掉了醫院的檢查報告，並秘密處決了幾位知情的醫生滅口。

德伯拉・海登的觀點提出後，引起廣泛的爭議，雖然諸多病症能夠佐證希特勒可能罹患梅毒，並且確實深受病痛折磨，但是卻不能因此說明是因為梅毒而促使希特勒自殺。梅毒可能是促使希特勒撒手人寰的原因之一，卻不是致命原因。

但是這一發現卻最後引導人們揭開了最終的真相：希特勒沒有自殺，而是消失了。

其實，一直以來便有很多人質疑希特勒死亡的消息，蘇聯領導人史達林便是其中之一。西元1945年5月4日，蘇聯偵察員在德國總理府花園的一個彈坑裏，發現了被推測為希特勒和愛娃的兩具焦屍。史達林接到報告後認為希特勒沒死，只是隱匿起來，為此他命令蘇軍活

捉了一批希特勒隨員，包括他的護衛、私人飛機師和牙醫助理員等，經過多番審訊，他們都異口同聲的指證希特勒是飲槍自盡。而蘇聯情報局根據驗屍得出結論是服毒自殺，口供與驗屍報告的不同，自然讓史達林心生懷疑。

他對美國和英國領導人談了這一看法。當時，英國首相艾德禮也認為希特勒仍然在世。

西元1945年6月在波茨坦會議上，他說出了這一推測。西元1945年，當蘇聯軍官把希特勒的顱骨給牙醫看時，他認出了自己給希特勒做的幾顆假牙。但是，西元1972年他在和德國作家馬澤爾的談話中推翻了這個說法。他說，無法肯定那就是希特勒的顱骨；他的助手也發表了同樣的言論。然而，當初他倆的證言恰恰就是蘇聯屍檢專家鑒定的依據。莫斯科犯罪學實驗室對據說是希特勒開槍自盡時，在沙發上留下的血跡的鑒定表示，這不是血，而是色澤相像的液體。被認為是希特勒的那具焦屍上的血型，和希特勒的真實血型也不符。焦屍的大腦內也未發現彈痕。

俄羅斯出版的《第三帝國最後的秘密：希特勒消失之疑案》一書的作者列昂‧阿爾巴茨基根據史料，認為種種跡象表示，是替身掩蓋了「元首」潛逃的蹤跡。根據一份美國聯邦調查局的秘密文件顯示，希特勒擁有至少14個替身。4月30日13時，希特勒與下屬告別，和愛娃一起進了地堡。此後在生還的證人中，只有近侍林格一人見過死後的希特勒。其餘的人只見過裹在毯子裏的屍體從希特勒辦公室抬出，毯子裏究竟是誰，他們並不知道。

如果是假死亡，那麼為什麼要讓愛娃服毒？這也正是希特勒為了製造假死亡的表象，處心積慮的體現。眾所周知，希特勒有相當程度的性冷淡，一直未婚，在前文德伯拉‧海登的詳盡說明也證實這位偉大的元首患有梅毒，愛娃‧布勞恩是希特勒身邊時間最長久的一位情婦。但是在死亡之前他卻突然與愛娃結婚，之後便雙雙自殺身亡。其實是為了讓這幕戲演得更逼真些。愛娃的死使得世人更確信旁邊的屍體便是希特勒，而實際上他本人在隔壁換了裝，改變了外貌，不該知道這一秘密的人，事先都已經被清理出地堡。

　　希特勒的副官京舍的證詞說，他曾下令讓警衛離開通向希特勒套間的房舍。然後，希特勒悄悄離開地堡。眾所周知，4月30日午夜逃出德國總理府防空洞的人多達4萬名，希特勒很容易夾在人群中混出去。戰爭剛結束後的前幾周，柏林和德國到處是無家可歸的人，希特勒不費吹灰之力就能消失在人流中。

　　有個細節值得注意：希特勒在跟林格道別時，命令他設法逃到西方。林格問他：「這是為誰？」「為元首。」林格後來在監獄裏說，只有他一個人知道希特勒之死的秘密，但他永遠也不會說出來。希特勒在最後時刻曾等過飛機，但白等了，因為機場已被炸毀。但他完全可能利用鐵路隧道逃出。當時有10艘遠洋潛艇停泊在漢堡港，艇長們接到的命令是送政府要員撤退。

　　希特勒警衛隊成員凱爾瑙供稱，他在5月1日看到希特勒還活著。而西元1947年1月，美國將軍艾森豪‧威爾接到的一份文件，更是證明了希特勒的生還：一份標記著「高級機密」的黃色封皮文件來自中情

局特別間諜小組，它表明，希特勒並未在西元1945年4月30日自殺身亡，而是逃出了柏林，這份絕密報告稱，中情局特工發現了可信的證據，證明希特勒不僅沒有死於二戰，而且正藏身在德國海德爾堡附近的威恩海姆地區。所以說，當初在帝國總理府花園內發現的屍首並非希特勒。

但是，現在已無法重新鑒別了，因為蘇聯克格勃主席安德羅波夫曾於西元1970年下令，挖出並徹底焚毀埋葬在東德馬格德堡蘇軍兵營裏的希特勒和戈培爾全家的屍骨，骨灰隨後拋入河中。有關焚毀過程的記錄保存至今。

人固有一死，時至今日，生於西元1889年的阿道夫・希特勒早已做古，但是他卻沒有死於世人熟知的場所和地點。西元1945他親手構建的法西斯王國，雖然隨著盟軍的最後進攻而化為泡影，但希特勒本人卻逃過了蘇聯人的耳目，繼續存活在世界的某個角落。希特勒最終隱身於何處？究竟死於何時？我們不得而知，或許在之後的發現中，我們會進一步揭開真相。

參考文獻：

（俄國）列昂・阿爾巴茨基《第三帝國最後的秘密：希特勒消失之疑案》、（美國）德伯拉・海登《皰疹：關於天才、癲狂和梅毒的秘密》。

6、扶桑不等於日本

∙∙∙

　　只要一提到扶桑，人們總是會想到日本，認為扶桑就是中國古代對於日本的稱呼，但越來越多的學者透過研究，發現扶桑並不等於日本。

　　首先我們來看一下扶桑是什麼？一般人認為是傳說中的神木。《山海經‧海外東經》：「下有湯谷，上的扶桑，十日所浴，在黑齒北。居水中，有大木，九日居下枝，一日居上枝。」《大荒東經》：「……上有扶木，柱三百里，其葉如芥，有谷，曰溫源谷。湯谷上有扶木，一日方至，一日方出，皆載於烏。」《山海經》的《海外東經》、《大荒東經》講的主要是美洲。湯谷，朝陽谷，溫源谷，大墼是一地多名，真有這樣的地方嗎？當然有！就在墨西哥。正如名稱所示，湯谷，溫源谷突出了「熱水」這個事實，而其成因在於岩溶地形。扶桑又叫扶木，並未說明一定是桑樹。有人說扶桑是龍舌蘭，它的確在墨西哥廣為分布。李時珍說是木槿別種，又名朱槿。然而結合扶桑文化選擇，唯有檜樹當之。

　　《山海經》還有若木、建木。《大荒北經》：「……上有赤樹，青葉赤華，名曰若木。」郭注：「生昆侖西，附西極，其華光赤下照地。」《海內經》：「有木，青葉紫莖，玄華黃實，名曰建木……大皥爰過，黃帝

所為。」這兩種木也是樹中的神木，與上古的天文曆法及宗教實踐有關。不同的是，扶木扶桑在東，若木在西，建木在中；實質是一樣的。上古先民觀測太陽的運行，很自然地選擇了大山，大木作為參照物。大木實際上是日晷的原型。由於大木能測定一年的節氣和一日的時間，被先民奉為神物。「首德於木」的太昊應是以大木測定曆法的創始者，即扶桑崇拜的開端。「大皥爰過」言外之意是太昊登建木上天，黃帝到其地舉行繼承下來的宗教儀式，因而有「黃帝所為」。太昊是龍圖騰，並與木有關，所以太昊、龍、木在五方、五帝、五色、五行當中都在東方，東方蒼龍七宿中的角宿春天從東方升起，本地稱「二月二，龍為頭」，古代叫「青龍節」。角為龍頭，心、房為龍體，尾為龍尾。這一觀念與太昊部族的天文學實踐有直接關聯，後來則成為中國各部族的共同認識。

扶桑與太陽的聯繫是觀測太陽時建立起來的。「九日居下枝，一日居上枝。」是說「十日」（十天干）依次經過，與羲和生十日相合。「一日方至，一日方出」是太陽從東方（湯谷、扶桑）升起，到西方（禺谷、若木）落下，夜在歸墟沐浴，太陽雖是同一個但已是又一天。「皆載於鳥」與「禺谷」之觀念來自炎帝族，仰韶文化陶器上就已有太陽中的鳥的圖案，朱雀、朱鳥為炎帝族的觀念。《淮南子》說「日中有駿鳥」，即三足鳥。《大荒北經》「誇父不量力，欲追日景，逮之於禺谷。」誇父是太陽崇拜最登峰造極的象徵。《山海經》真實地記錄了這位炎帝的業績。禺谷之名得自「禺」—誇父（猴）圖騰，當然不一定是從帝榆罔開始，很可能在他之前很久就有了。《淮南子》：「若木在建木西，末

有十日，其華照下地。」因為若木是日落之地，十日全在下。

西元499年，一位法名慧深的僧人雲遊扶桑國後回到中國，敘述了扶桑國的物產、刑法、習俗、建築、文字等方面的聞見和情形。這段敘述見之於《梁書‧諸夷傳》中，是正史資料中有關扶桑的唯一記載。

東方朔的《十洲記》中，將出產扶桑的地方稱作「日出之所」，而日本國名的原意恰巧是「日出之所」。唐代詩人王維、徐凝等，把扶桑木一詞用於詩文，指古代日本。魯迅在西元1931年送日本友人東渡歸國的詩中，也有「扶桑正得秋光好」的句子。所以「扶桑即日本」，已成為一種流傳甚廣的傳統說法。

但是幾乎在中國古代所有的史籍中，對日本的正式稱呼都是「倭國」。如《山海經》的《海內北經》早就寫著：「倭國在帶方東大海內。」當時所謂「帶方」即今之朝鮮平壤西南地區，漢代為帶方郡。後來的史籍，包括《梁書》、《南史》等都在內，也一概稱日本為「倭國」，與「扶桑國」區別得非常清楚，不互相混淆。在這些史書的《東夷列傳》中，「倭國」和「扶桑國」都分開立傳，顯然是兩個國家。

《梁書》所錄東方各國由近而遠的順序是：「高句麗、百濟、新羅、倭國、文身國、大漢國、扶桑國等。」我們知道前三國在朝鮮，倭國在日本，這是沒有問題的。《梁書》記載：「文身國在倭國東北七千餘里；大漢國在文身國東五千餘里；扶桑在大漢國東二萬餘里。」一些學者認為，從對《梁書》所述里程的計算來看，扶桑國與中國相距二萬里之遙，毫無疑問就在美洲一帶，具體地點就是今天的墨西哥。

從地理上看，由中國到日本，經俄羅斯堪察加半島沿岸，再穿過阿留申群島抵達墨西哥，乘古代中國木船是可以做到的。

從西元1752年法國漢學家德經撰文論證扶桑國就是墨西哥一帶，國外漢學界對這一問題展開了廣泛而熱烈的討論。幾百年來，法、德、俄、英、意、荷、美、日、印度等，各國學者紛紛著文探討，各抒己見，其中較有影響的當推美國歷史學家維寧長達800頁的《無名的哥倫布》一書。從19世紀末開始，中國不少學者，如章太炎、陳漢章、陳志良、朱謙之、湯用彤、鄧拓、羅榮渠等人，也加入了有關扶桑國問題的討論。

有史料說，早在西元1761年，有一個學者名叫金勒，大概是法國人，他已經根據《梁書》的記載，指出扶桑國是北美洲的墨西哥，並且認為發現新大陸的可能以中國人為最早。西元1872年又有一個學者名叫威寧，完全支持金勒的主張，認為扶桑必是墨西哥。西元1901年7月，加州大學教授弗雷爾也發表論文，提出與威寧相同的主張。

有些學者指出，扶桑木就是盛產於中南美洲的龍舌蘭。龍舌蘭原位於墨西哥，樹木高大，可用以覆蓋住房的屋頂，其纖維可製成各種精巧織物，古代墨西哥人的飲食、衣料及其他用品的材料都需於此。慧深所述扶桑的幾個特徵，幾乎都與龍舌蘭相似。也有的學者認為扶桑就是玉米，墨西哥出產的紅色玉米與慧深所說「實如梨而赤」相合。還有人認為扶桑木是當時墨西哥的特產植物之一：棉花，或者是墨西哥到處可見的仙人掌。

在慧深的記述中，曾提及扶桑國有馬、牛、鹿等動物。一些學者

認為，古代美洲的土地上早就棲息著馬、牛和鹿，與慧深所述相合。在古代墨西哥北部等地區，生長著比現在的牛體型大的野牛，其角約6尺長，它就是《梁書》上講長角之牛。有的動物學家和古生物學家還堅信，馬原位於南美一帶。

主張扶桑即墨西哥的學者還指出，古代墨西哥人大多住在木料或乾土磚造的小屋裏，而且城市沒有城和廓，即沒有內城和外城，這與《梁書》記載的「作板屋，無城廓」相符。古代墨西哥曾有過兩種監獄，分別收容輕犯和重犯，並且有對死囚犯處以灰責的刑罰，即把死囚縛於柱上，覆之以灰，使其窒息而死。這與慧深所述扶桑國「有南北獄，若犯輕者入南獄，重罪者入北獄」，對死囚，「以灰繞之」的敘述完全相符。

此外，在墨西哥出土的許多碑刻中，有一些人像與中國南京明陵的大石像相似。還有的石碑有一個大龜，高8英尺，重20噸以上，雕著許多象形文字。據考古學家判斷，這些顯然都受到了中國古代文化的影響。

前蘇聯科學院出版的《美洲印第安人》一書，還證明古代的墨西哥和秘魯等地，「會熔煉金、銀、白金、銅以及銅和鉛的合金—青銅，卻沒有發現任何地方會煉鐵的」。這一點與《梁書》「其地無鐵有銅，不貴金銀」的記載也完全相符。

由此可見，扶桑國就等於日本的說法顯然是站不住腳的。有人說法顯和鄭和去過美洲，未必可信，但我們可以堅信，從人類社會進入新石器時代以來，中國人往來於美洲的步伐從未停止過。從加拿大

直到南美，表示中國屬性的漢字、銅錢、服飾、雕像廣泛分布於太平洋沿岸，而以墨西哥一帶的文物為最豐富。扶桑國做為美洲最高文明的核心地帶，凝聚了中國古文化的精華。

參考文獻：

《梁書·扶桑國傳》《山海經·海外東經》、（美國）維寧《無名的哥倫布》。

第六章　是與非的邊緣

常言道：蓋棺定論。但是，往往隨著歲月的推移，新史料的發現，社會思想的進步，對一些歷史人物、事件的評論也在改變。我們逐漸地在發現史實的另一面，對於歷史人物的認識也逐漸飽滿而全面。而對於是與非，功與過的評判也往往不再鮮明確切，我們站在現代的價值評判標準之上，發現歷史在是與非的邊緣遊走。

1、蒙冤的「縱火者」尼祿

尼祿・克勞狄烏斯・凱撒（Nero Claudius Ceasar，西元37～68年），羅馬帝國克勞狄烏斯王朝最後一個皇帝，羅馬史上出名的暴君。

羅馬大火發生在尼祿在位期間。那是西元64年7月18日，在羅馬城內圓形競技場附近，大火突然發生，並釀成一場可怕的大火災。由於當時正刮著大風，於是火借風勢迅速蔓延。肆虐的大火持續了整整9天，故被後人稱為羅馬歷史上空前的大災難。這場突如其來的大火吞噬了城內成千上萬的生命財產，許多宏偉壯麗的宮殿、神廟及公共建築物被燒成灰燼，而羅馬人在無數次戰爭中掠奪來的奇珍異寶，以及典章文集等有價值的文獻資料也毀於此劫。這場大火使全城14個區僅保存下來4個，有3個區被化為焦土，片瓦無存，其餘各區也只剩下斷瓦殘垣，一片廢墟。誰是這場大火的縱火者呢？古今的學者們對此問題頗有歧議。

據當時流行的傳聞，尼祿這個素有惡名的皇帝成為眾矢之的，人們認為大火是尼祿下令放的。人們從他母后的行為，他登基後的所做所為及其火災時的表現中，尋找可證實這一點的依據。

尼祿幼年喪父，由其母親阿格麗品娜撫養成人。阿格麗品娜是個

陰險毒辣、愛好權勢的女人，出於虛榮和野心，她毒死了第二個丈夫而嫁給她的舅父、年事已高的皇帝克勞狄，因此成為皇后，此後不久又依仗其親信近衛軍長官布魯斯的支援，迫使克勞狄廢其親生子布列塔尼，而立尼祿為帝位繼承人。由於這一緣故，再加上年紀尚小，初登帝位的尼祿懍於其母后阿格麗品娜的權勢，而稍長則對其母漸生怨恨，母子之間的矛盾日益尖銳。西元55年被廢太子布列塔尼突然死亡，人們認為很可能是被尼祿指使毒死的。

西元58年，尼祿結識了羅馬一貴夫人波培婭·薩賓娜。這是個輕狂、毒辣的女人，塔西佗說她什麼都有：美麗、聰明、財富樣樣俱全，但就是缺少一顆真誠的心。由於這個女人的出現，尼祿提出與其妻奧克塔維亞（克勞狄之女）離婚。西元59年尼祿派人害死了其母阿格麗品娜，在此之後，尼祿的朝政日趨腐敗，他在位初年的兩大輔佐大臣近衛軍長官布魯斯和老師塞涅卡非死即離，其他一些有經驗的官員不斷受排擠，並被一批奸佞之臣所取代。

這些人投尼祿之所好，使其整日不務政事、縱情享樂、揮金如土，因而使羅馬國庫積存耗損殆盡，財政枯竭。為扭轉危局，尼祿增加賦稅、巧立名目、肆意沒收、掠奪富人的財產，因此在帝國範圍內的各階層中引起了普遍的不滿。

從火災發生時尼祿的表現，人們也認為他難以擺脫唆使縱火之嫌疑。據說他當時坐視不救，當羅馬變成一片火海時，他卻怡然自得地登上自己的舞台（一說是花園的塔樓），在七弦琴的伴奏下，一邊觀賞烈焰塗炭生靈財富等的情景，一邊還高聲吟誦有關古希臘特洛

伊城毀滅的詩篇。並且在大火過後，尼祿乘機在廢墟上（帕拉丁山下）營造自己的「黃金之屋」。在這座「金屋」裏，一切都竭盡奢華，不僅有宮廷建築中早已司空見慣的金堆石砌，而且有林苑、田園、水榭、浴場等。宮殿內外裝飾華貴、設備齊全，對此，尼祿方感滿意，讚嘆說：「這才像人住的地方。」

根據尼祿的惡劣名聲及傳聞中其在火災前後的行為，一些古代史學家就認定尼祿是羅馬大火的罪魁禍首。古羅馬史學家塔西佗寫道：「尼祿利用羅馬大火的廢墟來修造一座新的宮殿。」他還描寫道：「當大火吞噬城市時，沒有人敢去救火，因為許多不允許人們去救火的人不斷發出威脅，還有一些人竟公然到處丟火把。他們喊著說，他們是奉命這樣做的。」史學家蘇埃托尼烏斯的記述更為詳盡：「他（指尼祿）以不喜歡難看的舊建築和曲折狹窄的舊街道為藉口，竟然如此公開地點著了這座城市，以致幾位前任的執政官在他們自己的莊園上，發現尼祿的侍從拿著麻屑和火把時，竟然不敢捉捕他們。而在他特別想佔用黃金房屋附近的一些穀倉時，是先用作戰器摧毀後才付之一炬的，因為牆壁是石頭做的。」許多後代的史學家接受塔西佗等人的觀點，比如美國史學家杜蘭‧威爾就承認：塔西佗、蘇埃托尼烏斯及加西阿斯，都指控尼祿為重建羅馬而縱火焚城。

然而，前蘇聯學者科瓦略夫就不同意此一說法，他認為：「人民之間都傳說，城市的被燒是出於尼祿的意思。他彷彿是不滿意於舊的羅馬並想把它消滅，以便建造一個新的羅馬。」

但是，如果說燒掉城市是為了使元首能夠欣賞大火的場面，並鼓

舞他創造一個偉大的藝術品的話，那麼顯而易見，這些說法是和事實不符的。科瓦略夫認為火災是偶發事件，因為自稱為藝術家的尼祿不應在滿月的日子裏（7月18日）欣賞大火，在明亮的月光下，他的「藝術作品」肯定達不到最佳的效果。羅馬城的火災只能說是一次災難，不能因為尼祿是一個品行很差的皇帝，就認為他是羅馬大火的縱火犯。

另外，在大火災發生以後，尼祿為了平息民眾的不滿情緒，曾下令逮捕縱火嫌疑犯。據塔西佗所記，這些人都是因為作惡多端而受到憎惡的一群被稱為基督徒的人。對這些「罪犯」，尼祿施以最殘酷的刑罰，他們被蒙上獸皮，讓群犬撕裂分噬；或被釘在十字架上，天黑後被點火燃燒，以作燈火照明。據說這些嫌疑犯是第一批受迫害的基督徒。不管大火與這些被害的人是否有關聯，但尼祿的暴行令人髮指，故而非但沒有使人們相信他抓住了縱火者，反而使得更多的人把懷疑的矛頭指向他。

人民反抗的情緒日益激烈，西元65年羅馬貴族階層組成了，以富有聲望的蓋烏斯·卡爾普爾尼烏斯·皮索為首的刺殺尼祿的集團，他們準備趁尼祿出席競技場時把他殺死。但是，由於皮索等人的優柔寡斷和事機不密，計劃被揭露。尼祿對此當然不能善罷甘休，隨之而來的便是逮捕、拷打與屠殺。

西元66年巴勒斯坦又爆發了大規模的武裝起義，巴勒斯坦人民一方面受到羅馬統治者的剝削與壓迫，同時還受到當地高級僧侶與大奴隸主盤剝與搜刮。處在雙重壓迫下的人民群眾，憤然舉起義旗。

在耶路撒冷，羅馬的總督弗洛魯斯被起義者打敗，羅馬駐軍和一部分親羅馬派的貴族被殺光。敘利亞總督率軍前往耶路撒冷鎮壓，又被起義軍所粉碎。

與此同時，在加利利城也爆發了以約翰和西門為領袖的起義，農民、手工業者及奴隸參加了起義隊伍。起義迅速遍及猶太、撒馬利亞等地。西元68年，更大規模的起義在高盧爆發了。領導這次起義的是尼祿派往南盧的副將，蓋烏斯‧尤利烏斯‧文德克斯。他在討伐尼祿的檄文中公開宣布，起義的唯一目的就是從暴君手中把羅馬解放出來，推翻「丑角元首」的統治。

文德克斯的號召，得到了帝國西部行省總督及軍隊統帥普遍回應，在他的周圍迅速集結了十萬之眾。西班牙和阿非利加行省的總督也都效仿文德克斯，集結軍隊討伐尼祿。雖然日爾曼軍團擊敗了高盧起義軍，但不久以後日爾曼的各個軍團也起來反對尼祿，並宣布他們的指揮官維爾吉尼烏斯‧魯福斯為皇帝。這樣到西元68年夏天，羅馬帝國歷史上驕橫一時的尼祿，已經處在四面楚歌之中了。

面對如此嚴重的局勢，尼祿拿不出什麼好辦法來挽救其即將滅亡的命運。於是，他想出一個極其荒謬的主張，他打算做為一個歌手和朗誦者，到起義者之間去，妄想用他那「動人的歌喉」戰勝與他誓不兩立的反對者。他說：「我僅用表演和歌唱在高盧就能再一次獲得和平。」然而，事態的發展並不像尼祿所想像的那樣。此時，一向是元首的心腹近衛軍也開始背叛尼祿。近衛軍長官薩賓努斯看到尼祿大勢已去，為了自己的生命和財產，他投入到反對尼祿的加爾巴那裡

去。唯元首之命是從的元老院，面對既成的事實，也宣告尼祿為人民公敵，要對他處以死刑。至此，尼祿已經走頭無路。逃出羅馬之後，在城郊他的解放奴隸的住宅裏自殺了。

事實上，如果真的是尼祿所放的大火，這種四面楚歌的境況是任何一個人都能預料到的，何況尼祿雖然是一個素以殘暴著稱的君主，卻是相當聰明和多才多藝的，他不會以這種殺雞取卵的方式來創造自己的「藝術」的。然而，就算羅馬城並非尼祿縱火所燒，他在位期間種種荒淫無道的行為，也值得我們深思並引以為戒。

参考文獻：

劉振華《世界歷史探秘：人類文明探索之旅》。

2、既非「神聖」又非「羅馬」的帝國

神聖羅馬帝國，全稱為德意志民族神聖羅馬帝國，或日爾曼民族神聖羅馬帝國，是西歐和中歐的封建帝國。早期為統一的國家，中世紀後演變為一些承認皇帝最高權威的公國、侯國、伯國、宗教貴族領地，和自由城市的政治聯合體。人們一向認為「神聖羅馬帝國」國如其名，是由羅馬人建立的教權高於一切的大帝國。但事實上，正如18世紀法國啟蒙運動思想家伏爾泰所說：「它既非神聖又非羅馬，更非帝國。」

神聖羅馬帝國由四個階段而來：法蘭克王國→新羅馬帝國→神聖羅馬帝國→德意志民族的神聖羅馬帝國。

日爾曼民族包括以下部落：哥特、汪達爾、勃艮第、條頓、法蘭克、蘇肯、舍羅斯克。後因對羅馬帝國的戰爭需要，組成了三個部落聯盟，既阿勒曼、薩克森、法蘭克。

西元486年，克洛維建立法蘭克王國，開始墨洛溫王朝。三個世紀後，被加洛林王朝取代。查理大帝在位期間，征戰四方，建立了強大的帝國。並且皈依基督教，護佑教廷。受其庇護的教皇利奧三世出於感激，在查理事先不知情，且並不情願的情況下，突然向其加冕，號其為「羅馬皇帝」。從此開始了延續千年的帝教之爭，也開啟了神聖

羅馬帝國。

由於是教皇加冕，因此神聖帝國的皇帝在位期間，其根本國策都是南進，控制義大利，乃至於忽視對國內的管轄。這史稱「帝國理念」。

西元961年，奧托派兵進入羅馬，支援被羅馬貴族驅逐的教皇約翰十二世。約翰十二世感恩戴德，西元962年，德意志國王、薩克森王朝的奧托一世建立起了相當於現在的德國、奧地利、捷克等國疆域的王國，於是在羅馬由教皇約翰十二世加冕稱帝，成為帝國的最高統治者，也成了羅馬的監護人和羅馬天主教世界的最高統治者。從此，奧托一世以合法的古羅馬帝國皇帝繼承人的資格，正式稱為「奧古斯都」即「羅馬皇帝」。

10世紀，東法蘭克王國分裂為五公國，最強盛的薩克森公國的奧托大帝四處鏖軍，吞併了北義大利，強逼教皇為其加冕，稱「奧古斯都」，重建帝國。此時帝國統治者以羅馬帝國和查理大帝的繼承者自命，對外大肆擴張，對內則以農奴制等形式剝削農民。12世紀中葉，（紅鬍子巴巴羅薩）腓特烈大帝又征服了義大利，這次加冕後被正式稱為「神聖羅馬帝國」皇帝。神聖羅馬帝國的疆土，包括今天的德國、奧地利、匈牙利、捷克、義大利北部和法國東部、荷蘭、比利時等地區。這就是「神聖羅馬帝國」的起源，這個帝國就是「德意志民族的神聖羅馬帝國」。

西元962年之後，神聖羅馬帝國的皇位便於德意志國王結合起來，當然這個帝國並不是羅馬人的，而是德意志人的神聖羅馬帝國。

神聖羅馬帝國並不只是名稱上的變化，實際上是反映了這個國家的本質特徵。

「神聖羅馬帝國」意味著古羅馬帝國的復興，德意志人則是這個帝國遺產的繼承者；同時，這個帝國將其存在的基礎置於基督教及教會關係的宗教使命之上，也就是向世人宣告這個帝國是奉使命而建立的，它對基督教和教會負有使命，這樣，神聖羅馬帝國就負有統治世俗國家和宗教的雙重使命，即有統治包括東正教在內的整個基督教世界的權力。奧托一世透過和教會的結盟，加強了王權，加強了中央集權。當時，在復興羅馬皇帝權力的名義下，奧托一世使教會以新方式服務於王國的統一。作為行政中心的國王禮拜堂以及主要從這個時候產生的帝國主教層，以後形成了覆蓋全帝國的一種有序的集中官僚組織。

西元1273年，魯道夫‧馮‧哈布斯堡被選為皇帝，從此開始了六百餘年的哈布斯堡王朝。

16世紀，形成帝國議會。帝國議會由三個議會組成，第一議會為七選侯；第二議會為諸侯議會，分為僧侶和世俗兩個分會；第三議會由帝國自由城市，分萊茵和士瓦本分會。帝國議會具政治上決策之權，但需由皇帝決定，並不具有太大約束力。加洛林王朝的諸位皇帝其正式稱號是羅馬人民的皇帝，由教皇加冕賦予，因此這個頭銜也可看做是一個義大利王公頭銜，而且往往與義大利國王平級。而由奧托一世所創建的帝國，皇帝稱號雖然也由教皇加冕，但其本質卻是德意志民族的國家，只有透過征服義大利才能取得「羅馬皇帝」的合

法性。

帝國的所謂選帝侯，當選者為羅馬人民的國王（實是德意志國王）而非皇帝，因此，並非每一位德意志統治者都可以稱為皇帝。只有進軍義大利，接受教皇加冕的強者，才可獲得皇帝這一殊榮。因此，我們可以看到，雖然號稱「神聖羅馬帝國」，實際上卻是由日爾曼人建立的德意志國家，因此說它是「非」羅馬的。

此外，「神聖羅馬帝國」也是非「神聖」的。教權與皇權並非一直統一，其中也存在著爭鬥和分歧。9〜10世紀，教皇和皇帝一般來說都是合作的：教皇幫助皇帝反對德意志世俗貴族；皇帝支援教皇反對與羅馬教皇權力相對立的拜占廷勢力。西元1073年，教皇格列高利七世任職，羅馬教皇的權力開始達到頂峰。後來為爭奪日爾曼主教的續任權（即授任主教和修道院長等高級神職人員的權力）等問題，教皇和皇帝發生激烈衝突，這次教俗之爭持續了數十年，西元1122年教俗雙方簽訂的《沃爾姆斯協約》，總算給這場爭執劃上了一個句號。最終的結果是，教皇和皇帝都無法維持他們早先的要求。

11世紀後半期到12世紀，教會勢力膨脹以後，教會與皇帝的矛盾日增，皇帝和教皇為爭奪主教續任權展開了激烈的鬥爭，造成帝國政治長期動蕩。

神聖羅馬帝國雖然早已正式形成，但卻徒有虛名。為了爭奪續任權，為了稱霸世界，德意志帝國皇帝曾多次進攻義大利，曠日持久的戰爭消耗了帝國的實力。在王權衰落後，諸侯崛起，確立「強者為帝」的制度。

在13世紀後半葉，還出現了德意志歷史上的皇帝空位時期，這一時期，帝國出現了許多獨立的封建領主，各諸侯、騎士和城市間的紛爭和內訌也連綿不斷。

西元1356年，盧森堡王朝的查理四世頒布黃金詔書，確認皇帝需由波希米亞（捷克）國王、普法爾茨伯爵、薩克森公爵、勃蘭登堡邊地侯、美因茨大主教、特里爾大主教和科隆大主教等「七大選帝侯」選舉產生，所以皇帝並非是上帝授權、命中注定的，實際上只是帝國最強大的諸侯而已。這使得「神聖羅馬帝國」中央皇權名存實亡，帝國開始走向封建割據，當時在這片土地上分割出了幾百個小國或政治集團。這一時期正是歐洲各民族國家相繼建立的時代，而德意志帝國卻處於內戰、分裂和落後的狀態之中，未能形成一個統一的民族國家。從15世紀初起至帝國最終瓦解，皇位均由奧地利哈布斯堡家族佔據。

但儘管教權與皇權鬥爭若此，在整個中世紀，帝國和教會在維護封建制度方面，始終都是緊密合作的。事實證明，國家政權和教會組織結合有效地保證了帝國的一體性，一直到11世紀後半期，這種結合仍然是非常有效的。正是這種明顯的宗教特徵，使得奧托一世及其繼承者們，能夠確保神聖羅馬帝國在歐洲的霸主地位。

神聖羅馬帝國表明德意志帝國已經和教會結成了牢固的同盟關係，在這種關係下，一方面樹立了帝國皇帝在中世紀歐洲的霸主地位，使帝國成為皇帝和教皇主導歐洲事務的中心舞台；例如，西元973年的耶誕節，來自丹麥、波蘭、羅斯、波希米亞、匈牙利、保加利亞、

拜占廷及倫巴德人，甚至西班牙科爾多瓦的哈里發使節都來到奧托一世的宮廷中。

另一方面，隨著帝國勢力的擴張，教會的勢力也在膨脹，教權和皇權的矛盾也在增加，這種情況後來又是導致德意志長期分裂的主要原因之一。

15世紀末至16世紀初，皇帝馬克西米利安一世試圖重振帝國，但遭到失敗。15世紀下半葉後，由於勃艮第和義大利脫離帝國，帝國領土主要限於德語地區。到西元1474年，神聖羅馬帝國改稱德意志民族神聖羅馬帝國。由於羅馬天主教和德國封建統治者對農民和市民的剝削和壓迫日漸加重，在16世紀初爆發了宗教改革運動和德意志農民戰爭。

宗教改革後，帝國實際上分裂為信奉新教的北部、主要信奉天主教的西南部及純粹信奉天主教的東南部。地方諸侯和皇室中央政權的鬥爭在「三十年戰爭」中達到頂點，戰爭使帝國遭受嚴重破壞，阻礙了帝國經濟的發展，政治上分崩離析，帝國成為徒具虛名的政治組合。戰後，荷蘭和瑞士脫離帝國，勃蘭登堡—普魯士在德意志諸侯中的地位提高，形成了奧地利和普魯士在帝國中爭霸的局面。

西元1806年7月12日，在拿破崙的威逼利誘下，神聖羅馬帝國的16個成員簽訂了《萊茵邦聯條約》，脫離帝國，加入邦聯。此舉嚴重削弱了奧地利在德意志地區的領主地位，令奧皇弗朗茨二世大為不快。拿破崙為了吸引更多國家加入邦聯，決定終結神聖羅馬帝國。於是他對弗朗茨二世發出最後通牒，要求他解散神聖羅馬帝國，並且放棄神

聖羅馬皇帝和德意志國王的稱號。在「拳頭」面前，弗朗茨二世於西元1806年8月6日放棄神聖羅馬帝號，僅保留奧地利帝號，神聖羅馬帝國正式結束。

最後普魯士透過三次王朝戰爭，把奧地利從德國的版圖上給趕了出去。然而，拿破崙帝國「其興也勃也，其亡也忽也」，德意志在半個世紀後終於做為獨立的政治實體出現在世界上，其發展速度之快讓人瞠目。然後，威廉二世一改俾斯麥的「大陸政策」為「世界政策」，為爭奪「陽光下的地盤」，於是，第一次世界大戰爆發。歷史中的「神聖羅馬帝國」這一頁也就這樣被永遠地翻過去了。

參考文獻：

（英國）布徠斯《神聖羅馬帝國》、（德國）格隆德曼《德意志史》、（德國）迪特爾《德意志史》。

3、中世紀並不黑暗

提到中世紀，大多數人會立刻聯想到「黑暗」這個詞，但是事實上並非如此。「中世紀」是15世紀後期西方的人文主義者首次使用的一個概念，用於表示西歐歷史上從5世紀羅馬文明瓦解到14世紀末，人文主義者正在參與的文明生活和知識復興的時期，表明了當時的科學家和自由主義思想家都希望和「蒙昧的世紀」劃清界限。可是事實上羅馬帝國在5世紀解體後，經過極其困難的階段後，發展出了一個新的文明。

中世紀的文學作品相當豐富，各種人物和神話激發了當時人們的想像力：羅蘭和奧利佛、特里斯丹和伊索達爾、尼貝龍根等冰島史詩中的人物，關於亞歷山大大帝的宏大史詩，《玫瑰浪漫史》、《伯莎大腳》等等不足而一。借用喬叟的話來說：「大量的浪漫故事，聖人生平，為述體故事、故事詩、戲劇、歷史、傳記，都非常重要，非常有趣。」

在中世紀，音樂由於基督教而取得了不尋常的發展。如果沒有基督教，就不能想像中世紀的音樂，而今日的歐洲音樂也將會成為完全另一種面貌。從舊約全書和新約全書中可知道基督教遠自猶太王國時期，就是最重視音樂的宗教，一千多年以來，他們一直採取了加

強教會音樂的方針。以宗教儀式做為溫床孕育了優秀的作曲家，他們把音樂有條理地加以系統化並使之發展成長。當時得以普及和發展的推動力是教會。制定音樂的體制並對樂譜加以研究的正是那些修道士，而且也正是在教會音樂中，開創了複調音樂的形式並完成了對位法。最初印刷樂譜，是教會為了做彌撒而用的。鍵器起以至其教授法，沒有一件事能夠離開教會而產生。至今為止的任何一種音樂，如果說它是建立在中世紀時代的基礎上，也並非過分。從音樂的全部理論到記譜法，以至合唱、合奏，多半都是中世紀的遺產。即使說今天的交響樂和歌劇的內容是世俗的，也不能說與中世紀的教會無關。

中世紀還創造了至今我們所尊敬的兩個體系：大學和藝術課程。早期大學傳授被稱為「七藝」（文藝學科教育）的學習課程。在當時的學校都設有三藝和四藝，前者指語法學、修辭學和邏輯學，後者包括算術、幾何、音樂和天文學，兩者和在一塊即所謂的「七門自由藝術」，簡稱「七藝」。13世紀城市大學的誕生，標誌著西歐文化歷史的一個新時期的開始。中世紀的大學是歐洲重新獲得和瞭解古代希臘羅馬的哲學和科學知識的重要媒介，大學體制為學者們從事學術活動提供了各方面的保證，成為當時各方面學者活動的舞台。

例如13世紀的牛津大學就是當時歐洲的科學中心，西方近代的科學在那裡開始萌芽。牛津大學的第一任校長羅伯特・格羅斯太斯特（Robort Grosseteste，西元1168～1253年）和他的學生羅吉爾・培根，將柏拉圖對數學的強調和亞里士多德對實驗觀察的強調結合起

來，奠定了現代科學興起的基礎，他們自己也成為現代科學的先驅。此外，但丁、薄伽丘、哥白尼、伽利略、弗朗西斯‧培根、牛頓等人的思想，也都是在大學的土壤上產生的。

　　儘管羅馬帝國已經崩潰，但是許多牢固的傳統還是保留了下來。羅馬的法則和教會的法規依然被人們所遵守，日爾曼人的入侵帶來了一種新的習慣法。

　　中世紀也存在著許多不同，包括語言、法律、政府等等。當時的阿哥巴德主教在一封信中說：「常常發現一起交談的五個人中，沒有兩個人是受同一法律制約的。」

　　中世紀的司法有超現實的成分。神明的裁判和後來的雙方決鬥，以勝負決定判決被認為是萬無一失的方法。征服者威廉最先在刑法和民法中，設立了決鬥的做法。在當時替人決鬥是得到承認的職業，貴族們都養著這麼一個人，以防打官司的不時之需。而盎格魯‧撒克遜法律中則有一種更務實的做法，它對犯罪的定義是破壞和平，因此可以用罰款來彌補。MURDER（謀殺）這一詞最早是一種罰款的名稱，後來才代表某種殺人罪，若犯此罪行，花錢即可贖罪。

　　在中世紀主君與家臣的關係並非只是封地的從屬關係，它更多的是人與人之間的忠誠這種有誓約為依據的強烈感情。根據誓約家臣有義務隨主君從軍，或以其他形式為主人效勞，其基本目的是為了抵抗各個方向對於生命和糧食的威脅；同時也是一種維繫社會的道德力量。是我們所熟悉的亞瑟王故事和傳統的基礎。中世紀的人由於受到嚴酷多變的環境的影響，常常傾向於衝動、爆烈。當時歐洲大

陸上無休無止的戰事並不是出於貪婪的野心所挑起的，因為土地是當時的主要財富形式，是貧窮、不穩定的生活根源，擁有土地多少並不只是驕傲或貪婪的問題。而且在進行戰爭時，他們總是有合法的權利做依據。征服者威廉在爭奪英格蘭的王冠時，就提出了三條充足的理由說明王冠應當歸他所有。同時戰爭也有一些文明特徵，在中世紀戰爭是一種有著嚴格規則的遊戲，榮譽的承諾、對手之間的禮貌、被俘虜的騎士在保釋前被視為朋友和兄弟（查理五世在對待被他俘虜的弗蘭西斯一世時就實踐了這一點）。所有這些規則必須遵守，否則就有違規的嫌疑。

西元1415年，英國和法國的傳令官在一處高地一起觀戰。當法國人開始逃跑時，亨利五世焦慮的等待著，直至法國的主傳令官證實英國人的勝利。這場戰鬥由他命名，他把它命名為阿金庫爾。

在11世紀狂熱的十字軍東征中，與其說它是增進精神德行、贖罪和得到一件聖物做保佑，倒不如是說它是為了去冒險、逃避家庭的沈悶、去見識東方的奢侈生活、與穆斯林爭奪財產。當然其最主要的動機還是貿易。

在科學技術方面，中世紀也不是毫無建樹，它的成果大大超越了羅馬和希臘。亞里士多德為托馬斯·阿奎那的神學理論提供框架的同時，他的物理學觀點正在巴黎大學遭到批判。庫薩的尼古拉斯主教在數學、天文學、地理學方面成績斐然，他不僅在數學上提出了無窮小的概念，繪製了第一張中歐地圖，在天文學上他首先提出了宇宙連綿不斷的概念。在中世紀即將結束的時候，人們手中掌握著各種工

具：各種類型的測量和繪圖工具、羅盤、星盤，以及水手指路用的海圖、火槍和火炮的出現改變了戰爭和武器的含義。

水磨則是典型的中世紀工具，第一座精密的機械鐘誕生於13世紀後的時間。中世紀的技術人員（通常是教士）掌握了大量的建築、開礦、製造經驗，並形成了新的傳統。中世紀在農業機具上的一個重要改進是，開始在大型家畜身上使用類似現代輓具的一整套裝置，這樣馱載和拉拽用的大型家畜得到了更充分的利用。騎用的馬有了一整套的馬具，包括輓具、馬鞍和馬蹄鐵；拉車的牛、馬、騾等則有了肩軛、車杠和蹄鐵。

到13世紀時，一種新的重輪犁連同模板和舵投入了實際使用。水力磨房、風力磨房、道路建築、排水裝置等等，在10世紀也都得到發展。栽培作物的品種也增加了，例如出現了黑麥、燕麥、斯佩耳特小麥以及蛇麻草等。

中世紀的發明還包括機械鋸，帶有落錘的鍛爐，具有固定板和活門的箱，窗用玻璃和玻璃窗，油燈罩，蠟燭和極細的燭蕊，手推車，遠視用的眼鏡，運河上的水閘，火藥以及有擺的落地大座鐘等等。機械的發明以印刷機和火藥武器的使用達到了頂點。

一說起中世紀，人們總喜歡在前面加上一個「黑暗的」修飾語。似乎在一些人的心目中，中世紀就是人類歷史上一個最黑暗的時期，是一段不堪回首的歲月。中世紀就是宗教迫害、審判異端、火刑架熊熊燃燒的世紀。在今天看來，西歐的中世紀確實在某些方面走向了極端，只不過這是人類歷史上一個精神的極端、信仰的極端和宗教的

極端。

　　但平心而論，在人類的哪一個歷史階段上，沒有出現過極端呢？如19世紀思想體系和盲目樂觀的極端，20世紀暴力和所謂革命的極端，還有可以預料的將會出現在21世紀的物慾與生活全面外在化和視覺化的極端。

　　每一個時代都有其自身的優點和弊端。對每一個時代，我們不能以點代面，以偏概全，而應該進行全面的審察與綜合的分析。對照著今天的世界，我們完全有理由說，中世紀確實是信仰的世紀，是人們苦修精神之功的世紀。針對大眾對中世紀的嚴重誤解，我們覺得完全有必要為中世紀一辯，說不上為它唱讚歌，但至少要指出它那些值得人們去記取和懷念的地方。是的，從某種意義上說，中世紀是停滯的一千年，沈靜的一千年，但同時也是充滿了上帝之言、祈禱之聲和人心祝福的一千年，是人走向內心、修煉趨聖的一千年。是他們為未來那個即將要到來的，更加激動人心的時代做充分準備、充分籌劃的一千年。用今天的眼光來看，這一千年並沒有白白流過，也沒有無為而逝，而正是這一千年為人類留下了無數彌足珍貴的文物和遺產，為後世帶來了巨大的影響。

參考文獻：

《康橋中世紀史》、（美國）斯塔夫里・阿諾斯《全球通史》。

4、編造出來的新大陸「發現者」

哥倫布(Columbus)「發現」美洲是眾所周知的事情,但哥倫布這個流傳的人物,直至現在,在許多方面仍然還是一個謎,已故的美國前共合黨主席福斯特在他的《美洲政治史綱》中,轉引權威的拉美史學專家喀爾蒂斯・威爾格斯和羅爾・德加合的話說:「我們不能確實知道他是什麼時候生的,也不知道他在哪裡出世,他的早年生活究竟如何,他的面貌怎樣,他能不能讀寫,他最初登陸關洲究竟在哪裡,也不知道他死後葬在何處。」美國歷史學家艾巴・托馬斯在他的《拉丁美洲史》中說:「哥倫布其人是一個謎……關於他的生平,很少能說得確切。」

長期以來,人們普遍認為:「發現」美洲的是克里斯托弗・哥倫布。西元1451年生於義大利城市熱那亞,他的祖父喬凡尼・哥倫布是一個手工業者,在義大利經營毛紡織業作坊。哥倫布的父親多米尼科・哥倫布在熱那亞開設一個尼絨作坊,哥倫布就誕生在這個作坊裏。克里斯托弗・哥倫布從14歲起到海上生活,當過海盜,後來在西班牙國王的支援下,與他的弟弟一起開始了從歐洲到美洲的航行。

但這種說法卻一直缺少證據支持。圍繞著哥倫布的身世這一謎題,世界一些國家的研究人員正展開一項大規模的DNA調查。人們

期待著借助現代先進的基因檢測技術，獲得有關哥倫布身世的新發現。

對於哥倫布的出生年，有學者認為應該在西元1436～1451年之間，哥倫布自己在西元1498年2月22日寫的遺囑中寫說：「我出生在熱那亞。」在這份遺囑中提到了一名熱那亞商人，同時這名商人的名字也在西元1479年的一起訴訟案件中出現過。在這起訴訟案件中，哥倫布被傳喚為其作證，在證人宣誓證詞和自己的身分真實的過程中，哥倫布宣稱自己是熱那亞人，居住在葡萄牙的里斯本。一些歷史學家發現哥倫布可能不會寫義大利文，而他的私人信件中使用的都是西班牙文。「西班牙說」還認為，哥倫布應該是西班牙加泰羅尼亞人而且是貴族之家。他在去世時被稱為「哥倫」，這是加泰羅尼亞語。哥倫布的航海日記都是用拉丁語寫的，而拉丁語是受過「高等教育」的人才會使用的文字。

還有歷史學家認為，哥倫布是躲避西班牙宗教迫害的猶太人，他因此不得不隱瞞身分。在當年的西班牙，即使改變了宗教信仰的猶太人，也要被驅逐出西班牙。

哥倫布身世的另一個假設是希臘東部的希俄斯島。當時在熱那亞控制之下，而且他還曾說自己是「紅土地的哥倫布」。希俄斯島就是以它南部的紅土出名，如今在這裡還有很多居民都姓哥倫布。

葡萄牙的歷史學家則認為哥倫布是因為出生地葡萄牙的Alentego有一個城鎮名為古巴，後來才命名了美洲的古巴。還有更奇怪的說法是哥倫布原是一名法國海盜，但是後來他試圖掩蓋自己這

一身分。不過，大多數學者仍然都認為，哥倫布是義大利熱那亞人。認為他的祖先早年定居在熱那亞，後來哥倫布又在葡萄牙和西班牙學習航海知識，並長期在那裡生活。當時，整個歐洲的民族遷徙一度十分活躍，種族的混合也非常頻繁。義大利在當時的國家地位十分重要，是第一個資產階級民主國家，近代歐洲的先驅和當時世界貿易的中心；其他國家深受義大利風尚的影響。義大利航海業發達，很早就發現了西非沿岸，到達了附近的一些群島，後來的西班牙艦隊只是在義大利基礎上的「重新發現」。

義大利的科學技術當時走在西方的前列，後來西班牙和葡萄牙在海上崛起，許多成熟的技術和知識乃至人才，都大量吸取了來自義大利的精華，形成了「你中有我，我中有你」，「你我不分」的歷史結果。這可能也是哥倫布的身世這麼複雜無序的重要原因。但學者可以肯定的是，即便哥倫布不是義大利人，也有義大利背景，要推翻這個背景並不容易。

但是，委內瑞拉著名的歷史學家埃爾馬諾・內克塔里奧・馬利亞卻提出了另一說法，他認為有兩個「哥倫布」。他在西元1964年任委內瑞拉駐西班牙大使館文化參贊期間，查閱了西班牙豐富的歷史檔案，繼續進行歷史研究。西元1978年4月19日他在馬德里「西班牙美洲合作中心」發表了題為：《美洲發現者哥倫布是西班牙猶太人》的演講，引起了人們極大興趣和關注。內克塔里奧根據自己多年的研究，提出哥倫布不是義大利人而是西班牙的猶太人。他認為，發現美洲的是克里斯托瓦爾・哥倫布，西班牙馬喀牙卡島人，這是西班牙巴利阿

里群島上很古老一個姓，取自猶太人家庭的祖姓。這個哥倫布不懂義大利語，只講西班牙語。長期以來，人們一直把克里斯托弗·哥倫布和克里斯托瓦爾·哥倫布搞混了。克里斯托弗·哥倫布的確是義大利熱那亞人，生於西元1451年，在地中海從事商業航行。但是，發現美洲大陸的不是他，而是西班牙的克里斯托瓦爾·哥倫布。

據說，第一個踏上美洲大陸的西班牙人還不是克里斯托瓦爾·哥倫布，而是另一個西班牙人阿隆索·桑切斯·德韋瓦爾，大約在西元1481年就登上了美洲大陸，返航時曾在克里斯托瓦爾·哥倫布家中停留，後來在哥倫布家裏病死。他在去世前，把全部航海資料交給哥倫布。當時哥倫布家住桑托港，10年後，克里斯托瓦爾·哥倫布才開始第一次航行，成為人們公認的發現新大陸的人。

長期以來，由於人們搞不清究竟是哪一個哥倫布「發現」的美洲？所以，在一些介紹哥倫布的著作中出現了一個有趣的現象，有些哥倫布的肖像是一個胖子，有些肖像卻是一個瘦子。19世紀末以前的智利郵票，甚至把哥倫布畫成一個留大鬍子的人。由此看來，到底是那個哥倫布「發現」美洲確實值得推敲考究。

除此之外，美洲發現者這個問題上還有別的疑點：真的是由哥倫布「發現」了美洲嗎？有些學者認為事實並非像人們所說的那樣，他們認為有別的人先於哥倫布到達美洲。西元1976年，美國拉特格斯大學語塞爾蒂馬言學教授伊萬·塞爾蒂瑪在《他們在哥倫布之前到來》一書中，比較系統地研究並肯定了非洲黑人在哥倫布之前到過美洲這一論斷。根據西班牙史料記載，西元1513年，西班牙人在巴拿

馬地峽發現一處印第安人住地有很多非洲人戰俘。雖然這些非洲人是以什麼分以及怎樣來到美洲的,我們不得而知,但有一點是可以肯定的,即他們先於西班牙人到達美洲。

西元1975年2月,美國史密森研究所考古發掘隊在美國維爾京群島發現兩具尼格羅人骨骸,地層年代在西元1250年左右,這則資料表明至少在西元1250年已有非洲人生活在美洲地區。從洋流、風力、人力等技術方面,證實了透過大西洋漂向美洲的可能性。

西元1969年,挪威探險家海爾達爾按照古埃及王墓壁畫上的蘆葦船樣式,製造了取名為「太陽神一號」的木筏,從北非摩洛哥的薩菲港出發,橫渡大西洋,到達西印度群島的巴巴多斯。

北歐人在哥倫布以前到過美洲,這一觀點在學術界也有一定影響。根據考古資料和歷史傳說,北歐人9世紀時在冰島、10世紀時在格陵蘭殖民,西元1000年前後,到達北美大陸尋找木材和捕鱈魚。相傳西元986年,赫爾霍弗遜從冰島航行前往格陵蘭,被風吹向南方,發現幾處新地方。西元1001年,他返回格陵蘭,賣給埃里克森一艘船。埃里克森乘船到了這幾個新地方,分別命名為赫魯蘭(意為扁石之地)、馬克(意為森林之地)、文蘭(意為葡萄之地)。後來冰島人卡爾西弗里船長從格陵蘭向南航行,據說到了巴芬島、哈得遜海峽、聖勞倫斯灣、拉布拉多半島等地,並試圖建立殖民地。

據傳說,西元1117年埃里克主教曾航行到文蘭,並在此地住過一段時期。西元1960年,挪威探險家英格斯塔德在紐芬蘭北部海岸發現一處遺址,經碳14測定,大約是7至11世紀的遺物,估計是古代北歐

人的居住地。西元1965年，美國耶魯大學宣稱得到一張由15世紀中葉瑞士僧人繪製的地圖，該圖左上角北大西洋中繪有一些島嶼，有「巴西」、「文蘭島」等地名。而「中國人最先到達美洲」這一觀點，最初由法國漢學家德‧吉涅提出，迄今已有二百多年，尚無定論。

近年的一些考古發現，使得這一觀點又一次引起人們的關注。西元1975年美國潛水員在加州洛杉磯附近海底打撈起9件人工石器，美國的兩位考古學家經過研究後認為，這是中國古代船遺留下來的石錨和附具，根據石錨表層的錳礦外衣推斷，它們沈入海底已有二、三千年之久。一些歐美學者經過考證認為，大約在三千年以前，即中國殷商末年，中國人就已到達了美洲。在今天墨西哥拉文塔地區，發現許多具有濃厚商代文化特徵的遺物和遺產。從拉文塔土墩中挖出的石雕，以及至今仍保存在韋蒂馬拉博物館的奧爾梅克赤陶頭像，都是中國人的臉型。他們還認為，著名的奧爾梅克文明的興起，與殷商的影響有關。

史書記載，武王伐紂前，紂王曾把大軍駐紮在「人方國」（在今山東省），後來周公旦攻佔「人方國」，當地殷軍戰敗紛紛逃亡海外。殷商時代崇拜虎神，這種文化特徵透過奧爾梅文明還傳播到了秘魯，形成了有名的查比因文明，在今天秘魯安地斯山上的神殿裏矗立著一座高大的、獠牙、獰笑的半人半虎石像。

20世紀60年代在中國江南兩處原始遺址中出土了花生種子，經碳測定年代都在距今四千年以上。一些學者據此並結古越人造筏航海、宗教信仰、戰爭和遷徙等情況分析認為，石器時代的中國東南地

區古部落，由於在戰爭中失敗或太陽崇拜等原因，東渡太平洋，到達南美洲大陸，並將印第安人培植的花生種子帶回了故地。但對於這兩種因「石錨」和「花生」而引起的新見解，學術界有不同意見，仍處在爭論中。如有人認為石錨的質料是灰岩，除台灣外，中國東部不產這種石料，因此它並非來自中國；還有人說它是18世紀末期在北美近海捕魚的美洲華人的遺物。除了以上三種有代表性的觀點之外，還有其他一些說法。

幾個世紀以來，許多不同國家、不同職業的人們都為它吸引，付出過時間、精力、錢財甚至生命，但都未能解答這個複雜的問題。至今，它仍是個「謎」。

但儘管誰是第一個美洲發現者爭論複雜，但都無法掩蓋哥倫布發現美洲的重要性；沒有人可以取代哥倫布。哥倫布的發現是資本主義時代的一個重要標誌，哥倫布的遠航開闢了大西洋貿易。此前，資本主義只是以西歐為中心的一個狹小區域；之後，哥倫布開闢的大西洋時代，第一次超越了西歐和歐洲的範圍，到達了美洲。也由於大西洋貿易經濟的誕生，最終發展形成了世界資本主義體系。

直到今天，這個資本主義世界體系的大框架仍然基本沒變。一位學者曾經這樣說：「大西洋體系是真正意義上的世界範圍的大資本主義體系，它為持續發展的資本主義提供了動力和開端。因此，怎麼評價哥倫布的開拓意義和貢獻都不為過。」

參考文獻：

（美國）塞埃‧莫里森《哥倫布傳（上、下卷）》、（美國）伊萬‧塞爾蒂瑪《他們在哥倫布之前到來》、（美國）艾巴‧托馬斯《拉丁美洲史》、李隆慶《哥倫布全傳》。

5、「太監」不是中國專利

說起「閹人」，我們往往想到的就是電視劇的宮廷戲中操著一口娘娘腔，陰柔之氣十足，甚至塗脂抹粉的「太監」。中國的太監時間悠久，據專家考證，中國早在殷商就有「寺人」，這在甲骨文中已有相關的記載。

明末清初時，唐甄在《潛書》中這樣描繪太監：「望之不似人身，相之不似人面，聽之不似人聲，察之不近人情。」為什麼這樣說呢？唐甄解釋道：他們長得臃腫，彎曲，好似長了瘻結，鼻子裏呼呼作響，如同牛和豬一樣，因此不像人的身體；他們長著男人的頰骨卻不是男人，沒有鬍鬚卻不是女人，雖然面如美玉卻沒有一點生氣，因此不像人的面容；他們的聲音好像兒童一樣稚細卻不清脆，好像女人一樣尖細卻不柔媚，你說他嘶啞但又能成聲，你說他如猩叫但又能成人語，因此不像人的聲音；他們可以很愛人，也能下毒手害人，當他們憐憫你時流涕而語，而當他們憎惡你時，則斬殺如草，因此不像人的感情。

人們一向認為「閹人」就是中國的「特產」，是中國封建時代對人性的一種摧殘和壓抑。但這是人們一直以來對歷史的一種誤解，其實「閹人」並非中國獨有，在西歐也有這麼一群被閹割的人，不過他

們的名字叫「閹伶」。

「閹伶」什麼意思？顧名思義，就是「睪丸被割掉的歌手」。因為睪丸影響到男性聲帶的成長，所以音樂家培養了一批男童，從小大約6歲左右，就被閹割，使閹童的聲帶保持在最細最清脆的狀態。而這種風潮，一直延續到19世紀初。18世紀初期的時候，歌劇界的表演者，有70%是閹伶。

當時光是義大利每一年就有四千個以上的男童被閹割，盛行的程度已經讓人以為「音樂家等於閹人」。閹伶究竟起源於何時，歷史並未給予確切的答案，但音樂學家們都認為，閹割之風的興起與羅馬天主教的教規大有關係。因為聖保羅的訓示婦女在教堂不能歌唱，才有了男童女聲—閹伶的出現，但如何把接受閹伶與《聖經》中的訓誡調合在一起，對於教內而言又是一件很微妙的事情。

《舊約》中明禁禮拜活動有受傷的或是被閹割過的人參加，但教會仍然把閹人歌手納入合唱團中，這一需求也保證了閹人歌手的供應。這種做法看起來自相矛盾，但教會找到了為此辯護的人：本尼狄克派的著名學者Robert Sayrus就曾這樣寫道：「嗓音是比性能力更為珍貴的一種才能，因為人類正是憑藉語言與理智才有別於動物。因此，在必須時為改進嗓音而抑制性能力絕不是瀆神的做法。」德國一位學者寫道：「年輕的閹人歌手嗓音清脆、動聽、無與倫比，任何女性都不可能具有如此清脆、有力而又甜美的歌喉。」

18世紀英國著名的音樂史學家查爾斯·帕尼曾這樣描述西元1734年法拉內利在倫敦演唱時的情景：「他把前面的曲調處理得非常

精細，樂音一點一點地逐漸增強，慢慢升到高音，爾後以同樣方式緩緩減弱，下滑至低音，令人驚奇不已。歌聲一停，立即掌聲四起，持續五分鐘之久。掌聲平息後，他繼續唱下去，唱的非常輕快，悅耳動聽。其節奏之輕快，使那時的小提琴很難跟上。」就連對閹伶一向持有偏見的法國著名劇作家伏爾泰也承認：「他們（指閹伶）的歌喉之美妙，比女性更勝一籌。」而18世紀的法拉內利，無疑是「閹伶」中的佼佼者，被後人稱作「絕代妖姬」。如今，來自義大利和英國的科學家成功地挖掘出了他的屍骨，希望能夠破解閹伶的歌唱之謎。

法拉內利原名卡‧布羅斯基，西元1705年1月24日生於義大利普利亞區的那不勒斯。他自幼隨父兄學習音樂，和卡法瑞利師出同門，都是波波拉的得意門生。法拉內利有著傳奇般的歌唱成績。15歲起，他開始在那不勒斯登台演唱，展示出特殊的歌唱才能。至西元1722年17歲時，法拉內利在羅馬以一曲超高難度的詠嘆調演唱，讓那個時代的音樂家和觀眾為之傾倒。

這段傳奇故事被18世紀的英國音樂史學家查爾斯‧伯尼詳細的記錄下來。根據記錄，法拉內利的嗓子可以涵蓋三個半八度，在一次呼吸中變換250種音調，持續超過一分鐘之久。他驚人的唱技時常使樂隊忘記演奏，女性觀眾則成批成批地暈倒。在以後的近20年內，法拉內利的歌技逐步達到爐火純青的地步，成為無可爭議的歐洲一流歌唱家。

比如詠嘆調《戰士在武裝的陣地》一曲，包括十度音程的跳進等複雜技巧，他卻可以輕鬆地唱下來，被人稱之為「喉嚨協奏曲」。

這些曲目除他外，當時幾乎無人敢問津。西元1737年，法拉內利的事業如日中天，這位奇才理所當然地吸引了各國皇室的目光，許多王室更是不惜花重金聘他擔任御用樂師。當時的西班牙國王菲利浦五世患有怪癖，情緒失控，常常莫名其妙地鬱悶。法拉內利前往西班牙宮廷任職，為國王唱歌解憂治病，沒想到這一唱就是10年。西元1759年，他離開宮廷，開始了漫長的退休生活，默默無聞直至去世，終年77歲。

　　西元2006年7月12日，法拉內利的屍骨在博洛尼亞被科學家成功挖掘出來。據悉，法拉內利的屍體起初於西元1782年，葬在聖芳濟修道院的聖十字學院內，西元1810年，由於墓地遭到破壞，後人將他的墓地遷移至博洛尼亞。但一直以來人們對墓地具體所在地並不清楚，直到前不久考古人員才發現了墓穴，引發了新的研究熱潮。此次行動是由佛羅倫薩歷史學家艾伯托‧布魯斯基，主持並提供贊助。研究人員表示，他們會盡力找尋所有可能的資訊，弄清男子閹割後在生理上與歌唱之間的內在聯繫，找出造就拉法內利登峰造極歌技的真正原因，從而破解已經絕為兩個世紀的「閹伶」之謎。

　　目前法拉內利的屍骨已被小心地保護起來，英國皇家音樂學院兼亨德爾博物館閹伶展覽負責人尼古拉斯‧克萊普頓參與了挖掘行動。接受記者採訪時，克萊普頓表示，「這是我們所知道的閹伶的唯一遺骨。從法拉內利的遺骨看來，他頭骨較小，但身材尤其修長，比那個時代的閹伶更加挺拔！在稍後的研究中，我們準備採用生物分子掃描來收集資料，破解他身材挺拔之謎。」

從醫學的角度來說，胎體在子宮內僅34天，就會形成喉部的最初雛形。嬰兒出生時聲帶總長為6～8毫米，膜片和軟骨組織均為3～4毫米長。在6歲前，聲帶生長很快，此後逐漸減慢，長至青春期，男女聲帶長度基本相等，約在12～15毫米之間，但在青春期內，女孩的聲帶只有微略增長，近成年時長度為13～18毫米，而男孩聲帶的增長卻十分可觀，到成年後長度一般可達18～23毫米。但閹童的聲帶發音則完全不同於一般的男童。科學告訴人們，男孩聲帶長度的增加，離不開睪丸間質細胞內的雄激素。而閹童卻缺乏有助於聲帶長度增加的雄激素，因此聲帶還是青春期開始時的長度，膜片長度只有7～8毫米，不僅短於正常發音的男子，而且可能比一般成年婦女的還短。

　　由此我們不難理解為什麼閹伶具有比女性歌手更甜美的嗓音。有關閹割的手術過程，我們今天只能從法國律師查爾斯・安基隆的《閹人論》一書中找到一些文學性的描述，無法知道其準確性如何。但有一點是顯而易見的，即閹割既非切斷通向睪丸的血管，也不是割去睪丸本身，而是在動手術前，先讓男童進行溫水浴以便軟化睪丸，爾後緊按住他的頸靜脈，直至他失去知覺，這時才開始動手術。

　　男孩早期閹割以及由於睪丸間質細胞中雄激素的缺乏，不僅阻礙聲帶的生長，而且導致許多嚴重的心理、生理異常狀態，這一點往往為人們所忽視。男孩在發育前閹割，會引起原發性性腺機能減退，進入成年後就會出現許多發育異常現象，例如：前列腺發育不全，陰莖特別小；沒有鬍鬚，腋毛和四肢汗毛的分布缺乏男性特徵；陰毛分布呈女性特徵；皮下脂肪過多（臀部和胸部脂肪尤多）；有些閹人歌

手的乳房十分豐滿，酷似女子；有的閹人的脂肪堆積於眼皮側面，造成面部變形，看上去虛腫或起皺。

　　早期閹割造成的另一種生理異常現象是手臂和腿與身軀相比，顯得特別的長。正常的男子在青春期，由於雄激素增加使長骨生長受到阻滯，因此手臂與腿部一般停止生長。但被閹割了的男子只有少量雄激素，四肢長骨便依然生長。閹伶不僅因異常的身高而被嘲弄，而且也因過分肥胖、如同閹雞一般而受人恥笑。他們的脂肪往往堆積於臀部、大腿和胸部。閹人歌手又大又肥的臀部、手臂、乳房和頸脖如同女人一般，十分豐滿。當你在某個集會上碰見他們，聽到他們的講話時，會感到這些巨人發出的竟是小孩子般的聲音。有些閹人歌手貌似女人，且有同性戀行為。

　　西元1762年，以好色聞名的義大利冒險家卡薩諾瓦居住羅馬，他曾描述道：「我們來到劇院，那裡一位擔任主角的閹伶非常引人注目。他是紅衣主教博格士寵愛的變童，每天與主教大人共進晚餐。這位閹伶嗓音純美，但吸收觀眾的主要是他的美貌。在舞台上，他身穿女服，若天仙一般，令人心醉神迷，他的胸部女人般美妙，簡直是迷人的魔女。無論你對他的性別有多清楚，只要看一眼他的酥胸，便會慾火中燒，發瘋似地癡情於他。……在他身上有一種能令感官滿足的魅力。他那黝黑、溫柔的眼眸，羞羞答答的神態，令人銷魂、癡迷。」

　　一般說來，閹人由於缺乏雄激素，陰莖發育異常，不能進行正常的異性性交。然而有關閹伶搞異性戀的風流韻事也有傳聞。西元1679年，閹人喬萬尼・弗朗斯科・格羅西在路上被謀殺，原因是他與女伯

爵愛蘭娜・福妮亂搞關係。據傳說,許多著名的閹伶也常常與漂亮女子打得火熱,但是閹割對於大多數閹伶來說是煩惱。

閹伶弗利浦・貝拉切在他的自傳《世界的果實》中,描述了他愛上一位名叫安娜的俏麗姑娘的故事,同時寫出了他意識到由於無性慾而不得不「放棄」的痛苦。這是有史以來唯一的一本閹人自傳。在他的遺囑中,又提及性慾缺乏是痛苦之源。

步入19世紀隨著巴洛克讓位於古典主義,音樂思想的更興,男聲又重新掌權,閹伶歌手演唱的部分,大都由女歌手演唱,即使是男歌手演唱這些高難度部分,他們也大都用假音。男高音與男低音又讓人朝著另一個方向瘋狂,迫於現實的壓力,最後一部閹伶歌劇於西元1830年落幕。

上世紀20年代,西斯廷禮拜堂最後的閹伶歌手亞歷山德羅・莫雷斯奇去世。儘管莫雷斯奇在西元1902年到西元1904年,錄製了多張唱片,成為唯一留下唱片的閹伶歌手,但他的聲音已與巴洛克時期的歌唱家們有太多不同,閹伶歌手最終成為了紙上傳奇。

「閹人」逆自然而行,卻只為了讓伶人的聲音更動聽,這的確是對人性的一種極大摧殘。歷史中,不但中國有這種黑暗骯髒的現象,在人們想像中「紳士文明」的西歐也一樣存在著這樣的事實。我們在看待歷史問題的時候,不能一味覺得「外國的月亮比中國圓」,妄自菲薄;而要秉著不偏不倚的態度,客觀公正,這樣才能真正領略到歷史的精彩之處。

參考文獻：

唐甄《潛書》、（法國）查爾斯‧安基隆《閹人論》

6、日本虛偽的「禮貌」

．．．．．．．．．．．．．．．．．．．．．．．．．．．．．．．．．．．．．．．

　　日本不得不說是個奇蹟般的國家，從偏居世界一隅瘠貧瘠弱的無名小島國，一躍變革為亞洲各國爭相效仿的對象，從二戰後「瓦礫之場」的一片廢墟，建成了資本主義第二強國。不僅經濟上的成就令人咋舌，日本人的翩翩有禮也為世界各國稱道。不溫不火的態度，謙謙君子的風度，無論對錯都微笑著鞠躬致歉似乎已經成為了日本人的標誌。

　　但其實禮儀之邦是對日本錯誤的解讀，日本從來就不是「懂禮」之國，日本人本性中也是不崇尚「禮」的。古代日本是一個封閉的島國，經濟文化的發展相當遲緩，近乎於與世隔絕，直到9世紀，日本才開始正式的接觸、學習語言、藝術、宗教、政治制度，才開始正式從原始部落過度到封建社會。

　　大化革新的風潮雖然引進了最先進的唐朝文化，將「禮儀」帶入日本，但在這片貧瘠的文化土壤下卻無法正常發育，日本人一方面畸形的奴性的模仿著中國文化，一方面希望也能創造出自己的文化，以為這樣就能擺脫了本性中的野蠻，但結果是形成了一種沒有經典「神道」。如同日本人類學家食田一郎所說，神道的特性就是「頻繁的改變容貌」，如一個不斷「變換服裝的人偶」。因為教義的頻繁變動，因

而無法形成一個穩定的內在價值體系，勢必無法承擔起傳承一國民族文化精神的使命。所以在一定程度上，日本是一個沒有自身文化傳統精神的國家。

「禮」在很多時候只是做為不斷變換的政治需求中，一顆愚民的棋子而出現，呼之即來，揮之即去，沒有人對它的內涵和外延做一個準確的界定，或者對它的核心精神做出闡述，因而，「禮」的精神自始至終沒有紮根於日本文化，沒有紮根於日本人的精神信仰中。

再來看日本人的性格。由於東瀛島國特有的地理風土條件，使得日本人形成了一種獨特的「海島性颱風性格」—地處寒熱帶交界處，有強烈的日光照射和豐沛的雨水，但不像南亞一帶一年四季處在熱帶陽光雨林的淫威之下，單調而無變化；它有北國凜烈的寒風和冰雪，但又不像北歐那樣一年到頭同樣的寒冷，使人感覺遲鈍。正是這種地理條件，培養了日本人特有的熱寒帶二重性格，既熱烈又沈靜，既忍從又反抗，熱烈中包含著沈靜，忍從中包含著反抗。

日本民族的文化特徵也被歸納為「恥感文化」，也就是說日本人以恥辱感為原動力。由此可見，日本人的隱忍不是源於內心深處的寬厚，禮貌也不是基於本性的慈悲，而是羞恥與恐懼；對於自己自然資源匱乏的恐懼，對可能滅亡的恐懼，對大國的羨慕，對力量的垂涎。日本人常常會無端認為將有滅頂之災，它所表現出的高度禮儀文化，恰恰是羞恥感與恐懼感混合下被迫的忍耐。忍耐，意味著能量的積蓄，積蓄達到一定程度，自然要求釋放，這就是為什麼在日本會有如此多突發性暴力事件。

「禮」只是在這個忍耐到爆發的過程中一個小小的緩衝劑而已，它從來不是日本人真實本性。沒有文化積澱的支撐，本性中又缺乏禮的成分，日本人卻能長久的保持一個「禮貌」形象，不得不說又是一個奇蹟，個中原因，仔細尋來，原來在其背後有一個強大的決定性的推動力源源不斷地提供燃料，從而推動其存在發展—對利益的不竭追求。

　　從歷史上看，日本是個利益至上的社會，在歷朝歷代這種利益性都普遍地存在著，尤其體現在對外關係政策上。眾所周知，在封建時代，尤其是在明治維新之前，日本一直是處於瘠貧瘠弱的狀態，對待當時的東方霸主中國一直是必恭必敬、禮儀周全、謙遜恭維。每年都會派遣使節到中國拜節天子，而在對於近鄰朝鮮的態度上卻大相徑庭，不僅時常在近海地區攻擊朝鮮船隻，更多次騷擾朝鮮邊境，在對待東南亞國家的姿態上又有顯著不同。歸根到底，它的禮貌只是對有利可以用時才顯現出的，是昂貴的禮貌。

　　赤裸裸的金錢關係，利益追逐成為日本人隱藏在「禮」之後的強大動力，禮貌不過是達成目的的一塊墊腳石。除了利益因素，「禮貌」的傳承還要歸功於日本獨特的語言—日語的模糊性。

　　日語是一種相當曖昧的語言，講求表達的委婉，一件簡單的事情往往要繞很大一個圈子。比如，一個人不想接受對方的東西，他不會直接拒絕，而是說一堆這件東西的好話，然後說自己的不足，最後說，自己資歷不夠，承受不起此貴重禮物，應當留給更有能力的人。這樣委婉的結果是常常被認為是禮貌周到，善於為他人著想。在這種

複雜的語言體系下，日本人又構建出一套與之相適應的社會習慣和文化。

如果不是土生土長的日本人，大概很難理解這些特定的語句和行為確切的含義，從而可能會誤以為是禮貌的體現。比如在日本商店購物，如果耽誤了很久而沒有找到適合的物品，售貨員會很有禮貌的說：「很對不起，沒有能夠挑到適合您的物品，真是抱歉，耽誤您的時間了，希望您下次再來光臨。」

如果是外國人，聽起來或許感覺非常的貼心，認為自己受到了禮貌的對待。但日本本國人聽到這些話反而會十分愧疚地道歉：「實在對不起，是我耽誤您的時間了。」因為售貨員的真實意思並不是在致歉，而是在責怪顧客耽誤自己的時間，只是表達上繞了一個圈子，正話反著說。所以，千萬不要因為在日本犯了錯誤沒有被責怪，反而被別人道歉而沾沾自喜，因為對方只是在變相地責怪你。如此奇怪的表述方式和文化習慣估計也只有日本一家了，但是它卻真實的存在著，並且影響、塑造著一代又一代日本人的心理、思維與行為。但是僅僅依靠語言的習慣構築的禮貌是脆弱的，語言能夠建築起一套依託它並與之相適應的社會習慣體系，使得社會在表象上和諧而充滿禮貌，但是卻無法彌補內在精神的缺失。它能夠讓日本人輕聲細語的待人，卻不能讓他們心中充滿真正的憐憫。

這也就是為什麼我們能夠經常的看到日本人禮貌的語言，卻很難看到他們實在的行動。他們從小就被灌輸必須「禮貌待人」，表面上看「禮貌待人」是沒有任何問題的，問題是如何、怎樣具體「操

作」?其具體內容是什麼?首先是不能失了「身分」,無論你是面對「貴族」還是「平民」,你都不能失了起碼是個人的「身分」,不能說你是「貴族」,「不理睬」遇到的「平民」就是保存了「身分」,那是錯誤的,那反而失去了自己的「禮」,此層次的「禮」還算是正面的;然後要儘量保留自己真實的情況,不要輕易表露,因為不知道對方希望自己是怎樣的。

其二,輕易表露也會給對方認為「無禮」,「以勢壓人」,所以儘量的保留就是「禮」,這層次的「禮」開始有點「隱藏」的味道了;最後是儘量瞭解對方,這種瞭解又不能是「盤問」式的,而必須「繞著彎兒」瞭解,同時讓對方多表達「意見」,這種「禮」就已經變成「刺探」行為了。

真正的禮貌應當是對他人情感的關懷的外在表現,它的動機應當是發自仁愛和謙遜,憑著對他人的溫柔感情而律動,因而常常是同情的優美表現。

禮對人的要求是「與哭泣者同哭泣,與喜悅者同喜悅」,它不僅是一種姿勢或習慣,更是一種由心而生的對他人細膩而深沈的情感。「用金錢買來的禮貌不是禮貌,用利益衡量的禮貌不是尊重」。真正的禮與地位無關,與金錢無關,與利益無關。只有表面的姿態而無內在的感情,這樣的禮是可悲的,而將這樣的「禮」視為精神支撐的人更是可悲的。

日本是一個值得任何國家學習和反省的角色,而事實上包括中國在內的很多國家都在借鑒著日本成功的經驗。但我們不應因為口

之言而蔽日，對膚淺表象的盲目崇拜只會激化故有的矛盾，應當抽絲剝繭，透過紛繁的現象認識到本質所在。揭開日本禮貌的神秘面紗，對於日本禮貌本質的探詢和勘誤，是為了更好的理解真正的禮，將禮的精神發揚光大。

参考文獻：

本尼迪克特《菊與刀》、克里斯托弗《武士道精神》、李兆中《曖昧的日本人》、馬驛等編著《醜陋的日本人》。

7、蘇聯並不想修建柏林圍牆

西柏林是二戰時期，美、英、法三國聯軍佔領區；東柏林，則是蘇聯紅軍的佔領區。由於整個柏林城，地處前東德境內。所以，柏林圍牆是社會主義東德境內，環繞西柏林城而設的一道圍牆。牆的周邊，並不是自由的世界，而牆的裏面，則是通過地面和空中交通，與東德以外的西方自由世界相聯結的、自由的西柏林。

柏林圍牆一直被認為是前蘇聯政府主動修建起來的冷戰防線，然而，德、美、英歷史學家透過研究東、西德統一後大量解密的政府文件，得出一個驚人的結論：柏林圍牆是美國情報部門為了防止爆發核戰爭而推波助瀾，促使東德政府在告知前蘇聯政府之前先斬後奏修建起來的。

西元1961年初，潛伏在東德的美國間諜發回了讓中情局總部和美國決策層越來越感到不安的情報：由於東德經濟狀況持續惡化，加上西方媒體過度的煽動，越來越多的東德公民開始透過各種途徑逃入西德，試圖到西方媒體宣傳中「遍地黃金」的西德混一口飯吃。如果再這樣下去的話，那麼到西元1962年冬恐怕有三分之一的東德公民將湧入西德。

雖說中情局間諜提供的這個數字有誇張的成分，但隨著逃入西

德的東德難民的急劇增加，西德政府卻也無法視若無睹，甘乃迪政府也開始擔心。西德政府關心的還只是急劇增加的難民，將大大加重政府的負擔和工作經濟壓力，不同的是，甘乃迪政府擔心的卻是更可怕的一種後果：隨著東德公民逃亡人數的急劇增加和各種流言傳聞的散播，東德境內極可能發生騷亂，甚至可能會發生「起義」。一旦這種情況發生的話，那麼將導致東、西方平衡被徹底打破，惱羞成怒的蘇聯集團極可能會孤注一擲的與西方開戰，甚至可能發生核戰爭。

甘乃迪總統決定把這個球踢給「陰謀製造高手」中央情報局。中央情報局果然不負甘乃迪總統的「厚望」，決定將阻止東德公民逃入西德的任務交由東德政府來完成。這一決定定下來之後，中情局立即發動潛伏在東德政府和東德民間的所有特工，讓他們散布如果東德公民再繼續逃下去的話，那麼將關係到東德的生死存亡。此舉果然觸痛了東德國家領導人昂納克的心，東德領導人在舉行秘密商議後認為，只有採取強制辦法才能阻止公民逃往西德，那麼具體的辦法就是在東、西德之間築起一道圍牆。而且這一決定還不能事先告訴蘇聯，因為東德領導人知道，蘇聯最高領導人赫魯雪夫根本不想與西方發生大規模的衝突，如果把這一計劃事先報告給他的話，肯定不會得到准許。東德領導人決定先斬後奏。

美國人的目的得逞了。西元1961年8月13日，星期天凌晨2點，全副武裝的東德邊防軍和武裝警察在東、西柏林之間拉起了一道鋒利的鐵絲網，架起了反坦克障礙，把柏林城活生生地分隔成東、西兩半。

東德邊防軍的坦克佔據了各交通要道,東、西柏林之間的公共汽車和地鐵全部中斷,東、西柏林民眾再也不允許相互往來,6萬名奔忙於東、西柏林之間的民眾要嘛丟了工作,要嘛回不了自己的家園。中情局最高層連夜向甘乃迪總統彙報了柏林圍牆的修建進展情況和蘇聯政府的反應,同時將中情局戰略情報專家對柏林圍牆出現後,對東、西方冷戰格局的影響以及對美國的好一一分析。關於柏林圍牆本身,據可靠情報長達167.8公里,雖說第一道牆實際上是鐵絲網,但最後的柏林圍牆是高達四公尺的混凝土障礙,中間是一片開闊的死亡區,邊防軍可以任意射殺任何闖入死亡區的人。

整個柏林圍牆將柏林市192條大街一分為二。不過,這絲毫不影響西方集團的利益,因為東德政府內部已經商定:西方軍隊仍可駐紮在西柏林,西方力量可以進入西柏林,西柏林公民可以自行決定西柏林的前途。

關於蘇聯最高領導人對柏林圍牆的反應,據美國搜集的情報是:蘇聯最高領導人赫魯雪夫聽到東德開始修築柏林圍牆的報告時大吃一驚,他擔心此舉會觸怒西方,引起整個西方對蘇聯實施經濟制裁,害怕與甘乃迪的衝突進一步加劇,甚至擔心會引起與西方的戰爭。

不過,赫魯雪夫知道他已經被逼得沒有任何的退路了,所以只能硬著頭皮出面,讓全世界都知道這道牆是它蘇聯政府修築起來的。赫魯雪夫隨後發表講話說:「柏林圍牆是阻止西方帝國主義侵略的籬笆,德國工人階級修築起這道牆後,惡狼就再也別想闖進德意志

民主共和國了。」其實，赫魯雪夫說這話的時候十分不情願。至於柏林圍牆對美國乃至整個西方陣營的好處實在是太大、太及時了，它的出現恰好是東、西方處於冷戰極可能變成熱戰的最敏感時期，因為蘇聯政府在西元1961年時，已經開始逼迫美國、法國和英國放棄西柏林，但由於美、英、法視西柏林為在東德境內的西方前哨，所以絕不可能答應蘇聯政府的要求。

正因為如此，蘇聯與西方進入了一觸即發，甚至可以引發核大戰的時刻，而柏林圍牆的出現倒是一下子就打破了這種極度危險的僵局，逼得蘇聯不得不接受冷戰歐洲的格局。

聽了中情局的這一分析後，甘乃迪總統「如釋重負」，因為這還意味著美國從此可以擺脫所謂「把東德人民從蘇聯人手裏解放出來」的政策了。中情局高層向甘乃迪政府建議說，第一步的目標已經達到，應進一步行事。讓甘乃迪總統帶頭領著那些西方國家強烈譴責「一夜」之間冒出來的柏林圍牆，這樣的話既可以掩蓋自己的陰謀，又可以大貶特貶以蘇聯為首的東方集團的不人道及好戰，從而達到「一箭雙雕，一石二鳥」的目的。

甘乃迪總統按照中情局的安排發表措詞非常強烈的講話，並且在講話中首次用「鐵幕」這個詞來指柏林圍牆，聲稱柏林圍牆是共產黨為阻止西方民主而修築起來的「鐵幕」。許多人在8月13日那天，在自家陽台上看著東德邊防軍和武裝警察拉著鐵絲網來回奔忙，把菜地、花園和街道劈成兩半的西德居民十分疑惑，西德邊防警察和美國、英國大兵都躲到哪裡去了。

西德《比爾德日報》頭版頭條用巨大的標題抱怨說：《西方什麼也沒幹。》東德民眾也對從此兩邊分割感到非常憤怒。德國和柏林民眾對柏林圍牆表現出來的這種民族情緒，倒是讓中情局和甘乃迪總統有點意外。對此，甘乃迪趕緊指示中情局想方設法平息西德和西柏林民眾的民族情緒，千萬要保住柏林圍牆，中情局高級特使奉命前往西德，逼使西德政府出面淡化柏林圍牆引起的民族情緒，禁止媒體煽動對柏林圍牆反抗。同時，中情局還奉命嚴密監視東德民眾的動向，千萬不能讓東德民眾起來攻擊柏林圍牆。實際上，美國政府這些做法使它反而成了柏林圍牆的保護神。

對於《柏林圍牆兩邊的故事》中，提出的這一最新歷史觀點，許多重量級的歷史學家和學者現在也從初聽說時的懷疑開始走向贊同。德國波茨坦大學著名的歷史學教授伯納德‧斯托夫爾在6月中旬，在柏林召開的柏林圍牆專題研究研討會上，發言時表示：「東、西德統一後解密的東德絕密資料，特別是去年、今年德國政府解密的大批政府秘密文件都能證明：不論是美國間諜情報機構，還是甘乃迪總統本人對柏林圍牆在一夜之間的出現，都沒有絲毫感到意外，只是對柏林圍牆立起來的日子是哪一天不清楚罷了。」

許多參加這一為期三天的柏林圍牆專題研討會的美、英學者，和歷史學家也持同樣的觀點。這些與會的專家學者，把柏林圍牆倒下十年間的研究成果歸納到一起，特別是在研究了前蘇聯集團和西方國家新近解密的文件之後都一致認為，柏林圍牆不是蘇聯人單獨修建起來的，更不是赫魯雪夫拍腦袋之舉，而是東、西方綜合因素起作

用的結果。

　　有一點可以肯定的是：甘乃迪政府不但早就知道東德要修築柏林圍牆，而且在暗地裏是舉雙手贊成，甚至推波助瀾。

　　美國喬治‧華盛頓大學歷史學教授霍普‧哈里遜認為，蘇聯政府和蘇聯領導人赫魯雪夫完全是被逼上修築柏林圍牆之路的；柏林聯盟紀念館館長赫爾穆特‧特洛特諾認為，柏林圍牆建起來之後，甘乃迪政府可不像公開表現的那樣恨不得派坦克摧毀它，恰恰相反的是死保柏林圍牆。至於他唯一關心的是，柏林圍牆建起來後，西方只要還能保住西柏林就行，至於德國民族國土分裂的事實就不關美國人的事了。

　　歷史的進程到了西元1989年下半年，東德已經是強弩之末。由於東德政府自20世紀70年以後所實行的指令性經濟、農業全面集體化、強力發展重工業、嚴厲打擊國內反對聲音的經濟、政治政策，導致經濟發展幾乎停滯，210億美元的外債債台高築、東德馬克內債累累，環境污染嚴重，人民生活貧窮壓抑，嚴重的不滿情緒早以深深埋伏在社會民心之中。

　　西元1989年11月9日，新東德政府開始計劃放鬆對東德人民的旅遊限制，但由於當時東德的中央政治局委員鈞特‧沙博夫斯基對上級命令的誤解，錯誤的宣布柏林圍牆即將開放，導致數以萬計的市民走上街頭。

　　面對這面聳立了28年，阻絕兩德人民，製造了無數悲歡離合、生死哭歌、慘重犧牲的血牆，人們無法判斷的是，當製造它的獨裁政府

部門和官員辭職的辭職，改選的改選時，柏林圍牆辭職了嗎？它是否仍然戒備森嚴？沒有任何官方的媒體報導這些與人們生息密切相關的消息。柏林圍牆依然無聲地矗立著，它兩面成千上萬被阻隔的人們遙遙相對，心中縱有萬馬奔騰，腳卻不敢越雷池一步。直到西元1990年柏林牆解放了，它已經全然不過就是一道牆而已了。兩德人們相互擁入對方，成千上萬的人們徹夜不眠地享受著親友重逢的喜悅。兩德人民擁滿柏林圍牆牆上牆下牆東牆西，人們舉杯慶賀，奏樂狂歡，歡樂的自發的慶典持續數日，節日的氣氛經久不消。無論如何，柏林圍牆的故事已經結束了。而且，是喜劇性的結束。人間的故事，如柏林圍牆這般悲慘的並不少，能夠最終這樣收場的，卻寥寥可數。　德國人畢竟是幸運的，柏林圍牆見證了德國人的痛苦，全世界分享了他們的痛苦。他們被關注著，然而，我們此刻卻應該牢記世界大戰給全人類帶來的災難和痛苦，珍視這來之不易的和平。

參考文獻：

（美國）喬治·貝利《柏林牆下的較量》、（德國）伊麗莎白·龐德《衝破柏林圍牆─德國統一之路》、梁維平《苦難與榮耀─20世紀文明的歷史見證》。

國家圖書館出版品預行編目資料

歷史是寫出來的 ： 解讀世界歷史中的真相 / 古吉
　兒著. -- 臺北市 ： 種籽文化, 2019.12
　　面 ； 公分
　　ISBN 978-986-98241-1-8(平裝)

　　1.世界史　　2.通俗作品

711　　　　　　　　　　　　　　　108018144

讀史館 04

歷史是寫出來的：解讀世界歷史中的真相

作者/古吉兒

發行人/鍾文宏

編輯/　種籽編輯部

美編/陳子文

行政/陳金枝

出版者/種籽文化事業有限公司

出版登記/行政院新聞局局版北市業字第1449號

發行部/台北市虎林街46巷35號1樓

電話/02-27685812-3傳真/02-27685811

e-mail/seed3@ms47.hinet.net

印刷/久裕印刷事業股份有限公司

製版/全印排版科技股份有限公司

總經銷/知遠文化事業有限公司

住址/新北市深坑區北深路3段155巷25號5樓

電話/02-26648800傳真/02-26640490

網址：http://www.booknews.com.tw(博訊書網)

出版日期/2019年12月　初版一刷

郵政劃撥/19221780戶名:種籽文化事業有限公司

◎劃撥金額900(含)元以上者，郵資免費。

◎劃撥金額900元以下者，若訂購一本請外加郵資60元；

劃撥二本以上，請外加80元

特　惠　價:299元

【如有缺頁、誤裝，請寄回更換，謝謝。】版權所有・翻印必究

種籽
文化

種籽
文化